Ana Carla Hollweg Powaczuk, Doris Pires Vargas Bolzan,
Estefani Baptistella, Giana Weber de Oliveira,
Izabel Espindola Barbosa, Luciéli da Conceição Leal,
Mario Vásquez Astudillo, Raquel Scremin, Rejane Zanini,
Samuel Robaert, Suzel Lima da Silva,
Valeska Fortes de Oliveira
(orgs.)

DOCÊNCIA(S) NAS REDES DE CONHECIMENTOS
REINVENÇÕES EM CONTEXTOS EMERGENTES

Curitiba, PR
2024

FICHA TÉCNICA

EDITORIAL
Augusto Coelho
Sara C. de Andrade Coelho

COMITÊ EDITORIAL
Ana El Achkar (Universo/RJ)
Andréa Barbosa Gouveia (UFPR)
Antonio Evangelista de Souza Netto (PUC-SP)
Belinda Cunha (UFPB)
Délton Winter de Carvalho (FMP)
Edson da Silva (UFVJM)
Eliete Correia dos Santos (UEPB)
Erineu Foerste (Ufes)
Fabiano Santos (UERJ-IESP)
Francinete Fernandes de Sousa (UEPB)
Francisco Carlos Duarte (PUCPR)
Francisco de Assis (Fiam-Faam-SP-Brasil)
Gláucia Figueiredo (UNIPAMPA/ UDELAR)
Jacques de Lima Ferreira (UNOESC)
Jean Carlos Gonçalves (UFPR)
José Wálter Nunes (UnB)
Junia de Vilhena (PUC-RIO)

Lucas Mesquita (UNILA)
Márcia Gonçalves (Unitau)
Maria Aparecida Barbosa (USP)
Maria Margarida de Andrade (Umack)
Marilda A. Behrens (PUCPR)
Marília Andrade Torales Campos (UFPR)
Marli Caetano
Patrícia L. Torres (PUCPR)
Paula Costa Mosca Macedo (UNIFESP)
Ramon Blanco (UNILA)
Roberta Ecleide Kelly (NEPE)
Roque Ismael da Costa Güllich (UFFS)
Sergio Gomes (UFRJ)
Tiago Gagliano Pinto Alberto (PUCPR)
Toni Reis (UP)
Valdomiro de Oliveira (UFPR)

SUPERVISORA EDITORIAL
Renata C. Lopes

PRODUÇÃO EDITORIAL
Daniela Nazario

REVISÃO
Ana Lúcia Wehr

DIAGRAMAÇÃO
Jhonny Alves dos Reis

CAPA
Mateus Andrade Porfírio

REVISÃO DE PROVA
Alice Ramos

COMITÊ CIENTÍFICO DA COLEÇÃO EDUCAÇÃO, TECNOLOGIAS E TRANSDISCIPLINARIDADE

DIREÇÃO CIENTÍFICA
Dr.ª Marilda A. Behrens (PUCPR)
Dr.ª Patrícia L. Torres (PUCPR)

CONSULTORES
Dr.ª Ademilde Silveira Sartori (Udesc)

Dr.ª Ángel H. Facundo
(Univ. Externado de Colômbia)

Dr.ª Ariana Maria de Almeida Matos Cosme
(Universidade do Porto/Portugal)

Dr. Artieres Estevão Romeiro
(Universidade Técnica Particular de Loja-Equador)

Dr. Bento Duarte da Silva
(Universidade do Minho/Portugal)

Dr. Claudio Rama (Univ. de la Empresa-Uruguai)

Dr.ª Cristiane de Oliveira Busato Smith
(Arizona State University /EUA)

Dr.ª Dulce Márcia Cruz (Ufsc)

Dr.ª Edméa Santos (Uerj)

Dr.ª Eliane Schlemmer (Unisinos)

Dr.ª Ercilia Maria Angeli Teixeira de Paula (UEM)

Dr.ª Evelise Maria Labatut Portilho (PUCPR)

Dr.ª Evelyn de Almeida Orlando (PUCPR)

Dr. Francisco Antonio Pereira Fialho (Ufsc)

Dr.ª Fabiane Oliveira (PUCPR)

Dr.ª Iara Cordeiro de Melo Franco (PUC Minas)

Dr. João Augusto Mattar Neto (PUC-SP)

Dr. José Manuel Moran Costas
(Universidade Anhembi Morumbi)

Dr.ª Lúcia Amante (Univ. Aberta-Portugal)

Dr.ª Lucia Maria Martins Giraffa (PUCRS)

Dr. Marco Antonio da Silva (Uerj)

Dr.ª Maria Altina da Silva Ramos
(Universidade do Minho-Portugal)

Dr.ª Maria Joana Mader Joaquim (HC-UFPR)

Dr. Reginaldo Rodrigues da Costa (PUCPR)

Dr. Ricardo Antunes de Sá (UFPR)

Dr.ª Romilda Teodora Ens (PUCPR)

Dr. Rui Trindade (Univ. do Porto-Portugal)

Dr.ª Sonia Ana Charchut Leszczynski (UTFPR)

Dr.ª Vani Moreira Kenski (USP)

APRESENTAÇÃO

O seminário provocou reflexões sobre o reinventar a docência, tendo como pano de fundo as políticas públicas e os saberes necessários ao desenvolvimento profissional. Analisou também as (re)construções possíveis das concepções e práxis sobre docência no cenário atual. Foram convidados pesquisadores de universidades brasileiras e estrangeiras para debater e problematizar os temas em destaque. Para isso, utilizamos uma plataforma que melhor se adequou à modalidade de atividades virtuais para que fossem síncronas, com o envolvimento ativo dos participantes.

Em 2020, nossos convidados foram: Maria Isabel da Cunha, da Universidade Federal de Pelotas (RS), com a temática "Tecer fios conceituais sobre a docência em diversos níveis"; Alicia Rivera Morales, AIDU-CIDU, México, com a temática "La docencia y los desafíos de la interculturalidad"; Carlos Moya Ureta, do Instituto Latinoamericano de Altos Estudios Sociales, Chile, com a temática "Pedagogia dos autores"; o professor mestre Limber Santos Casaña, da Universidade da República, Uruguai, com a temática "Docência em classes multisseriadas"; Mario Vásquez Astudillo, UTC, Chile, com a temática "Docência em espaços e tempos virtuais"; Carlinda Leite, da Universidade de Lisboa, Portugal, com a temática "Docência e o perfil acadêmico e profissional dos professores no ensino superior em Portugal".

Em 2021, nossos convidados foram: Antonio Carrillo Avelar, da Universidade Autónoma do México (UNAM), com a temática "Formação para a interculturalidade, através do empreendedorismo freireano e da aprendizagem baseada em tarefas: uma experiência em sala de aula"; María del Carmen Silva Menoni, da Universidade de Salamanca, Espanha, com a temática "Qualidade da educação e entornos virtuais: as redes de colaboração entre universidade e escola"; Rebeca Garzón Clemente, da Universidad Autónoma de Chiapas (UNACH, México, com a temática "Perspectiva da formação de professores no México e uso de marcos regulatórios nacionais e internacionais".

No segundo semestre de 2022, nossos convidados foram: Daniel Ríos e Saúl Contreras, da Universidade de Santiago (USACH), Chile, com a temática "Política e formação de professores: desenvolvimento da formação inicial, competências didáticas, processos de inovação na sala de aula";

Alicia Rivera Morales, da Universidade Autónoma do México (UNAM), México, com a temática "A experiência de formação de professores no México"; Amélia Lopes, da Universidade de Lisboa/Porto, Portugal, com a temática "Pesquisa e desenvolvimento profissional dos professores: desafios da formação inicial e continuada"; Janet E. Fish, da Universidade Estadual da Califórnia (CSU/EEUU), com a temática "Formação de professores nos EUA"; aprendizagem de adultos e comunidades de prática e aprendizagem; Dautarin da Costa, ex-ministro da Educação Nacional e Ensino Superior da Guiné Bissau, com a temática "A formação de professores e sua prática pedagógica na Guiné Bissau".

Em 2023, recebemos Alicia Rivera Morales, da Universidade Autónoma do México (UNAM), México, com a temática "Como passar de uma concepção diferente de avaliação para uma ação avaliativa?"; María del Carmen Silva Menoni, da Universidade de Salamanca/Espanha, com a temática "Fatores da qualidade da educação"; Daniel Ríos e Saúl Contreras, da Universidade de Santiago (USACII), Chile, com a temática "Política e formação de professores: desenvolvimento da formação inicial, competências didáticas, processos de inovação na sala de aula"; Janet E. Fish, da California State University (EEUU), com a temática "Reinventar la docencia en las redes de conocimiento: la formación de profesores de niños 3-8 años en California"; Ana Vanessa Leguízamo León, da Universidade Central da Venezuela, Venezuela, com a temática "Sistema educativo en Venezuela"; Daniel Ríos Muñoz, da Universidade de Santiago do Chile (USACH), Chile, com a temática "Desafíos y oportunidades de innovación de la evaluación para el aprendizaje"; María del Carmen Silva Menoni, da Universidade de Salamanca/Espanha, com a temática "Conceitos de qualidade da educação"; Antonio Carrillo Avelar, da Universidade Autónoma do México (UNAM), México, com a temática "A sala de aula como centro de gravidade da produção de conhecimento: o caso da diversidade cultural"; Saúl Contreras Palma, da Universidade de Santiago do Chile (USACH), Chile, com a temática "La formación de profesores en Chile: instrumentos de la política pública, reflexiones y aportes para la innovación".

No segundo semestre, recebemos Ana Mouraz, da Universidade Aberta (UAb), Portugal, com a temática "Re-valorizar o feedback como estratégia para reinventar a docência"; Alicia Rivera Morales, da Universidade Autónoma do México (UNAM), México, com a temática "La experiencia de la formación de profesores en México"; e Amélia Lopes, da Universidade de

Lisboa (ULisboa), Portugal, com a temática "Pesquisa e desenvolvimento profissional dos professores: desafios da formação inicial e continuada".

Diante dessa rede de pesquisadores interligados, os participantes do seminário (estudantes da pós-graduação e professores das redes de ensino) expressam seus aprendizados, vivências e saberes em 29 escritas ensaísticas, refletindo, questionando e propondo reinvenções das docências. Desde os encontros, durante a escrita até a organização do livro, o grupo mantém seu compromisso de desenvolvimento profissional e humano na educação.

A disciplina-seminário provoca reflexões sobre o reinventar a docência, tendo como pano de fundo as políticas públicas e os saberes necessários ao desenvolvimento profissional. Analisa também as (re)construções possíveis das concepções e práxis sobre docência a partir do cenário atual.

Objetivos

- Conhecer abordagens e concepções sobre a docência articulando aos conceitos de saberes e desenvolvimento profissional implicadas nos diferentes níveis de ensino a partir de pesquisas nacionais e internacionais.

- (Re)construir possíveis concepções sobre docência, saberes e desenvolvimento profissional.

- Reconhecer a diversidade de perspectivas conceituais sobre o campo da docência e suas pesquisas na contemporaneidade.

Temáticas

- Temática 1: Fios teórico-conceituais sobre a docência em diversos níveis a partir de marcos regulatórios nacionais e internacionais.

- Temática 2: A docência, seus saberes necessários e o consequente desenvolvimento profissional a partir da diversidade de estudos latino-americanos e europeus.

- Temática 3: A docência e o consequente desenvolvimento profissional a partir da diversidade de estudos e suas relações com as redes de conhecimento leste-oeste (América Latina e África), norte-sul (América Latina, América do Norte e Europa).

Percurso metodológico

Foram desenvolvidos seminários com professores convidados, em nível nacional e internacional, a partir das temáticas no campo da docência, da formação, dos saberes e do desenvolvimento profissional com pesquisadores convidados de universidades brasileiras e estrangeiras para debater e problematizar os temas em destaque. Para isso, será programada a Plataforma que melhor se adequar ao evento para que as atividades sejam síncronas, com o envolvimento ativo dos participantes.

Sobre os professores convidados

Amélia Lopes, Universidade do Porto, Portugal, amelia@fpce.up.pt. Professora doutora catedrática da Faculdade de Psicologia e de Ciências da Educação da Universidade do Porto (FPCEUP) desde 2011. De 2018 a 2023 foi presidente do Conselho Científico e membro do Conselho Executivo da FPCEUP. De 2010 a 2014 foi presidente do Conselho Pedagógico da FPCEUP e membro do Conselho Executivo da FPCEUP. É vice-diretora do Centro de Investigação e Intervenção em Educação (CIIE) e cocoordenadora do Observatório da Vida Escolar (OBVIE) e da comunidade de investigação prática Identidade, Democracia, Escola, Administração e Formação (IDEAFOR). As suas áreas de interesse centram-se no ensino; carreiras e desenvolvimento profissional dos professores; formação e profissionalismo dos professores; educação escolar e incluindo ensino e aprendizagem; identidades acadêmicas e o nexo de pesquisa e ensino; formação doutoral; humanização e os desafios da digitalização na educação.

Ana Mouraz, Universidade Aberta (UAb), Portugal, ana-lopes@uab.pt. Doutora em Ciências da Educação pela Universidade de Coimbra (2004). Mestre em Ciências da Educação e Licenciada em Filosofia. Foi professora do Ensino Secundário, do Ensino Superior Politécnico, do Ensino Superior Universitário. Como Investigadora do Centro de Investigação e Intervenção Educativa da Universidade do Porto, coordena e participa de vários projetos nacionais e internacionais. Seus interesses de investigação são os estudos curriculares, a formação de professores, a pedagogia no Ensino Superior e a avaliação. As mesmas temáticas são objeto de seus textos, artigos, livros e capítulos.

Ana Vanessa Leguízamo León, Universidade Central da Venezuela (UCV), Venezuela, vleguiza@gmail.com. Possui graduação em Ciências da Computação pela Universidad Central de Venezuela (2000), pós-graduação em Gestão de Projetos de Pesquisa e Desenvolvimento pela mesma universidade (2006), diploma de Estudios Avanzados pela Universidad de Salamanca (2008) e doutorado em Procesos de Formación en Espacios Virtuales pela mesma universidade (2011). Atualmente, é professora visitante estrangeira no Programa de Pós-Graduação em Educação da Universidade Federal de Santa Maria e professora associada da Universidade Central de Venezuela. Tem experiência na área de Ciências da Computação, com ênfase em Interação Humano-Computador, atuando principalmente nos seguintes temas: tecnologias educacionais e educação superior.

Antonio Carrillo Avelar, Universidade Autónoma do México (UNAM), México, antoniocarrillobr@hotmail.com. Professor-pesquisador do Programa de Pós-Graduação da Universidade Pedagógica Nacional; professor do Programa de Pós-Graduação em Pedagogia da Universidade Nacional Autônoma do México, foi professor convidado do Programa de Pós-Graduação Interdisciplinar em Direitos Humanos da Universidade Federal de Goiás (Brasil). Possui pós-doutorado em Educação pela Universidade de São Paulo (Brasil); é doutor em Ciências Antropológicas pela Universidade Autônoma Metropolitana, México. Atualmente, na UNAM coordena o projeto Articulações entre Interculturalidade, Internacionalização, Pesquisa e Práticas de Formação de Professores. E na Universidade Pedagógica Nacional coordena o projeto A Cultura Alimentar dos Povos Indígenas e os Significados da Educação Intercultural: experiências no México, Brasil e Chile.

Alicia Rivera Morales, Universidade Autónoma do México (UNAM), México, alirimo@hotmail.com. É professora-pesquisadora C em tempo integral na Universidade Nacional Pedagógica, campus Ajusco, Cidade do México. Professora de pós-graduação em Pedagogia da UNAM. Membro do Sistema Nacional de Investigadores Nível I. Membro da Associação Ibero-Americana de Docência Universitária (AIDU) sediada na Universidade de Santiago de Compostela; Presidente da AIDU no México. Participou como avaliadora externa de programas de política educacional: Gestão de Escolas Primárias; Investigação e Inovação para a Renovação Organizacional e Pedagógica das Escolas Secundárias; Primária para Meninos e Meninas Migrantes; Escolas de qualidade. Publicou artigos em revistas nacionais e internacionais e livros relacionados a práticas pedagógicas, ensino universitário, gestão e avaliação. Analisa a avaliação na diversidade cultural: Brasil, Espanha, EUA, Venezuela e México; em formação, questões emergentes e avaliação. Participou de Projetos de Investigação como: Promoção de Comunidades de Prática no Ensino Básico; Cultura Escolar e Avaliação nas Escolas Secundárias; Padrões Nacionais para Educação Básica; Práticas pedagógicas e avaliação da docência universitária com equipes dos países Colômbia, Chile, Espanha, Brasil e Venezuela. Autora dos livros *Redes de formação em educação. Experiências com pesquisas entre Brasil e México*; *Disciplina, Educação Especial e Integração. Volume IX*; e *Reconstruindo o ensino superior a partir da pandemia da Covid-19*.

Carlinda Leite, Universidade de Lisboa, Portugal, carlinda@fpce.up.pt. Doutora em Ciências da Educação pela Faculdade de Psicologia e Ciências da Educação da Universidade do Porto (FPCEUP, 1998). É professora catedrática nessa instituição e investigadora sênior do Centro de Investigação e Intervenção Educativas (CIIE), do qual é diretora. No CIIE coordena a Comunidade Prática de Investigação "Currículo, Avaliação, Formação e Tecnologias Educativas" (CAFTe). Desde 2009, é perita da Agência de Avaliação e Acreditação do Ensino Superior (A3ES) na área de Formação de Professores e de Ciências da Educação/Educação. Nessa agência, organiza e coordena as comissões que avaliam os cursos universitários de Educação/Ciências de Educação em Portugal. Ainda no domínio da avaliação do ensino superior, participou de avaliações de cursos universitários na Croácia e na Lituânia. No âmbito de outros órgãos a que tem pertencido, salienta-se, entre outras funções, ter sido diretora da FPCEUP, diretora do programa doutoral dessa faculdade, vice-presidente do Conselho Científico-Pedagógico da Formação Contínua (CCPFC) que em Portugal avalia e acredita em instituições, cursos e formadores de formação contínua de professores, membro do Conselho Consultivo constituído pelo Ministério da Educação sobre formação de professores, vice-presidente da Sociedade Portuguesa das Ciências da Educação.

Carlos Moya Ureta, Instituto Latinoamericano de Altos Estudios Sociales (ILAES), Chile, cmoyau@hotmail.com. Doutor em Psicopedagogia. Professor e pesquisador do Instituto Latinoamericano de Altos Estudos Sociais (ILAES), Chile. Coordenador Latinoamericano do Programa de Doutorado em Investigação Intercultural Latinoamericana na Universidade de Valladolid, Espanha (ILAES) Posgrados. Promotor da Associação Iberoamericana de Didática Universitária (AIDU) no Chile.

Daniel Ríos Muñoz, Universidade de Santiago do Chile (USACH), Chile, daniel.rios@usach.cl. Professor de Química e Biologia pela Universidade de Santiago do Chile (1984), graduado em Ciências da Educação (1988), mestre em Ciências da Educação (1991) e doutor em Ciências da Educação (1999) pela Pontifícia Universidade Católica do Chile. Lecionou cursos de graduação e pós-graduação em Avaliação Educacional e Inovação Educacional em diversas universidades do país e do exterior. Na área de pesquisa tem participado de diversos projetos relacionados à avaliação, à inovação, à sustentabilidade de melhorias educacionais, entre outros. Tem diversas publicações de livros, capítulos de livros e artigos em revistas especializadas de circulação nacional e internacional. Tem dirigido projetos de desenvolvimento que buscam fortalecer a gestão escolar em áreas como gestão diretiva, curricular, pedagógica, convivência e inclusão, bem como projetos vinculados ao desenvolvimento de inovações pedagógicas que buscam fortalecer a formação cidadã dos alunos da educação básica. Atuou como diretor de departamentos e escolas de educação em diferentes universidades nacionais. Atualmente, é diretor do mestrado em Educação Menção em Currículo e Avaliação.

Dautarin Monteiro da Costa, atuou no Ministério da Educação Nacional e Ensino Superior (MEES), Guiné-Bissau, dautarin.monteiro.da.costa@inee.org. Fez licenciatura e mestrado em Sociologia no Instituto Superior de Ciências do Trabalho e da Empresa – Instituto Universitário de Lisboa. É consultor e professor universitário, coordenou e fez consultorias para projetos de várias instituições internacionais e nacionais no país. Tem realizado pesquisas, formações e projetos de intervenção social nos domínios da educação, Direitos Humanos, juventude e cultura. Participou pela primeira vez de um governo, em 2019, como Ministro da Educação Nacional e Ensino Superior da Guiné-Bissau.

Janet E. Fish, Universidade Estadual da Califórnia (CSU), Northridge, Estados Unidos, janet.fish@csun.edu. Professora emérita de Psicologia Educacional e Aconselhamento. PhD em Educação: Estudos da Primeira Infância e Desenvolvimento, pela Universidade da Califórnia, Los Angeles. Tem mais de 40 anos de experiência trabalhando em cuidados infantis e educação. Lecionou e dirigiu programas de centros para a primeira infância e atuou como membro do corpo docente de ensino superior em diversas faculdades comunitárias (primeiros dois anos de faculdade) e como membro do corpo docente e coordenadora do bacharelado em desenvolvimento infantil (preparação nos primeiros quatro anos de faculdade) e o mestrado em educação infantil pela California State University Northridge há mais de 30 anos. Ganhou três Fulbrights em Early Care and Education em dois países e apresentou e/ou lecionou em espanhol e inglês em sete países. Atuou como consultora principal do programa Parcerias para Educação, Articulação e Coordenação através do Ensino Superior (*Co-Lead, Partnerships for Education, Articulation and Collaboration through Higher Education – PEACH*) durante seus primeiros cinco anos (2011-2016). Atualmente, Jan também está envolvida em iniciativas da Comissão de Credenciamento de Professores da Califórnia, onde estão desenvolvendo novas estruturas e requisitos para a preparação do que é ensinado a crianças/alunos de 3 a 8 anos de idade.

Limber Santos Casaña, Universidade da República, Uruguai, limbersantos@gmail.com. Mestre em Educação, Sociedade e Política com menção em Sistemas de Ensino pela FLACSO Uruguai. Atualmente, dirige o Departamento de Educação para Ambientes Rurais do Conselho de Educação Inicial e Primária da Administração Nacional de Educação Pública (Uruguai), e é professor e pesquisador do Instituto de Educação da Faculdade de Ciências Humanas e da Educação da Universidade da República. É autor de numerosos artigos sobre educação rural, currículo, avaliação, história da educação e pedagogia.

María del Carmen Silva Menoni, Universidade de Salamanca (USAL), Espanha, mcsilvamenoni@gmail.com. Doutora em Educação pela Universidade de Salamanca, Espanha (2013) pelo Programa Processos de Formação em Ambientes Virtuais. Professora graduada em docência com especialização em Literatura pela Administração Nacional de Educação Pública do Uruguai. Diploma em Educação pela Universidade ORT, Montevidéu, Uruguai. Suas atividades acadêmicas atuais: professora da Administração Nacional da Educação Pública (ANEP); atuou na formação de professores no Conselho de Formação Educacional, Uruguai, no Departamento de Ciências da Educação; coordenadora da cooperação para o desenvolvimento, Universidade de Salamanca e Centro Regional de Professores do Litoral, Salto, Uruguai; docente do ambiente de formação contínua on-line, iniciativa empreendedora San Francisco Research Center para formação em competências transversais no Ensino Superior; consultora-tutora na Organização dos Estados Ibero-Americanos — projetos desenvolvidos no âmbito do Conselho Formação Educacional (ANEP). Professora colaboradora no ensino de graduação e direção de dissertação de último ano da Universidade de Salamanca, Espanha.

Maria Isabel da Cunha, Universidade Federal de Pelotas, Rio Grande do Sul, Brasil, cunhami@uol.com.br. Possui graduação em Ciências Sociais pela Universidade Católica de Pelotas (1968), graduação em Pedagogia pela Universidade Católica de Pelotas (1974), mestrado em Educação pela Pontifícia Universidade Católica do Rio Grande do Sul (1979) e doutorado em Educação pela Universidade Estadual de Campinas (1988). Atualmente, é docente colaboradora no PPG Educação da Universidade Federal de Pelotas. Atuou como professora titular da Universidade do Vale do Rio dos Sinos. É docente convidada da Fundação Universidade Federal de Ciências da Saúde de Porto Alegre. Tem experiência na área de Educação, com ênfase em Educação, atuando principalmente nos seguintes temas: educação superior, formação de professores, pedagogia universitária. Orienta dissertações e teses e tem expressiva produção intelectual em artigos e livros. É pesquisadora sênior do CNPq.

Mario Vásquez Astudillo, Universidade Tecnológica do Chile (INACAP – UTCI), Chile, mario.astudillo@ufsm.br. Doutor em Educação pela Universidade de Salamanca, Espanha. Pós-doutor em Educação pelo Programa de Pós-Graduação, Centro de Educação, Universidade Federal de Santa Maria (UFSM). Professor de Espanhol e Literatura pela Pontifícia Universidade Católica do Chile. Atualmente, é professor visitante estrangeiro, equivalente a professor titular, Nível 1, Programa de Pós-Graduação, Centro de Educação, Universidade Federal de Santa Maria (UFSM). Pesquisador do Grupo de Pesquisa em Educação na Cultura Digital e Redes de Formação (GPKOSMOS – UFSM). Suas linhas de pesquisa são: a formação de professores; a integração de tecnologias nos processos de ensino e aprendizagem na Educação Básica e Superior; e internacionalização da Educação Superior.

Rebeca Garzón Clemente, Universidade Autónoma de Chiapas (UNACH), México, rgarzon@unach.mx. Professora doutora em Educação. Professora da Universidade Autónoma de Chiapas, México. Membro do Sistema Nacional de Pesquisadores do México. Dirigiu projetos de literacia digital para estudantes universitários, sociedade em geral e funcionários de organizações públicas mexicanas. Suas estadias acadêmicas internacionais lhe permitiram colaborar com grupos de pesquisa ibero-americanos em projetos de pesquisa. Sua produção acadêmica, no eixo das tecnologias na educação, integra diversos artigos em prestigiadas revistas internacionais e livros que têm sido reconhecidos por grupos editoriais, sendo o mais recente: *Competência informacional: sociedade, educação e organizações.*

Saúl Contreras Palma, Universidade de Santiago do Chile (USACH), Chile, saul.contreras@usach.cl. É professor de Biologia e Química na Universidade de Concepción, com doutorado em Didática das Ciências Experimentais pela Universidade Complutense de Madrid (Espanha). Pertence a diversas redes acadêmicas e tem sido convidado como palestrante e expositor em diversos eventos, nacionais e internacionais. Dirige projetos de pesquisa, incluindo o Fundo de Pesquisa e Desenvolvimento Educacional (FONIDE) e o Fundo Nacional de Desenvolvimento Científico e Tecnológico (Fondecyt), ambos do Ministério da Educação do Chile. Desenvolve projetos relacionados ao Conhecimento Didático do Conteúdo (CDC), que constitui uma de suas linhas de pesquisa, e é representante nacional e latino-americano no comitê do novo padrão internacional ISO 2001 para organizações educacionais. Atualmente, é membro da Comissão do Programa de Mestrado em Educação Currículo e Menção de Avaliação e vice-reitor de Ensino da Faculdade de Letras.

Programação dos professores convidados 2020

DATA	PROFESSORES CONVIDADOS
04/11	**Maria Isabel da Cunha**, Universidade Federal de Pelotas (RS), Brasil Tecer fios conceituais sobre a docência em diversos níveis
11/11	**Alicia Rivera Morales**, AIDU-CIDU, México La docencia y los desafíos de la interculturalidad
18/11	**Carlos Moya Ureta**, Instituto Latinoamericano de Altos Estudios Sociales, Chile Pedagogia dos autores
25/11	**Limber Santos Casaña**, Universidade da República, Uruguai Docência em classes multisseriadas

DATA	PROFESSORES CONVIDADOS
16/12	**Mario Vásquez Astudillo**, Universidade Tecnológica do Chile (INACAP – UTCI), Chile Docência em espaços e tempos virtuais
13/01	**Carlinda Leite**, Universidade de Lisboa, Portugal Docência e o perfil acadêmico e profissional dos professores no ensino superior em Portugal

2021

04/11	**Antonio Carrillo Avelar**, Universidade Autónoma do México (UNAM), México Formação para a interculturalidade, através do empreendedorismo freireano e da aprendizagem baseada em tarefas: uma experiência em sala de aula
11/11	**María del Carmen Silva Menoni**, Universidade de Salamanca, Espanha Qualidade da educação e entornos virtuais: as redes de colaboração entre universidade e escola
02/12	**Rebeca Garzón Clemente**, Universidad Autónoma de Chiapas (UNACH), México Perspectiva da formação de professores no México e uso de marcos regulatórios nacionais e internacionais

2022

20/01	**Daniel Ríos, Saúl Contreras**, Universidade de Santiago (USACH), Chile Política e formação de professores: desenvolvimento da formação inicial, competências didáticas, processos de inovação na sala de aula
27/01	**Alicia Rivera Morales**, Universidade Autónoma do México (UNAM), México A experiência de formação de professores no México
03/02	**Amélia Lopes**, Universidade de Lisboa/Porto, Portugal Pesquisa e desenvolvimento profissional dos professores: desafios da formação inicial e continuada

10/02	**Janet E. Fish**, Universidade Estadual da Califórnia (CSU, EEUU) Formação de professores nos EUA; aprendizagem de adultos e comunidades de prática e aprendizagem
02/06	**Dautarin da Costa**, Ex-Ministro da Educação Nacional e Ensino Superior da Guiné-Bissau A formação de professores e sua prática pedagógica na Guiné-Bissau
23/06	**Alicia Rivera Morales**, Universidade Autónoma do México (UNAM), México Como passar de uma concepção diferente de avaliação para uma ação avaliativa?
07/07	**María del Carmen Silva Menoni**, Universidade de Salamanca, Espanha Fatores da qualidade da educação
29/09	**Janet E. Fish**, California State University (EEUU) Reinventar la docencia en las redes de conocimiento: la formación de profesores de niños 3-8 años en California
04/08	**Daniel Ríos, Saúl Contreras**, Universidade de Santiago (USACH), Chile Política e formação de professores: desenvolvimento da formação inicial, competências didáticas, processos de inovação na sala de aula
20/10	**Ana Vanessa Leguízamo León**, Universidade Central da Venezuela, Venezuela Sistema educativo da Venezuela
03/11	**Daniel Ríos Muñoz**, Universidade de Santiago do Chile (USACH), Chile Desafíos y oportunidades de innovación de la evaluación para el aprendizaje
17/11	**María del Carmen Silva Menoni**, Universidade de Salamanca, Espanha Conceitos de qualidade da educação
01/12	**Antonio Carrillo Avelar**, Universidade Autónoma do México (UNAM), México A sala de aula como centro de gravidade da produção de conhecimento: o caso da diversidade cultural
15/12	**Saúl Contreras Palma**, Universidade de Santiago do Chile (USACH), Chile La formación de profesores en Chile: instrumentos de la política pública, reflexiones y aportes para la innovación

2023

12/01	**Ana Mouraz**, Universidade Aberta (UAb), Portugal Re-valorizar o feedback como estratégia para reinventar a docência
19/01	**Alicia Rivera Morales**, Universidade Autónoma do México (UNAM), México La experiencia de la formación de profesores en México
03/02	**Amélia Lopes**, Universidade de Lisboa (ULisboa), Portugal Pesquisa e desenvolvimento profissional dos professores: desafios da formação inicial e continuada

SUMÁRIO

INTRODUÇÃO 23
Ana Carla Hollweg Powaczuk, Doris Pires Vargas Bolzan, Mario Vásquez Astudillo,
Valeska Fortes de Oliveira

PARTE 1
DOCÊNCIAS: SABERES E DESENVOLVIMENTO PROFISSIONAL

APRENDEMOS TUDO A TODO MOMENTO: INVENTAR OU REINVENTAR A DOCÊNCIA, EIS A QUESTÃO 33
Tatiane Contreira Nicolow

TRANSFORMAR A DOCÊNCIA NA CONTEMPORANEIDADE: CAMINHOS POSSÍVEIS PARA UMA (RE)COMPOSIÇÃO PEDAGÓGICA 41
Rejane Zanini

POR QUE E PARA QUE REINVENTAR A DOCÊNCIA? 49
Lenice Medianeira Cechin

A REINVENÇÃO DA DOCÊNCIA E A AUTOFORMAÇÃO 57
Camila Fleck dos Santos Bau

MUITO ALÉM DE UM SENTIDO HUMANO: REINVENTANDO A DOCÊNCIA A PARTIR DA ESCUTA NA PÓS-GRADUAÇÃO EM EDUCAÇÃO DA UFSM 65
Ana Paula da Rosa

REINVENÇÃO DA DOCÊNCIA NA EDUCAÇÃO BÁSICA: O TRABALHO COLABORATIVO E A CULTURA DE COLABORAÇÃO ENTRE PEDAGOGOS EM TURMAS DE ALFABETIZAÇÃO 75
Jordana Rex Braun

A REINVENÇÃO DA DOCÊNCIA A PARTIR DA EDUCAÇÃO (EM TEMPO) INTEGRAL 85
Estefani Baptistella

O REINVENTAR DA DOCÊNCIA: UMA CIRANDA EDUCATIVA 95
Giana Weber de Oliveira

CINEMA E EDUCAÇÃO: QUE LUGAR É ESSE? 105
Adriana Gonçalves Ferreira

ACOLHER PARA REINVENTAR A DOCÊNCIA: RECONHECENDO O ESTUDANTE ADULTO MADURO NA EPT...........113
Suzel Lima da Silva

DOCÊNCIA EM PSICOLOGIA ENCANTADA PELA SÉTIMA ARTE 123
Larissa Rosso Dutra

REINVENTAR A DOCÊNCIA PARA CRIANÇAS COM O CINEMA COMO DISPOSITIVO DE ENSINO NA ESCOLA............133
Karoline Regina Pedroso da Silva

PARTE 2
CONTEXTOS EMERGENTES: POLÍTICAS, TECNOLOGIAS E VULNERABILIDADES

O REENCONTRO COM O GIZ APÓS O APOCALIPSE: UM CRUZO BRASIL-KONGO PARA UMA DOCÊNCIA PÓS-LOCKDOWN............ 145
Roberto Silva da Silva

EM TEMPOS DE CANSAÇO, ESCRITAS PARA REAVIVAR *LIVES*: APONTAMENTOS SOBRE FORMAÇÃO DOCENTE...........153
Izabel Espindola Barbosa

UM DIÁLOGO A PARTIR DAS VIVÊNCIAS NA PANDEMIA DE COVID-19 PARA A CONSTITUIÇÃO DE EXPERIÊNCIAS AUTOFORMATIVAS DOCENTES............163
Samuel Robaert

DESAFIO DE REINVENÇÃO DA DOCÊNCIA E SUA RELAÇÃO COM A VULNERABILIDADE DOCENTE...........173
Luiza Paul Gehrke

REINVENTAR A DOCÊNCIA: A GESTÃO EM REDE EM TERRITÓRIO DE VULNERABILIDADE SOCIAL...........181
Luciéli da Conceição Leal

AVALIAÇÃO MOTIVADORA: UM ENSAIO PARA O RETORNO A PRESENCIALIDADE ESCOLAR........... 189
Luana Cassol Bortolin

POLÍTICAS PÚBLICAS EDUCACIONAIS: UM OLHAR PARA AS ATIVIDADES DE ESTÁGIO CURRICULAR SUPERVISIONADO NO PERÍODO DA PANDEMIA DA COVID-19........... 201
Lílian Branco

[RE]INVENTAR A FORMAÇÃO DE PROFESSORES: PERSPECTIVAS EM CONTEXTOS EMERGENTES 213
Juliana Vaz Paiva

AS AMBIÊNCIAS FORMATIVAS COLABORATIVAS VIRTUAIS: REINVENÇÃO DA DOCÊNCIA NA EDUCAÇÃO BÁSICA 223
Débora Pinheiro Pereira

REFLEXÕES SOBRE O PROGRAMA MOSAICO DE SABERES DA ESCOLA DO CAMPO NO CONTEXTO DE "CIDADE EDUCADORA" 233
Isadora Raddatz Tonetto

REINVENTAR A DOCÊNCIA POR MEIO DAS METODOLOGIAS ATIVAS 243
Eduarda Oliveira

REINVENTAR A DOCÊNCIA: DESAFIOS TECNOLÓGICOS EM TEMPOS DE PANDEMIA 251
Dione Noschang Schweigert

AS BRECHAS DIGITAIS MINIMIZADAS PELA ÊNFASE NA LEITURA E COMPREENSÃO LEITORA COMO PRÁTICA REINVENTIVA 261
Daiane Ventorini Pohlmann Michelotti

AFINAL, CADÊ MEU *FEEDBACK*? O REINVENTAR DA DOCÊNCIA A PARTIR DAS RELAÇÕES CONSTRUÍDAS COM ECOSSISTEMAS COMUNICATIVOS 271
Raquel Scremin

A FORMAÇÃO DE PROFESSORES E O ESTÁGIO SUPERVISIONADO NO ENSINO REMOTO EMERGENCIAL 279
Mariana Jardim de Moraes

TECNOLOGIA E EDUCAÇÃO: DESAFIOS E FORMAÇÃO CONTINUADA 287
Carine Pistoia Guimarães

DA PROIBIÇÃO ÀS PRÁTICAS INOVADORAS: REINVENTANDO A DOCÊNCIA A PARTIR DO DIGITAL 297
Mara Regina Rosa Radaelli

SOBRE OS AUTORES 307

INTRODUÇÃO

Ana Carla Hollweg Powaczuk
Doris Pires Vargas Bolzan
Mario Vásquez Astudillo
Valeska Fortes de Oliveira

Apresentamos, nesta obra, um conjunto de escritas ensaísticas de estudantes da pós-graduação, encorajados a problematizar contextos emergentes envolvidos na reinvenção da(s) docência(s), inclusive em um período pandêmico. Diante do acirramento das tensões delineadas pela cruel pedagogia do vírus, as docências foram provocadas, instigadas e aguçadas à produção de novos movimentos de aprender a ser professor, a partir das redes de conhecimento ampliadas.

A coletânea emerge da experiência desenvolvida a partir do seminário intitulado "A reinvenção da docência nas redes de conhecimento", que vem sendo dinamizado desde 2020, tendo sua continuidade nos anos de 2021, 2022 e 2023. O seminário tem como objetivos: conhecer abordagens e concepções sobre a docência, articulando aos conceitos de saberes e desenvolvimento profissional, implicadas nos diferentes níveis de ensino a partir de pesquisas nacionais e internacionais; (re)construir possíveis concepções sobre docência, saberes e desenvolvimento profissional; e reconhecer a diversidade de perspectivas conceituais sobre o campo da docência e suas pesquisas na contemporaneidade. Caracterizado pela sua perspectiva de *internationalization at home*, o seminário se configura como uma atividade acadêmica de interlocução internacional, sem a mobilidade de docentes e estudantes nacionais para o estrangeiro, processo intensificado e consolidado pelo contexto pandêmico.

A organização curricular do Programa de Pós-graduação em Educação (PPGE) tem se destacado pela possibilidade de oferecer um conjunto de atividades que levam em conta a flexibilidade da matriz curricular que é compartilhada simultaneamente pelos cursos de mestrado e doutorado, favorecendo o aprofundamento das experiências formativas entre os futuros pesquisadores.

O interesse, a paixão e o comprometimento por refletir são forças motrizes do trabalho desenvolvido pelo Programa de Pós-graduação em

Educação, ao longo das últimas cinco décadas. Em 2023, completou 53 anos de atividade ininterrupta, tendo origem em um curso de mestrado[1] em Educação, "cuja história traz consigo pioneirismo em temas e ações hoje consagrados, como interiorização, integração latino-americana e internacionalização" (PPPG, 2014, n.p.).

A perspectiva da formação cultural ampliada dos professores pesquisadores tem sido uma busca contínua do programa, com vistas a "[...] tornar os processos formativos mais dinâmicos e interconectados, dando fluidez às experiências promovidas pelo Programa em seus componentes curriculares e extracurriculares" (PPPG, 2014, n.p.).

O fomento a experiências interculturais, capazes de ampliar a rede de relações entre as dimensões regionais e o contexto global, tem-nos desafiado a construir dinâmicas curriculares que favoreçam os processos de formação dos professores, pesquisadores e trabalhadores da educação básica e superior.

Nesta perspectiva, a proposta do seminário "A reinvenção da docência nas redes de conhecimento", que teve sua primeira versão no ano de 2020, nasceu do desejo de construir um espaço de interlocução internacional para que se pudesse compartilhar com colegas professores, de diferentes espaços acadêmicos e de focos de pesquisa, os estudos que estavam em desenvolvimento na América do Sul, América do Norte, Europa e África.

Nosso desejo se direcionava a consolidar uma prática que vínhamos desenvolvendo no âmbito da pós-graduação, cujo foco é o trabalho colaborativo na docência, compartilhada com colegas da linha de pesquisa intitulada, no passado, "Formação, Saberes e Desenvolvimento Profissional" e, hoje, "Docência, Saberes e Desenvolvimento Profissional", bem como impulsionar propostas diversificadas de trabalho em redes de conhecimento. Nosso objetivo se dirigia a discutir as docências nos diferentes espaços e níveis trazidos pela presença de pós-graduandos(as) inscritos(as) no seminário, a partir da interlocução com pesquisadores de diferentes países. O desafio tem sido pensar a docência como um ato complexo, que exige a compreensão acerca da das condições singulares de exercício profissional e das implicações nas possibilidades de sua (re)invenção.

---

[1] O curso de mestrado emerge no contexto das políticas de integração do continente americano, que assinam a "Declaração dos Presidentes da América". Esse contexto cria a condição para a implementação de tratativas entre a Organização dos Estados Americanos (OEA) e o Ministério da Educação e Cultura (MEC) do Brasil, que indica a UFSM (a primeira universidade pública criada no interior do país e estrategicamente localizada) como a universidade capaz de sustentar um convênio que colocasse em funcionamento um curso de mestrado para formar recursos humanos na Educação, tendo como área de abrangência os países da América Latina (PPPG, 2014, n.p.).

Neste contexto, pensamos nas nossas redes de produção do conhecimento na área da educação, nacionais e internacionais. Assim, esse processo foi sendo (re)dinamizado, tendo em vista que, logo que demos início às atividades, no ano de 2020, entramos em pandemia. Inicialmente, as atividades foram pensadas para ocorrer de forma híbrida, a partir de encontros presenciais e virtuais. Contudo, o processo de mudanças vivenciado no contexto pandêmico exigiu-nos encontrar alternativas para a organização do trabalho pedagógico, que passou a ocorrer, na sua totalidade, por meio do ensino remoto.

Assim, a estrutura inicial foi sendo alterada, e as novas demandas formativas nos exigiram ampliar as formas de organização e o próprio desenho curricular, colocando em destaque modos de propor a internacionalização. Nossa perspectiva incluiu desenvolver a consciência intercultural e as habilidades de comunicação; fomentar o apreço pelas diversas origens e perspectivas teórico-metodológicas; ampliar e fortalecer a compreensão sobre a(s) docência(s) por meio do debate intercultural; propiciar um ambiente e experiências multiculturais e conectadas, capazes de gerar e ampliar as redes de conhecimento com as quais interagimos. Nossa atenção se voltou à possibilidade de aproveitar as experiências compartilhadas e compreendê-las a partir dos diferentes contextos, levando em conta a multiplicidade de experiências socioculturais.

Nesse cenário, foi necessário retomar alguns princípios metodológicos para a docência em contextos emergentes. A saber: i) estabelecer um diálogo permanente entre os participantes, ou seja, antes, durante e após a oferta das atividades formativas; ii) compartilhar as redes de pesquisa, ampliando as experiências interformativas decorrentes desse processo; iii) promover a participação a partir de múltiplas interações, promovendo processos interculturais; iiii) explorar as capacidades comunicativas por meio do uso de tecnologias, propiciando que todos sejam capazes de acessar diferentes ambientes de aprendizagem.

Os contextos emergentes e o sentido de urgência para pensar a educação compuseram esses cenários, pois a fluência tecnológica, as dificuldades de acesso e permanência nas atividades remotas, o estar em casa e atender a demandas simultaneamente às atividades de sala de aula e os regramentos normativos que pautaram as atividades virtuais na universidade implicaram o desenho de nosso fazer docente, que foi sendo ajustado a cada nova versão do seminário oferecido.

É possível referir que, mesmo diante de tantas incertezas, havia algo que nos movia. Então, a oportunidade que se descortinava foi acolhida por todos nós, fazendo com que lançássemos mão de todas as ferramentas disponíveis para que pudéssemos compartilhar conhecimentos vindos de todos os cantos do planeta.

Da primeira edição, no primeiro semestre de 2020, até esse último, realizado no segundo semestre de 2023, fomos avaliando com os participantes as atividades desenvolvidas, sempre modificando em algum aspecto nossa dinâmica, acrescentando um(a) convidado(a) novo(a), de outro país que ainda não tínhamos nas edições anteriores, envolvendo os pesquisadores em formação de modo que eles também compartilhassem seus interesses de pesquisa, problematizando os temas que os convidados traziam.

Observamos que a cultura da palestra, em forma de *live* vivenciada, especialmente, por ocasião da pandemia, foi transformando nossos encontros em atividades menos passivas. Nossos movimentos passaram a mobilizar atividades mais interativas e dialógicas. Fomos percebendo que o desafio de o(a) acadêmico(a) se preparar para o encontro, lendo produções do(as) convidado(as) e, até mesmo, ouvindo as edições anteriores, foi uma forma de passarmos da postura passiva a um amplo diálogo com questões trazidas pelos(as) integrantes da turma.

Com a participação do colega que chega ao Programa com professor visitante estrangeiro na LP1, Mario Vásquez Astudillo, fomos acrescentando outras redes e outros desafios ao seminário. Um deles foi a construção de um ensaio como exercício de escrita, produzido durante o semestre, a partir do diálogo com os colegas convidados, ou mesmo do interesse pessoal de cada participante. O desafio incluía poder também dialogar com seu tema de pesquisa a partir dos temas do seminário, na perspectiva da reinvenção da(s) docência(s). A prática da escrita ensaísta foi avaliada, por um número significativo de participantes, como importante, por ser a primeira vez que eram desafiados(as) a fazê-lo.

Na sequência, ao avaliarmos com as turmas o processo de tessitura da escrita, percebemos um melhor aproveitamento dos diálogos com os convidados, refletido no resultado das escritas e no nível de interação alcançado pelos grupos de trabalho. Ainda, fomos, ao longo do tempo, percebendo também que a atividade de fechamento final, nas primeiras edições, não foi tão proveitosa, mas, à medida que avançamos com outras edições, o diálogo estabelecido favoreceu a ampliação dos debates com novas culturas e provocações dos outros países. Essas vivências foram convocando cada um(a) a redimensionar a(s) docência(s) em foco.

Nas edições em que incorporamos a escrita de um ensaio, propusemos também, no momento final, antes da entrega definitiva, que os pesquisadores em formação exercitassem a leitura crítica, por meio da troca de suas produções entre os(as) participantes da turma. Assim, foi proposto que se fizessem encontros para a análise e comentários, pelos colegas de seminário, acerca das produções, não se limitando à avaliação aos professores responsáveis pelo grupo. Esse encaminhamento foi um dos acréscimos que qualificou o desafio da escrita dos ensaios, o que foi observado a cada "nova edição". Desse modo, fomos compartilhando caminhos, buscando refletir sobre as experiências vividas com os professores convidados, os colegas de grupo e os docentes que coordenaram as atividades conjuntas.

Muitas versões foram sendo construídas ao longo de cada semestre, dos anos de 2020, 2021, 2022 e 2023, o que nos permitiu interagir com um conjunto de experiências capazes de proporcionar o compartilhamento de modos de ser, fazer e estar na docência. Os modos de reinvenção que fomos conhecendo serviram para inspirar estudos e pesquisas do grupo de estudantes dos cursos de doutorado e mestrado que participaram desse processo, junto dos professores, desafiando-nos a refletir em torno dos nossos processos de produção da(s) docência(s).

Assim, fomos construindo uma história coletiva, motivada pela esperança de aprender a criar de forma conjunta "futuros melhores", instigando uma consciência planetária capaz de impulsionar a construção "de futuros pacíficos, justos e sustentáveis", transformando, de algum modo, os processos formativos e, consequentemente, a educação nos seus diversos níveis e formatos (UNESCO, 2022, p. 5).

Diante desse contexto, acreditamos que a reinvenção da docência não pode prescindir da inquietação indagadora, a qual é potencializada pelos princípios de cooperação, colaboração e solidariedade. Para tanto, precisamos pensar em experiências curriculares que favoreçam aprendizagens ecológica, intercultural e interdisciplinar, elementos-chaves para apoiar os estudantes no acesso e na produção de conhecimento. Um trabalho dessa natureza exige reflexão, pesquisa e construção de conhecimentos, reconhecendo os professores como produtores de saberes fundamentais na transformação educacional e social. Isso significa que a autonomia e a liberdade dos professores precisam ser apoiadas e que eles necessitam participar de forma plena do debate público e do diálogo sobre os futuros da educação (UNESCO, 2022, p. 8).

A educação precisa ser inovadora, mas, para sê-lo, não basta novas abordagens metodológicas; é preciso ir além da (trans)formação de práticas cotidianas; é fundamental avançar em novas direções, assumindo outros modos de propor e pensar a educação como prática de liberdade, favorecendo que o protagonismo discente e docente se consolide com o intuito de superarmos as atuais organizações curriculares, aprendendo, assim, a refletir sobre novas formas de ser e existir, valorizando processos de reflexão capazes de levar a emancipar a formação humana.

Nas palavras de Tina Seelig, a educação precisa romper modelos de reprodução. A autora se manifesta, destacando que "[...] a educação formal trata da memorização, e não da inovação. Destaca os heróis, em vez de ensinar os alunos a serem heroicos" (Seelig, 2020, p. 137). Portanto, acreditamos que este livro, na perspectiva de Tina Seelig, é heroico, seus (suas) autores(as) são heroicos, pois se desafiaram a escrever ensaios, propor e defender teses. Considerando que o ensaio é um texto situado nas fronteiras entre o filosófico e o literário, espaço no qual se expõem ideias, especulações, críticas e reflexões sobre determinada temática, produzir tal escrita é uma forma de pensamento refinado. Com essa perspectiva, desejamos que a leitura das ideias e dos pensamentos, aqui expressos, possam impulsionar a reflexão sobre desafios, tensões e dimensões envolvidas na reinvenção da(s) docência(s), assim como são os ensaios apresentados!

Nossa decisão para a organização da obra foi reunir os ensaios em duas grandes temáticas. O primeiro bloco – Docências: saberes e desenvolvimento profissional – de ensaios traz reflexões acerca do próprio tema do seminário "Reinventar as docências nas redes de conhecimento" no desafio dos diferentes níveis de ensino propostos pelos autores, tendo como perspectiva o desenvolvimento profissional docente. No segundo bloco – Contextos emergentes: políticas, tecnologias e vulnerabilidades –, apresentamos reflexões que mostram saberes, experiências e desafios vividos, alguns em momentos pandêmicos, que ainda impactam no cotidiano das redes de ensino e geram aprendizagens cada vez mais indispensáveis a uma docência do presente.

REFERÊNCIAS

CAPES. Coordenação de Aperfeiçoamento de Pessoal de Nível Superior. **A Internacionalização na Universidade Brasileira:** resultados do questionário aplicado pela CAPES. Brasília, DF, 2017. Disponível em: https://www.capes.gov.br/images/stories/download/diversos/A-internacionalizacao-nas-IES-brasileiras.pdf. Acesso em: 10 dez. 2023.

SEELIG, Tina. **Regras da criatividade:** tire as ideias da cabeça e leve-as ao mundo. Caxias do Sul: Belas Letras Ltda., 2020.

UNESCO. **Reimaginar nossos futuros juntos:** um novo contrato social para a educação. Relatório da Comissão Internacional Sobre os Futuros da Educação. Paris: Unesco, 2022. Disponível em: https://unesdoc.unesco.org/ark:/48223/pf0000381115. Acesso em: 10 dez. 2023.

Parte 1

DOCÊNCIAS: SABERES
E DESENVOLVIMENTO PROFISSIONAL

APRENDEMOS TUDO A TODO MOMENTO: INVENTAR OU REINVENTAR A DOCÊNCIA, EIS A QUESTÃO

Tatiane Contreira Nicolow

INTRODUÇÃO

Durante a graduação, formando-nos para atuar na docência, somos instigados a estudar, conhecer o novo e nunca parar, pois o conhecimento é terreno fértil, pronto para ser explorado e, tomando posse desse argumento e sentimento, transposto aos nossos futuros discentes. Porém, em algum lugar de nosso caminho pedagógico, esquecemo-nos ou perdemos essas premissas educativas, ligamos o piloto automático, as aulas perderam a vida, tornando-se somente o produto, o resultado, a nota, a prova, o vestibular, e não nos lembramos do processo, do desenvolvimento humano, da qualificação de vida dos sujeitos envolvidos no ato de ensinar e aprender neste meio social, cultural, afetivo, plural e equitativo que é a escola e a universidade.

Sendo assim, este ensaio constituirá um convite para uma reflexão freireana aplicada neste momento histórico de pandemia da Covid-19[2], sobre a necessidade de inventar ou reinventar a docência, concluindo-se que não há práxis docente/discente em busca do conhecimento sem se inventar e reinventar a todo momento.

Discutiremos esse processo, percorrendo três passos: 1) ato de se questionar; 2) momentos extremos, atitudes extremas; 3) gaiolas ou asas. Esses passos levam a uma caminhada pedagógica inspirada na teoria freiriana. Segundo Freire (1999, p. 25), "[...] não há docência sem discência, as duas se explicam e seus sujeitos, apesar das diferenças que os conotam, não se reduzem à condição de objeto, um do outro", sendo assim, "[...] quem ensina aprende ao ensinar e quem aprende ensina ao aprender" (Freire, 1999, p. 25). Esses sujeitos se encontram em um ambiente comum (a sala de aula), sendo, assim, que a característica mais preciosa que dividem são as suas singularidades, com as quais constroem saberes e relações sociais e interpessoais.

---

[2] A Covid-19 é uma infecção respiratória aguda causada pelo coronavírus SARS-CoV-2, potencialmente grave, de elevada transmissibilidade e de distribuição global, o qual gerou uma pandemia mundial, de 2019 a 2022.

Entre docente e discente, a práxis mais bela acontece por meio do ato de educar e cuidar, pois, sob a ótica freiriana, compreendemos que aprendemos de quem amamos. Dessa forma, por que não revisitar o nosso estudante interior? Este nunca esquece o que o professor disse: você pode tudo, você é capaz, tente, invente. Segundo a pedagogia da autonomia, Freire (1999, p. 24) afirma que "[...] a reflexão crítica sobre a prática se torna uma exigência da relação Teoria/Prática sem a qual a teoria pode ir virando blábláblá e a prática, ativismo". Esse processo ocorrerá permanente, diária e cotidianamente, acompanhando, inclusive, os momentos históricos que nos cercam, como esse jamais visto, de pandemia da Covid-19.

Eis os questionamentos orientadores deste ensaio, no qual busco demonstrar que: o conhecimento é algo em constante construção e evolução, manifestando-se como um organismo vivo, sendo necessário um docente atento ao fato da necessidade de se inventar e reinventar a todo momento, construindo e fortalecendo, a cada dia, seu processo formativo e os seus laços entre docentes/discentes.

1º PASSO: O ATO DE SE QUESTIONAR

A educação, atrelada à escola, caminha envolta a uma tríade composta por docente, discente e conhecimento, ambos entrelaçados em uma rede na qual há um processo a ser desenvolvido (ensinar e aprender) para se chegar a um produto (conhecimento). Porém, não se trata de um negócio e de uma educação bancária (depositar ou transferir conhecimento), não estamos em uma empresa, e nossos alunos não são rechonchudos porquinhos. Chega de depositar conhecimentos como se fôssemos cofrinhos. Essas escolas do Banco do Brasil estão com os dias contados, não somos folhas em branco, e muito menos nossos alunos serão. Apesar de envolver papéis e muitas vezes se tornar um negócio (este não deveria ser o destino da escola), a educação, as escolas e, principalmente, os personagens principais dessa caminhada pedagógica são sujeitos históricos e singulares.

Prontos ou não, eles caminham para um encontro de descobertas. Eis "o Professor e o Estudante", cada um aprendendo a ser o que será no ato de ser... Somos o que somos ou tornamo-nos o que seremos a cada dia, com cada prática?

2º PASSO: MOMENTOS EXTREMOS, ATITUDES EXTREMAS

Escolher ser professor em um país que não valoriza a educação já é, por si só, um ato de coragem. E por que não dizer rebeldia? Empunhamos canetas e lápis, tal qual espadas em prol do saber, e papel e cadernos como escudos contra a ignorância, mas o que temos de mais desafiador perante os inimigos da equidade e da igualdade é o poderoso ato de "fazer pensar".

Ao longo de minha construção como docente, minha admiração para com os professores só aumentava, tamanha a capacidade em acreditar no humano do ser, em não desistir do outro, de seus alunos e, principalmente, de si mesmos. A cada dia, na universidade que ainda frequento após minha graduação, compreendo a função social da escola, que está para muito além do ato de educar, de ensinar exatas, humanas, ciências etc. A escola como garantia de efetividade de direitos, de conhecimentos, de políticas públicas, de porto seguro de uma comunidade local, de uma sociedade, de uma cidade, de uma cultura.

Nos anos de 2020 e 2021 (e ainda em 2022), fomos assolados por um "mal do século", a pandemia da Covid-19, uma doença viral e fatal que teve a capacidade de afetar todos os continentes do nosso planeta. Tal fato nos obrigou a nos afastarmos uns dos outros, da família, dos amigos, de nossos trabalhos e escolas. Atitudes extremas em momentos extremos em prol do bem da coletividade. Uma luta contra um inimigo invisível, um vírus que proibiu abraços, apertos de mãos, interação, afetividade, que desequilibrou o psicológico de muitas pessoas, e a distância obrigatória de nossos afetos tornou-se uma dor. Foram várias famílias enlutadas, desempregadas, desesperadas, desamparadas e, no meio de tudo, a escola, os alunos, os professores, uma sociedade se reinventando.

Nesse contexto extraordinário, fecharam-se as portas das escolas e abriram-se janelas virtuais, pois, por meio de celulares e computadores, as aulas on-line, remotas, síncronas e híbridas iniciaram, mas disponíveis para quem tinha acesso à internet e computadores e celulares, ou seja, não para todos. Concomitantemente a isso, atividades pedagógicas impressas ou foram enviadas às crianças ou foram retiradas nas escolas pelas famílias. Imediatamente, iniciou-se o uso de tecnologias antes não praticadas, as tecnologias de informação e comunicação (TICs). Aprendeu-se na marra, no susto. Com muita dedicação e perseverança, docentes inventaram e reinventaram a educação, a forma de ensinar, de chegar aos seus alunos e, mais do que isso, de não se afastar deles, por meio das aulas remotas e on-line.

Neste momento pandêmico, o pedagógico e o social caminharam em estreita linha, pois não era mais o aluno que vinha à escola, e sim a escola que adentrava a casa do aluno, para além do ensino, para o social e o humano também. O docente, com olhar atento e escuta ativa, produz seus planejamentos, inventa e reinventa a docência com base nesses cotidianos, como bem nos relatou o professor Antonio Carrillo Avelar durante sua explanação on-line nos Seminários Integradores[3] da UFSM, cujas falas apaixonantes apreciamos, após 30 anos de sua docência envolto em seus projetos, dentre eles as aulas invertidas.

Segundo Andrade e Chacón (2018), o conceito de aula invertida tem seus princípios no construtivismo social, a fim de promover a aprendizagem colaborativa nas atividades propostas nas aulas, dando protagonismo aos alunos, sujeitos da aprendizagem.

Realizado com a prática freiriana que, "[...] nas condições de verdadeira aprendizagem, os educandos vão se transformando em reais sujeitos da construção e da reconstrução do saber ensinado, ao lado do educador, igualmente sujeito do processo". O professor Antonio Carrillo Avelar[4] propôs que seus alunos universitários tomassem posse para desenvolver, cada um a seu modo, suas entrevistas (pesquisas) acerca da diversidade cultural de suas comunidades no México.

Como bem diz Freire (1999, p. 115-116), é necessário ter a esperança que anima contra o desengano que imobiliza.

> Sou professor a favor da esperança que me anima apesar de tudo. Sou professor contra o desengano que me consome e imobiliza. Sou professor a favor da boniteza de minha própria prática, boniteza que dela some se não cuido do saber que devo ensinar, se não brigo por este saber, se não luto pelas condições materiais necessárias sem as quais meu corpo, descuidado, corre o risco de se amofinar e de já não ser o testemunho que deve ser de lutador pertinaz, que cansa, mas não desiste. Boniteza que se esvai de minha prática se, cheio de mim mesmo, arrogante e desdenhoso dos alunos, não canso de me admirar (Freire, 1999, p. 115-116).

---

[3] Seminários Integradores da UFSM (2021): "Seminário Reinventar a Docência nas Redes de Conhecimentos, a disciplina provoca reflexões sobre o reinventar a docência", tendo como pano de fundo as políticas públicas e os saberes necessários ao desenvolvimento profissional. Analisa também as (re)construções possíveis das concepções e práxis sobre docência a partir do cenário atual.

[4] Antonio Carrillo Avelar, México: professor convidado para o Seminário "Reinventar a docência nas redes de conhecimento", abordando o tema "La formación para la interculturalidad, a través del emprendimiento freiriano y el aprendizaje basado en tareas: una experiencia de aula".

Eis aqui, pois, um docente e seus discentes em um momento extremo, no qual poderia escolher se retirar do campo pedagógico de batalha e cuidar de sua saúde, pois já contribuiu muito com a educação. Mas escolheu uma atitude extrema, reinventar-se, enfrentar as adversidades, construir, junto de seus alunos, possibilidades, pois escolheu ser professor.

3º PASSO: GAIOLAS OU ASAS

O homem evolui e, com ele, os seus significados, o que não seria diferente. Tampouco seria justo haver indiferença a esses fatos, o multiculturalismo, o ser humano como um todo, habitando um mundo, responsável por ele e pela interação, socialização e respeito aos seus iguais.

Encontram-nos nesse ponto da estrada que não nos afasta dos demais, estamos constantemente olhando para trás e, de certa forma, muitas e muitas vezes presos naquele tempo e espaço em que o professor precisava cumprir um conteúdo, um horário, uma técnica, determinada e prescrita didática, pensada para um aluno com um corpo rígido, imóvel, "uma folha dita em branco". Parece difícil ultrapassar as barreiras impostas pelo tempo, em espaços, por anos, de forma repetitiva, tal qual uma indústria produzindo em série.

Acerca desses estudos e discussões, muitos são as dúvidas e os questionamentos levantados por essas *lives* em tempos de pandemia, muito pertinentes e como sementes jogadas ao solo fértil da receptividade, da liberdade de ação, da oportunidade de estudo e da compreensão acerca do meu fazer docente, da minha formação em constante processo de ação. Faz-se necessário voltar a me questionar: Inventar ou reinventar a docência? Em que escola quero estar? Como compreender o currículo?

Para Rubem Alves (2001, p. 5), "[...] há escolas que são gaiolas e há escolas que são asas". Escola, para mim, primeiramente, remete a um espaço, uma estrutura que, vazia, pode ser uma lembrança boa ou ruim, uma saudade ou uma curiosidade ou apenas tijolos, paredes, portas e janelas. Depois, uma instituição, que pode ser muro, fechada, cerrada ou com janelas e portas abertas ao mundo à sua volta, depende da conduta e da condução dessa e para com essa instituição.

Passa só então ser vida quando, dentro dela, ocupando esse espaço em determinado tempo, está o principal: as pessoas, vidas que pulsam em alunos e profissionais da educação (discentes e docentes), em olhos curiosos, passos rápidos, vozes risonhas, corpos felizes e mentes ávidas, por toda a troca de saberes que vai acontecer na magnífica interação entre as pessoas que estão ali, vivendo essa aventura que é descobrir e experimentar o mundo, o saber, o descobrir, o conhecer.

Estudando um pouco mais sobre currículo, compreendemos sua complexidade, bem como a amplitude de sua importância histórica enquanto está se tornando a cada prática. A palavra currículo, com base em sua etimologia, "[...] vem do latim Curriculum, que quer dizer pista de corrida, podemos dizer que no curso dessa corrida acabamos de nos tornar o que somos" (Silva, 2011, p. 43).

Nessa perspectiva, pode ser visto como um caminho, uma trajetória, um percurso educacional em que o sujeito encontra seu espaço social no mundo. Dessa forma, o currículo deve ser compreendido como uma atividade que não se limita à vida escolar, educacional, mas à vida inteira (Crepaldi, 2015).

Eis que a evolução do ato de pensar, discutir, não aceitar, pensar diferente à luz das ideias e dos ideais, impor, contrapor as múltiplas inteligências, culturas e os sujeitos singulares respeitados em sua pluralidade fizeram surgir a teoria crítica.

É muito forte pensar que o que somos não é o que achávamos que éramos, pensar que houve um objetivo político antissocial primeiramente, de dominação, de poder religioso, capital, industrial, um amansamento, uma docilidade forçada por quem sabia tudo para quem julgavam não saber absolutamente nada (tabula rasa).

Eis que tudo isso nos pertence, nos compõe como educadores e vai formando a nossa identidade, o nosso ser e fazer docente, o inventar e reinventar.

QUANDO PENSO QUE JÁ SEI...

Será que sabemos? O ato de se questionar deve ser a mola propulsora de nossa prática pedagógica, do nosso fazer e ser docente, pois, enquanto tivermos dúvidas, estaremos coexistindo na fase mais bela e admirável da criança: a infância, em que ela se admira, é curiosa, surpreende-se buscando experimentar o novo e adquirir o conhecimento.

Deparamo-nos com a pedagogia da autonomia, que nos convida a sermos agentes de mudanças internas e externas a nós e ao nosso meio.

Eis uma educação em prática com a realidade, com o firme intuito de intervir no mundo. Para tanto, é necessário conhecê-la, aprendendo, ensinando e pesquisando. Construir saberes por meio do ciclo gnosiológico, desenvolvendo uma concordância, na ação de conhecer, entre os sujeitos envolvidos e o objeto. Compreender e ler o mundo, tornando-se sujeito dele, ensinar a pensar certo, mesmo que pense errado, duvidar, discutir, mediar, intervir, tantos verbos que significam apenas uma coisa: rigorosidade metódica na produção e nas condições de aprender e ensinar criticamente, promover a autonomia por meio da democracia.

É visto que nessa disciplina e nessa universidade, a formação pedagógica do docente visa a desenvolver uma observação do contexto e do espaço escolar. Uma visão crítica da construção da educação e do ser educador, com constante indagação da nossa responsabilidade e corresponsabilidade como professor, em vista dos sujeitos envolvidos nesses contextos educacionais, bem como o resultado desses em intervir no mundo e no seu mundo, pois somos agentes de formação e transformação.

Enfim, o homem é inacabado e não é predeterminado, é inevitável a franquia de si mesmo, radical, crítico, um aventureiro responsável e predisposto às mudanças e à aceitação do diferente.

Eis que, quando penso que já sei, surpreendo-me nesses seminários com educadores e educandos criadores, instigadores, curiosos, humildes e persistentes. Sou chamada a conhecer o que não conheço e a comunicar a novidade, pois, quando ensino, busco, procuro, reprocuro e promovo a ingenuidade, faço meu próprio caminho para a construção do conhecimento, assumo um desafio ético constante.

Quero personificar o meu exemplo, corporificar as palavras e viver uma pedagogia da autonomia, rumo à assunção de minha educação e em prol da educação e do educando, com uma nova visão. Sendo assim, é importante estar sempre a caminho, permanecer na estrada, trilhar novos horizontes, entrelaçar caminhos seguindo esses exemplos, tomando posse, duvidando, questionando, aprendendo, mediando, inventando e reinventando, agindo e sendo docentes críticos e responsáveis.

Creio que não haverá respostas para as perguntas que faço, e a minha esperança é que os questionamentos jamais cessem.

REFERÊNCIAS

ALVES, Rubem. Gaiolas e asas. **Folha de São Paulo**, v. 5, p. 29-32, dez 2001. Disponível em: https://www1.folha.uol.com.br/fsp/opiniao/fz0512200109.htm. Acesso em: 3 jul. 2024

ANDRADE, Ender; CHACÓN, Edixon. Implicaciones teóricas y procedimentales de la clase invertida. Pulso. **Revista de Educación**, Madrid, ed. 41, p. 251-267, 2018.

CARRILLO, Antonio. La formación para la interculturalidad, a través del emprendimiento freiriano y el aprendizaje basado en tareas: una experiencia de aula. REINVENTAR A DOCÊNCIA NAS REDES DE CONHECIMENTOS, 4 nov. 2021, UFSM. **Anais** [...]. Santa Maria, 2021.

CREPALDI, Elaise Mara Ferreira. Currículo e multiculturalismo: perspectivas para consciencialização das diferenças na escola. *In*: CONGRESSO NACIONAL DE EDUCAÇÃO, 12., 2015, Curitiba. **Anais** [...]. Curitiba, PUC/PR, 2015.

FREIRE, Paulo. **Pedagogia da Autonomia**. 39. ed. São Paulo: Paz e Terra, 1999.

SILVA, Tomaz Tadeu da. **Documentos de identidade:** uma introdução às teorias do currículo. Belo Horizonte: Autêntica, 2011.

TRANSFORMAR A DOCÊNCIA NA CONTEMPORANEIDADE: CAMINHOS POSSÍVEIS PARA UMA (RE)COMPOSIÇÃO PEDAGÓGICA

Rejane Zanini

INTRODUÇÃO

O mundo mudou, a educação, porém, permanece igual nos últimos tempos. O ensino e o seu entorno, portanto, necessitam ser transformados. No momento em que a pandemia nos impôs o afastamento e o ensino remoto, em 2020, a comunidade escolar subitamente foi obrigada a se adequar ao novo cotidiano que se fez presente por quase dois anos. Da mesma forma, os demais sujeitos que compõem essa comunidade precisaram parar e rever sua formação. A esse respeito, comenta Nóvoa (2020, p. 37):

> A educação já não cabe no formato escolar do final do século XIX. Eu gosto da escola e da cor das suas paredes. Mas isso não me leva a perpetuar um modelo que não serve para educar as crianças do século XXI. A escola precisa da coragem da metamorfose, de transformar a sua forma.

Quando pensamos sobre mudanças em escala mundial, não podemos deixar de mencionar nosso público na educação, pois é pensando neles que quero desenvolver esta escrita, voltando o olhar aos docentes e à sua formação, inicial e continuada, sem perder de vista nossos estudantes, inseridos em uma nova ordem: a da tecnologia digital.

Nóvoa (2020, p. 38) aponta que foram muitas as reformas ao longo dos tempos

> [...] dos currículos, dos programas e dos métodos, mas ficaram intactos os ambientes educativos (por 'ambiente' não me refiro apenas ao espaço físico, mas também à divisão do tempo, ao trabalho dos professores, à estrutura da sala de aula e da escola, etc.).

Como a docência se reinventará frente à virtualização do sujeito aprendente em uma sociedade contemporânea? Como a educação fará frente a essa nova realidade, que se apresenta muito rapidamente no mundo?

Este ensaio tem por objetivo refletir sobre possíveis caminhos para repensar a formação docente com esse contexto que se apresenta. Será organizado com a apresentação da virtualização global, a partir de considerações de Pierre Levy e Michel Serres, na qual a sociedade e a maioria dos jovens estão inseridas; algumas características relacionadas ao entorno educacional, implicadas quando se pensa em virtualização; bem como possibilidades e exemplos para que façamos uma nova formação a caminho da transformação pedagógica necessária para a adequação ao mundo globalizado, a partir de reflexões de Nóvoa. Por fim, serão feitas algumas sugestões de caminhos possíveis rumo a uma composição pedagógica, sobre a importância da formação continuada de uma docência que caminhe alinhada ao horizonte de um futuro que já está presente no dia a dia escolar.

A VIRTUALIZAÇÃO, COMO CAMINHAMOS?

Há diversos movimentos e autores no mundo apontando a respeito da necessidade de mudança das práticas pedagógicas. Nóvoa e Alvim (2021, p. 2), por exemplo, decretam o fim da escola tal como está posta:

> Em 2020, tudo mudou. Com a pandemia, terminou o longo século escolar, iniciado 150 anos antes. A escola, tal como a conhecíamos, acabou. Começa, agora, uma outra escola. A era digital impôs-se nas nossas vidas, na economia, na cultura e na sociedade, e também na educação. Nada foi programado. Tudo veio de supetão. Repentinamente. Brutalmente.

Se a pandemia nos impôs o teletrabalho e o ensino remoto com ferramentas digitais intermediando toda a rotina escolar, há que se considerar que, apesar da gravidade do momento, algo aconteceu, irrompeu, nos obrigou a repensar toda a logística em que estávamos inseridos e acomodados havia anos. Lamentavelmente, trouxe-nos a desigualdade digital à tona, não diferente da desigualdade social e econômica existente e agravada fortemente pela situação pandêmica, vivida não somente no Brasil, mas em nível planetário.

Mundialmente passamos também por um processo de virtualização, em um movimento que afeta, além da informação e a comunicação, "[...] os corpos, o funcionamento econômico, os quadros coletivos da sensibilidade ou o exercício da inteligência" (Lévy, 1996, p. 1), definido como "[...] um processo de transformação de um modo de ser num outro" (Lévy, 1996, p. 2).

Lévy (1996, p. 4) aponta que o virtual não é o que se opõe ao real, mas ao atual, é o que existe em potência, não em ato, "[...] é como o complexo problemático, o nó de tendências ou de forças que acompanha uma situação, um acontecimento, um objeto ou uma entidade qualquer", ao que chama de um processo de resolução: a atualização. Assim, podemos indicar algumas de suas propriedades, o que o autor denomina de desprendimento do aqui-agora, a não-presença, ou seja, a desterritorialização, separação ou desengate do espaço físico e da temporalidade.

Martín-García, Astudillo e Acuña (2021) observam, ainda, ao caracterizar esse momento em que estamos inseridos, a velocidade com que as tecnologias avançaram em nosso cotidiano; enquanto automóveis, eletricidade e telefone demoraram de três a cinco décadas para se tornar populares, a internet demorou apenas sete anos, e computadores e celulares pouco mais de uma década para fazer parte de nossas rotinas, inclusive educacionais. A inteligência artificial em poucos meses vem se mostrando como a mais rápida revolução tecnológica e educacional.

Não há dúvida de que nossos jovens não são mais os mesmos de outrora. Serres (2013), ao se referir a esse novo sujeito, o denomina Polegarzinha, pela agilidade de uso dos dedos ao digitar. Refere-se não somente ao jovem que habita o espaço virtual, mas a um nome código que une o geral e o particular, anônimo, mas individualizado. Indivíduo esse que tem acesso, por seus dispositivos, a todos os lugares, a todos os saberes: não tem mais o mesmo corpo, não se comunica da mesma maneira nem percebe o mesmo mundo, não habita o mesmo espaço, não vive na mesma natureza. Esses sujeitos escrevem de outra forma, falam outra língua; segundo ele, surgiu outro ser humano, sem nos darmos conta, em um curto espaço de tempo.

Transformação talvez seja a palavra que melhor representa o que vivenciamos atualmente na sociedade. Nossa juventude, nativa digital, se depara com uma infinidade de possibilidades de entretenimento e do mundo do trabalho por meio das plataformas digitais. Muito cedo as crianças têm acesso às telas e precocemente navegam pela rede mundial, se inserem nas redes sociais, se monetarizam, produzem vídeos, mídias, se tornam *influencers*, youtubers, tiktokers. Nóvoa e Alvim (2021, p. 3), assim, comentam que:

> Vivemos conexões sem limites, num mundo marcado por fraturas e divisões digitais. É preciso enfrentar com lucidez, e coragem, essas tensões: entre um empobrecimento da diversidade e a valorização de diferentes culturas e modos de viver; entre uma diminuição da privacidade e da liberdade e a afirmação de novas formas de democracia e participação; entre a redução do conhecimento ao digital e a importância de todo o conhecimento, humano e social.

Lévy (1996) sugere que é como se a invenção da escrita com a virtualização acontecesse agora, após sairmos da pré-história, e a aventura do texto iniciasse. A esse respeito, Han (2019) considera, quando refere que Ted Nelson concebe o hipertexto como uma prática de liberdade, como uma possibilidade de emancipação em um universo de janelas hipertextuais. Para o autor, o leitor se movimenta, se torna ativo e estabelece novos caminhos de maneira independente, pelo que chama de espaço colorido do hipertexto, em oposição a um texto monocromático, estrutura ordenada de sentido previamente dada a ele.

Poderíamos pensar por analogia que, com a cibercultura, tecnologias digitais, multimídias, salas de aulas invertidas, ampliação de repertórios fílmicos, produção de vídeos, educomunicação na sala de aula, permitindo aos estudantes o protagonismo, poderíamos iniciar uma nova aventura no ensino, como se a docência fosse inventada agora! Para isso, a formação docente, inicial e continuada, precisa de uma nova proposta. (Re)pensaremos sobre isso a seguir.

FORMAR-SE: CONFORMAR-SE OU TRANSFORMAR-SE?

Se temos uma geração que vive a era da tecnologia e uma escola inserida em um contexto pós-moderno digital, precisamos pensar em uma (re)forma pedagógica diante de tais transformações. Nesse misto de excessos e descontroles, localizamo-nos, enquanto educação, como instituições que vivem ainda na era do lápis e papel, do giz e quadro negro, da palavra escrita, do texto linear, das avaliações quantitativas. Diante de um novo sujeito inserido em um novo contexto, precisamos pensar em uma nova escola e, por consequência, em uma nova formação docente.

Se é preciso reinventar a escola, é urgente repensar o ensino e reinventar a docência. A pergunta é: como isso será possível?

No mundo do trabalho, há uma expressão comumente usada, conforto técnico, que pode ser associada à prática docente e, por analogia, por que não dizer, conforto pedagógico. A acomodação é o pior lugar para permanecer, repetir por anos as mesmas atividades, os mesmos planos de aulas, pelo simples fato de se evitar o trabalho, o desgaste já tão presente no fazer diário em sala de aula, um lugar seguro, porém limitante à aprendizagem e às inúmeras possibilidades de potencializá-la. Se, por um lado, há os que se negam a mudar, por outro, os que decidem fazer, experimentam outro sentimento, a angústia da solidão. Ser inovador em escolas, muitas vezes, é um ato solitário de coragem, que desperta outros sentimentos nos acomodados. É possível, e a mudança deve começar na formação inicial. Pensar a educação para o audiovisual pode ser uma opção, já que estamos em uma sociedade predominantemente imagética, da imagem em movimento, em profundidade, holográfica, hipertextual, hiperlinkada, virtualizada.

Inserir, desde a graduação, formação que contemple tais demandas faz-se importante, é um bom começo para instrumentalizar docentes para as distintas linguagens, usando as tecnologias em favor da educação e como ferramenta em sala de aula. Fresquet (2021) aponta uma dimensão importante desse projeto alienante cultural a que nossos jovens estão expostos diariamente nas redes sociais, indicando a escola como possibilidade de resistência ao que está instituído, de certa forma, impondo certo equilíbrio e dando autonomia aos nossos estudantes de escolher e formar seu repertório:

> Hoje, é urgente introduzir e produzir filmes que descontinuem o projeto colonial, patriarcal e a serviço do mercado. Aprender a desobedecer a tudo aquilo que nos obriga ao consumo permanente, à hiperconectividade, ao permanente dar o conferir likes. Retomar as rédeas de nossa atenção, memória e imaginação (Fresquet, 2021, p. 76).

Albano (2021, p. 18) considera, ainda, uma pedagogia da infância por meio da obra de arte e propõe que se pense "[...] a arte como um modo de ver e dizer de si e do mundo. Um modo de pensar por imagens, que é o modo de pensar da infância, quando pensamento-sentimento-sensação-intuição ainda operam integrados". A autora relata que trabalha há anos com formação continuada de educadores de primeira infância e que geralmente relacionam atividades com arte à decoração de festas ou brincadeiras com lápis e papel para entretenimento e ocupação de tempo ocioso. Relações que ela discorda, destacando ainda que:

> É importante esta consciência de que as palavras, como as cores, são apenas instrumentos que usamos para expressar o que sentimos e pensamos. Quando conseguimos perceber a analogia entre falar com as palavras ou com as cores, gestos ou sons, fica mais fácil pensar porque a arte apresenta-se como uma área privilegiada, a partir da qual podemos começar a repensar as bases epistemológicas para uma pedagogia da infância (Albano, 2021, p. 25-26).

É possível, então, a compreensão da formação docente como um processo contínuo que não se dá somente nos espaços formais nem nos tempos predeterminados, mas que precisa acontecer de maneira sistemática e permanente, em movimentos constantes de ação e reflexão.

A esse respeito, Nóvoa (2019) apresenta uma indicação: a profissionalidade do fazer pedagógico como um caminho. Para ele, é fundamental valorizar não somente o desenvolvimento profissional, mas a capacidade de o professor pensar sua formação inicial e continuada. Olhar de maneira ampla, desde como são atraídos à profissão, como são acolhidos aos cursos de licenciaturas e colocar o olhar para as demais profissões, detendo-se, por fim, às especificidades da formação profissional do professorado.

CONCLUSÃO

O mundo mudou, as pessoas mudaram, os espaços e o tempo se constituem de outra forma, a escola, como espaço do aprender, não pode seguir a mesma. Serres (2013) ilustra muito bem quando descreve um professor de academia como porta-voz transmissor do saber em sala de aula, onde pede silêncio e não mais consegue. Relata que a tagarelice da educação infantil alcança o ensino superior: "Polegarzinha passa a produzir em coro um barulho de fundo que abafa o porta-voz do escrito". E por que isso acontece? Responde o autor: "Porque todos têm tal saber que se anuncia. Inteiro. À disposição. Na mão. [...] É o fim da era do saber" (Serres, 2013, p. 44).

Onde está a sala de aula? Onde se localiza o conhecimento? Em movimento. Assim, defendo que práticas inovadoras, atividades que envolvam os estudantes e os coloquem como protagonistas, podem contemplar esse novo momento virtual, a sociedade da tecnologia. Desacomodadoras aos profissionais de educação, essas práticas podem ser o caminho para uma escola viva, uma escola ética, que respeite seus jovens e sua constituição como sujeitos plenos e dotados de capacidade, habitando um novo mundo.

Cabe pensarmos o papel da formação inicial e continuada. O que tem sido feito há anos em nossas escolas para inserir a educação nesse novo tempo/espaço virtual? O que os especialistas, mestres e doutores têm reverberado em suas instituições a partir de suas pesquisas? Quantitativamente, tem se produzido muito, efetivamente, é pertinente refletir sobre a sua aplicabilidade: pesquisar e instituir.

É importante pensar e propor algo novo, que mobilize os professores à ação, sair das formações-palestra, repensar a formação inicial e a continuada para que transforme: o pensamento, a educação e a sociedade. Certa feita, um especialista em insetos, exímio conhecedor de todas as espécies existentes e catalogadas em seus mais específicos detalhes, encontrou em seu caminho uma nova espécie de besouro. Eis a possibilidade de se consagrar com o achado. Furtivamente, virou-se a um lado e a outro e, sem pensar duas vezes, em secreto, esmagou-o. Extinguiu-se a possibilidade de inovação, esmagou a inventividade, a potência latente da criação, cerceando o acesso de outros ao conhecimento.

Na mitologia egípcia, o besouro é relacionado ao renascimento e à renovação. O deus Khepri, cujo nome significa "vir a existir, início, começo da existência", nome relacionado ao amanhecer, à renovação e ao renascimento, é associado à imagem do escaravelho, um tipo de besouro, cujo comportamento de ficar carregando bolas de estrume é comparado às forças que fazem mover o Sol. Representa a sabedoria pela capacidade de, ao empurrar o estrume, constituir uma esfera perfeita que, posteriormente, lhe serve de alimento e meio para gerar vida. Ação banal, simples, mas vital. Por isso, o escaravelho também representa a transformação da experiência e do conhecimento em sabedoria e expansão da alma (Aur, 2021). Busquemos com entusiasmo uma nova composição pedagógica que envolva uma nova sensibilidade estética neste grande movimento de desterritorialização (Lévy, 1996), rumo a uma nova morada do gênero humano a um novo caminho do virtual. Deixemos o besouro viver!

REFERÊNCIAS

ALBANO, Ana Angélica. Por uma pedagogia da infância através da arte. *In:* CAMPOS, Kátia Patrício Benevides; OLIVEIRA, Maria das Graças; BOITO, Crisliane (org.). **Infância, Arte e Produção Cultural.** *E-book* (194 p.). 2021. Disponível em: https://www.zmultieditora.com.br/flipbook/deploy/pdf/e02f01362ec1ce32eac-d882ba2dfcdb110da2678.pdf. Acesso em: 15 fev. 2022.

AUR, Deise. Por que o Escaravelho é considerado Sagrado? Conheça seu Simbolismo. **Green Me**, 2021. Disponível em: https://www.greenme.com.br/informarse/significados/80213-escaravelho-simbolo-significado/. Acesso em: 27 jul. 2024.

FRESQUET, Adriana. Lei 13006/2014 e Sua Proposta de Regulamentação. *In:* CAMPOS, Kátia Patrício Benevides; OLIVEIRA, Maria das Graças; BOITO, Crisliane (org.). **Infância, Arte e Produção Cultural.** *E-book.* 2021. p. 53-77. Disponível em: https://www.zmultieditora.com.br/flipbook/deploy/pdf/e02f01362ec1ce32eac-d882ba2dfcdb110da2678.pdf. Acesso em: 15 fev. 2022.

HAN, Byung-Chul. **Hiperculturalidade**: cultura e globalização. Tradução: Gabriel Salvi Philipson Petrópolis: Vozes, 2019.

LÉVY, Pierre. **O que é o Virtual?.** Tradução: Paulo Neves. [*S. l.*]: [*s. n.*], 1996.

MARTIN-GARCÍA, Antonio Víctor; ASTUDILLO, Mario Vásquez; ACUÑA, Jorge Ortiz. Tecnologías digitales en la postmodernidad: desafíos para la escuela. **Revista Tecnologias Educacionais em Rede**, UFSM, v. 2, 2021. Disponível em: https://periodicos.ufsm.br/reter/article/view/64023. Acesso em: 15 fev. 2022.

NÓVOA, António. Tres tesis para una tercera visión: Repensando la formación docente, Profesorado. **Revista de curriculum y formación del profesorado**, v. 23, n. 3, p. 211-222, 2019. Disponível em: https://revistaseug.ugr.es/index.php/profesorado/article/view/10280/9306 Acesso em: 15 fev. 2022.

NÓVOA, António. A metamorfose da escola. **Revista Militar**, v. 72, n. 1, p. 33-42, 2020. Disponível em: https://www.revistamilitar.pt/recursos/files/2020/Revista_Militar_Jan_2020.pdf. Acesso em: 15 fev. 2022.

NÓVOA, António; ALVIM, Yara. Os professores depois da pandemia. **Educação & Sociedade,** v. 42, p. 1-16, 2021. Disponível em: https://www.scielo.br/j/es/a/mvX3xShv5C7dsMtLKTS75PB/?lang=pt&format=pdf Acesso em: 15 fev. 2022.

SERRES, Michel. **Polegarzinha**. Tradução: Jorge Bastos. Rio de Janeiro: Bertrand Brasil, 2013.

POR QUE E PARA QUE REINVENTAR A DOCÊNCIA?

Lenice Medianeira Cechin

INTRODUÇÃO

O ano letivo de 2020 transcorria normalmente, estávamos mais ou menos com um mês de atividades na escola, quando, de repente, a força de um vírus, chamado Coronavírus, fez o mundo parar. Toda a população precisou ficar em isolamento social, e, na ânsia de manter o contato com nossos alunos nesse momento tão difícil e delicado, fomos em busca do que nos move e dá sentido às nossas vidas: a arte de aprender e ensinar.

Arte está envolvida com os alunos, com o processo ensino-aprendizagem, com criar as possibilidades para o desenvolvimento cognitivo-social da criança, valorizando sua bagagem de saberes e sua visão de mundo diante dos fatos.

Perante a mudança de realidade, desafiamo-nos a nos reinventar, reinventar o saber e o fazer pedagógico, a aprender de novo, a desconstruir, construir e reconstruir novas metodologias dentro das possibilidades e com os recursos que tínhamos naquele momento, como o uso das tecnologias, as quais algumas de nós não dominavam.

Nosso objetivo foi trazer de volta nossos alunos ao processo ensino-aprendizagem, inicialmente com a intenção de acolhimento em um período de mudanças bruscas e repentinas e, posteriormente, acompanhar, auxiliar, proporcionar força e coragem para seguirem suas trajetórias. Para todos os envolvidos, foi e está sendo um grande desafio.

Diante disso, cabe perguntar: por que e para que reinventar a docência?

Todas essas mudanças, transformações, adaptações e os desafios provocaram uma inquietude que nos moveu a reinventar a docência naquele momento, a partir do uso dos recursos digitais, como Google Meet, blog, grupo de WhatsApp, plataformas, a fim de acolher os alunos e fortalecer o processo ensino-aprendizagem, garantindo, assim, o direito de aprender.

Reinventar a docência foi a forma que encontramos de buscar novos aprendizados, novos horizontes para compreender os novos desafios, dar continuidade ao ensino e construir, junto com as colegas e os alunos, um novo processo de ensino e aprendizagem por meio das ferramentas digitais, pois a inserção das tecnologias no cotidiano da comunidade escolar possibilitou aos docentes e discentes o acesso ao aprendizado, mesmo que a distância, que momento pandêmico nos exigia.

Para isso, fez-se necessário buscar formações que auxiliassem no uso desses recursos, saberes necessários ao desenvolvimento profissional, para (re)construir possíveis concepções e práxis sobre docência a partir do cenário atual, a mudança do papel tradicional do professor para o papel de mediador, o qual instiga o compartilhamento de saberes entre si e alunos, e vice-versa. Portanto, volto a perguntar: por que e para que reinventar a docência?

DESAFIOS COVID-19

Não tínhamos vivido ainda a experiência da escola fechada, de todos isolados nas suas casas, período que nos faz dar conta do porquê vamos à escola, do quanto ela é fundamental e importante para a construção do saber, na busca pelo conhecimento, construção do ser como cidadão.

A escola tem sentido fundamental na troca de experiências, realidades, cultura. Somos constituídos de retalhos de adversidades encontradas no ambiente escolar, pois cada ser agrega e é inserido de saberes por uma troca compartilhada, reconstruindo-se a todo instante, cujo aprendizado carregamos por toda a nossa trajetória. Frente a isso, como não reinventar a docência e as possibilidades de aprendizagem para dar continuidade no processo ensino aprendizagem?

A pandemia da Covid-19 desafiou-nos a inovar, reinventar, mudar, adaptar a prática docente pedagógica, a fim de garantir o direito do aluno de aprender, a partir da integração das tecnologias, as quais permitiram surgir um novo espaço de interação e aprendizado, o espaço virtual, que é acrescentado ao espaço da educação tradicional, o que causou uma grande reviravolta global.

Foi uma corrida contra o tempo, para que pudéssemos dar conta de tantas mudanças, adaptações, readaptações, aprendizagens, a fim de suprir as necessidades e demandas, nossas, de colegas, de alunos, famílias, a fim também de suprir a falta, de acolher, acarinhar, ainda que eminentemente. E o fazer pedagógico, é o mesmo? Educar no espaço virtual, é possível? Qual é o papel do educador?

O acesso à web proporcionou a comunicação, interação e colaboração, direto da sala de aula presencial, para o espaço virtual de aprendizagem (EVA), por meio do uso das ferramentas/recursos digitais, tecnologias essas que vêm somar com a educação tradicional/presencial, e não substituir, muito menos substituir o professor, porque, independentemente do espaço, o docente cumpre o seu papel de mediador. As ditas tecnologias somente disponibilizam informação, recursos e ferramentas que contribuem com o ensino-aprendizagem, mas essas por si só não educam.

Para tanto, para dar conta do processo de ensino-aprendizagem em ambientes virtuais, o professor precisou incorporar uma nova cultura de aprendizagem, apropriar-se de "[...] competências adequadas para esses fins, o que gera para as instituições de formação de professores um novo contexto emergente [...]"(Astudillo *et al.*, 2021, p. 241); que levem em conta a natureza construtivista, social e comunicacional da mediação, que contemplem o pedagógico (processo de aprendizagem eficaz), o social (ambiente de aprendizagem), o de organização e gestão (estabelecimento de um projeto adequado) e técnico (auxiliar os alunos quanto ao uso dos recursos e ferramentas que fazem parte da proposta de ensino) (Mauri; Onrubia, 2010), para que, a partir delas, se possa capacitar os estudantes para organizar e atribuir significado e sentido à informação, à gestão do aprendizado, ao conhecimento e à formação, além da identificação do que é relevante na informação.

O educador se constitui como pessoa, profissional e história, por meio de suas atitudes, vivências, realidade, em que está inserido, adquirindo, assim, compreensão da cultura em que vive. Ou seja, é preciso compreender a docência para direcionar o processo de ensino-aprendizagem dos educandos, pois "Compreender a docência como espaço de aproximação com os educandos é se deixar estar com eles em uma relação de aprendizagem" (Henz; Signor, 2018, p. 278).

Assim dizendo, o professor participa do aprendizado concreto junto dos estudantes, mediando a troca de saberes e constituindo-se como ser docente durante a trajetória da sua docência.

Por que não reinventar a docência para melhorar e instigar esse aprendizado? Por que não continuar mesmo pós pandemia, o uso das tecnologias/recursos digitais na educação? O que pode ser feito para que todas as crianças tenham acesso à internet? A inserção das tecnologias no período pandêmico foi fundamental na tentativa de que todos tivessem igualdade e garantia no direito de aprender, para que todos transitassem neste mundo com capacidades e competências necessárias ao saber – mas: e os alunos que não tinham acesso à internet? O que fazer para dar continuidade ao processo de ensino-aprendizagem dessas crianças?

Tínhamos aí mais um desafio: pensar de que forma poderíamos conectar esses estudantes, pois alguns de nossos alunos não tinham acesso à web. Então, a solução encontrada foi disponibilizar o material impresso aos responsáveis pelas crianças, para que elas pudessem continuar os estudos de forma íntegra, exercendo a sua dignidade como cidadãos.

Em vista disso, a escola demanda ser reinventada, reforçada, repensada, melhorada, assim como também as políticas públicas, quanto ao acesso à internet, a fim de atingir a todos e todas as necessidades de professores e alunos para que eles possam ser protagonistas do seu próprio futuro.

REINVENTAR A DOCÊNCIA

Para que reinventar a docência?

Reinventar a docência é necessário, para atender às mudanças, aos desafios e às demandas da sociedade da qual nossos estudantes fazem parte.

A educação tradicional já não cabe mais no século XXI, uma vez que as tecnologias estão inseridas no cotidiano de todos. Portanto, chegou a hora de a escola se adaptar a essa realidade, utilizando-se de recursos digitais para instigar e aprimorar os processos de ensino-aprendizagem, fazer da tecnologia um recurso criativo para estimular o interesse e aprendizado das crianças.

Nessa perspectiva de estimular o interesse e a aprendizagem das crianças, Carrillo, em videoconferência em maio 2022, relata que:

> [...] o professor já não tem mais o papel de transferir o conhecimento e sim de mediar o saber, valorizando a bagagem de saberes dos alunos, trazendo as suas vivências como algo concreto para a construção do saber baseado em tarefas, colocando-os como protagonistas do seu próprio aprendizado, por meio de processos de ensino e de aprendizagem de qualidade (Carrillo, 2022, min.10).

Portanto, ao assumir o papel de mediador, o docente, independentemente do espaço em que atua, continua comprometido com a arte de ensinar, com o querer ensinar, com o desejo de ensinar, com a paixão pelo que faz, com a apropriação da práxis pedagógica, com o processo de ensino-aprendizagem dos alunos e, ainda, precisa estar munido das ferramentas digitais como apoio a um novo ritmo pedagógico, desencadeado, principalmente, com a pandemia de Covid-19.

Ainda sobre a figura e o papel do professor, Astudillo *et al.* (2022) enfatizam que:

> A figura do professor continua a ter seu valor intrínseco que não foi comprometido pelas tecnologias pois produz um sentimento de pertencimento, gera um sistema de comunicação e interação e um ritmo de trabalho, oferece andaimes de apoio. As novas tecnologias produziram uma inflexão recente que não ameaça a figura e o papel do professor ou a instância presencial, mas está sendo revitalizada com a integração de tecnologias on-line, em uma modalidade mista e combinada [...] (Astudillo *et al.*, 2022, p. 8).

Diante da inserção digital, a figura e o papel do professor continuarão impregnados frente ao processo de ensino-aprendizagem, figura essa que não perderá a sua essência, em meio ao enlace das tecnologias na educação.

Mas como saber quando o ensino é de qualidade? Como se dá essa avaliação?

Ensino de qualidade é a valorização do saber do aluno, é a possibilidade de um aprendizado mais significativo e relevante, é quando promove e desenvolve a vontade de aprender e quando se constrói uma prática que respeita os sujeitos, independentemente da sua cultura e condição social, ou seja, promover práticas que garantam a aprendizagem de todos, inclusive os menos favorecidos.

Neste sentido das práticas educativas, Silva, em videoconferência em julho 2022, traz que:

> [...] para aprimorar as práticas educativas, as expectativas, as representações e percursos a fim de atingir a todos possibilitando a equidade educativa, é preciso estudar e inserir as metodologias ativas por projetos, programas, aprofundar o cotidiano e a perspectiva do estudante em cada aula, usar o contexto para instigar as capacidades e possibilidades, visando um caminho de reconstrução de como trabalhar em cada contexto escolar (Silva, 2022, min.20).

Em torno de aprimorar as práticas educativas, o professor se constitui a partir da reavaliação da sua prática ao conhecer os alunos, ao refletir sobre o que o seu fazer docente é capaz de impactar e ajudar a constituir a identidade dos sujeitos (Henz; Signor, 2018).

Antes da pandemia, já era prática, na escola onde atuo, o uso de metodologias ativas como rodízio entre sala de aula e sala de informática, o desenvolvimento de metodologia por projetos com temas culturais (folclore, países, regiões, brincadeiras, planetas) na busca pela intensificação do protagonismo dos alunos. Já no período pandêmico, com a inserção do ensino híbrido e dos recursos tecnológicos, o processo formativo dos professores e o uso das metodologias ativas intensificaram-se.

Alunos e professores passaram a usar plataformas de gamificação, como:

- Mangahigh, que intensifica o cálculo lógico e os cálculos de Matemática;

- Google Sala de Aula, que auxilia o processo de ensino-aprendizagem;

- Google Meet, para encontros virtuais interativos, como aulas on-line

- Jamboard, recurso que facilita o planejamento e a interação durante as aulas on-line,

- Aprimora, plataforma que trabalha as disciplinas de Português e Matemática.

Enfim, esses e outros recursos que estão surgindo a cada dia e vêm inovar, reinventar, e auxiliar os processos de ensino-aprendizagem, garantindo o direito de aprender.

Em vista desses elementos, a avaliação se dá a partir da docência de caráter compreensivo, mais qualitativo, conforme Rivera, em videoconferência de junho 2022, que traz, "a presença permanente da avaliação em todos os módulos de tal modo que o professor possa revisar a proposta com o aluno a partir de atividades, sejam elas presenciais e ou remotas como o ensino híbrido" (Rivera, 2022, min.25). Enfim, é necessário reinventar a docência de forma adequada, passando por todas as fases cognitivas, a fim de chegar ao produto: o saber.

Atingir a todos com uma educação de qualidade nos dias atuais ainda é um grande desafio, mas reinventar as práticas pedagógicas pouco a pouco, utilizando tecnologias, ferramentas e recursos digitais, dentro das possibilidades de cada contexto escolar, tem sido uma busca relevante e muito significativa para todos nós, docentes e discentes, uma vez que todos estamos aprendendo juntos a (re)construir as possibilidades, a fim de mediar o conhecimento entre todos.

CONCLUSÃO

Em vista de tudo isso, para que e por que reinventar a docência? É de extrema importância inovar a docência para que possamos atingir, cada vez mais, todos os nossos estudantes, independentemente da sua cultura socioeconômica, a fim de promovê-los a protagonistas do seu próprio futuro. E o porquê de reinventar a docência tem como objetivo principal promover uma educação cultural sociocognitiva de qualidade para todos, a partir do uso de tecnologias/recursos digitais que motivem o interesse e o despertar do desejo de aprender, tanto por parte dos professores, como dos alunos, envolvendo a todos de corpo e alma nos processos de ensino-aprendizagem. Afinal, para mediar o saber dos estudantes, os mestres também precisam vivenciar processos formativos, a fim de desempenhar seu papel muito bem, como de professor mediador.

Vale dizer também que a avaliação deve fazer-se presente em todos os módulos e níveis, por meio de atividades desenvolvidas durante os processos de ensino-aprendizagem, a fim de aprofundar as capacidades, vivências e possibilidades, constituindo-se, assim, uma prática moral que respeita os sujeitos na (re)construção do conhecimento. Evidencia-se, assim, uma educação de qualidade, garantindo o direito de ensinar e aprender.

Portanto, devemos desafiar-nos, reinventar-nos, reinventar o saber e o fazer pedagógico, aprender de novo, desconstruir, construir e reconstruir novos saberes dentro das possibilidades e dos recursos que temos, pois é desta forma que chegaremos ao nosso objetivo maior, que é acompanhar, auxiliar, mediar saberes, proporcionar força e coragem para os alunos seguirem suas trajetórias.

REFERÊNCIAS

ASTUDILLO, Mário *et al.* Oportunidades do Novo Espaço Educativo para a Educação Superior: Terceiro Entorno Digital. **Revista Internacional da Educação Superior**, Campinas, v. 8, p. e022008-e022008, 2022.

ASTUDILLO, Mário *et al.* Competências na Base Nacional Comum Curricular (BNCC): dimensões do conceito. *In:* BOLZAN, Dores Pires Vargas; POWACZUK, Ana Carla Hollweg; DALLA CORTE, Marilene Gabriel. **Singularidades da formação e do desenvolvimento profissional docente:** contextos emergentes na educação, Porto Alegre: EDIPUCRS, 2021. p. 241-260. Disponível em: https://editora.pucrs.br/livro/1508/. Acesso em: 10 mar. 2024.

CARRILLO, Antonio. **La formación para la interculturalidad, através del emprendimiento freiriano y el aprendizaje basado en tareas:** una experiencia de aula. Seminário Reinventar a Docência nas Redes de Conhecimentos, 5ª Versão, Universidade Federal de Santa Maria [Live], 12 maio 2022. Disponível em: https://drive.google.com/file/d/1x5b7wp111yldjtektx1jmbvo0mvlsoss/view?usp=sharing. Acesso em: 8 mar. 2024.

HENZ, Celso Ilgo; SIGNOR, Patricia. Processos de auto(trans)formação permanente com educadores: possibilidades de reinvenção da pedagogia popular na escola pública. **Roteiro**, n. 43, p. 273-298, 2018. Disponível em: https://doi.org/10.18593/r.v43iesp.16478. Acesso em: 10 mar. 2024.

MAURI Teresa.; ONRUBIA Javier. Psicologia da educação virtual- Aprender e Ensinar com as Tecnologias da Informação e Comunicação. *In:* MAURI Teresa; ONRUBIA Javier. **O Professor em ambientes virtuais:** perfil, condições e competências. Porto Alegre: Artmed, 2010. p. 118-135.

RIVERA, Alicia. **La experiencia de la formación de profesores en México.** Seminário Reinventar a Docência nas Redes de Conhecimentos, 4ª Versão, Universidade Federal de Santa Maria [Live], 30 jun. 2022. Disponível em: https://drive.google.com/file/d/1PqBg8ThSY1vB2W8WCQ-qpUdCYYVJwaz5/view?usp=drivesdk. Acesso em: 5 mar. 2024.

SILVA, María del Carmen. **Conceptos de calidad educativa.** Seminário Reinventar a Docência nas Redes de Conhecimentos, 5ª Versão, Universidade Federal de Santa Maria [Live], 14 jul. 2022. Disponível em: https://farol.ufsm.br/transmissao/seminario-reinventar-a-docencias-nas-redes-de-conhecimento-3. Acesso em: 2 maio 2024.

A REINVENÇÃO DA DOCÊNCIA E A AUTOFORMAÇÃO

Camila Fleck dos Santos Bau

INTRODUÇÃO

Observando nosso contexto, é possível considerar que estamos passando por muitas mudanças em diferentes âmbitos da sociedade, como político, econômico, social, cultural e educacional.

Temos vivenciado esse período no Brasil desde março de 2020, uma pandemia mundial com a Covid-19 e suas variantes. Ainda não é possível mensurar as consequências para a educação em termos de aprendizagem e defasagem. Entretanto, podemos considerar que os professores precisaram reinventar-se na docência, aprender e se apropriar de ferramentas tecnológicas que ainda não estavam tão presentes na escola e na universidade, ou seja, encontrar meios de aprender a ser professor na pandemia. E o que, de fato, leva um professor a buscar novos conhecimentos, aprender e se atualizar?

Diante disso, numa tentativa quase de erro e acerto, muitas propostas foram sendo lançadas, como chamadas por vídeos, *lives*, webinars, reuniões e formações virtuais. As instituições, de maneira geral, foram organizando-se de forma a proporcionar, de algum modo, aos docentes, formações e capacitações. Afinal, diante de tantas incertezas e muitas novidades, seria necessário proporcionar e instrumentalizar os professores e gestores a desenvolverem suas funções, agora de forma remota, utilizando as tecnologias.

Conforme coloca Atanasio (2021), os bate-papos por vídeos e as redes sociais e de comunicação tornaram-se ferramentas digitais que se solidificaram durante a pandemia, tanto entre os próprios alunos, como entre os professores e entre os professores e alunos para ajudar uns aos outros, para resolver o impasse de levar a escola para dentro de casa; para trocar ideias sobre a dúvida se a atividade enviada ao professor foi correta; para dar instruções e recados aos alunos ou, até mesmo, para descobrir como um colega usa ferramentas digitais. "Este tipo de redes son muestra de cómo los actores escolares permanecen interactuando"[5] (Atanasio, 2021, p. 55).

---

[5] Tradução nossa: "Esses tipos de redes são um exemplo de como os atores escolares continuam a interagir".

O que podemos considerar aula? Como manter nosso aluno atento em aulas virtuais? Como manter a interação entre professores e alunos, alunos e alunos, professores e comunidade escolar? Como avaliar? Como nos aproximarmos de nosso aluno? Foram muitas as perguntas, e, em busca de respostas e, quem sabe, na tentativa de compreender e acomodar tudo que estava acontecendo, os professores foram em busca de novos conhecimentos.

O que leva um professor a inovar e se reinventar, a buscar novos conhecimentos e se desenvolver profissionalmente? Eu diria que, no processo de desenvolvimento profissional e reinvenção da docência em tempos de pandemia e ensino remoto, temos um conceito-chave: a auto-formação. Mas este não vem sozinho, e, sim, acompanhado da hetero e da interformação.

Deste modo, no decorrer deste ensaio, discorro a respeito do tripé interformação, autoformação e heteroformação e de sua importância na reinvenção da docência no período de pandemia. As reflexões apresenta-das acerca do tema reinvenção da docência são resultados de diálogos, de leituras e de falas de professores convidados de diferentes universidades, proporcionadas pela disciplina "Seminário: reinventar a docência nas redes de conhecimentos", da pós-graduação da Universidade Federal de Santa Maria (UFSM).

DESENVOLVIMENTO

Durante o período de escrita deste ensaio, estamos em férias escolares e sem saber ao certo como será o retorno do ano letivo. Entre-tanto, de uma coisa temos conhecimento: o retorno às aulas presenciais, como já ocorrido na educação básica e em parte no ensino superior, foi um desafio.

Ao retornar, depois de um tempo em aula remota, havia muitos pro-tocolos postos, as máscaras impedindo o reconhecimento das expressões, o distanciamento, alguns estudantes e professores fragilizados com perdas de entes queridos e a própria questão do ensino e da aprendizagem. Que desafio foi identificar os níveis de desenvolvimento e aprendizagem dos alunos, retomar um ensino presencial, as avaliações e tudo mais que o ensino formal na escola exige! Diante disso, será que a escola continua a mesma que se encontrava antes da pandemia? Se a escola mudou, consequentemente, o professor também precisará reinventar-se em sua prática pedagógica. Pegar os materiais e cadernos utilizados nos anos anteriores pode já não servir mais ou não ter o mesmo resultado de antes.

Após um grande período estudando (ou não) em casa, por meio de materiais impressos, aulas síncronas, utilizando plataformas, assistindo à videoaula, como será que os estudantes retornaram para o ensino presencial? E o professor, após um grande período planejando de forma remota, retornará às antigas práticas? Será que as ferramentas tecnológicas utilizadas por muitos durante o ensino remoto e as formações realizadas continuarão presentes no planejamento?

Segundo Garcia e Reyes (2021), integrar tecnologias no campo educacional é um desafio, uma vez que não é possível supor que recursos tecnológicos por si só gerarão as mudanças e elevarão a qualidade educacional dos estudantes. Conforme as autoras, o desafio de integrar as tecnologias no processo de ensino-aprendizagem não está relacionado apenas com a aquisição de recursos tecnológicos ou a criação ou distribuição de espaços e infraestrutura. É necessário considerar como o professor vai integrá-los, o que, quando e como usá-los, para que você usa e que aprendizados espera alcançar com os estudantes. Nesse sentido, a formação dos professores é imprescindível. "Los profesores deberán ejercer un papel de guías, lo cual en la actualidad implica mantenerse actualizados en su formación, con el fin de que los recursos tecnológicos ya formen parte de sus planeaciones de enseñanza"[6] (Garcia; Reyes, 2021, p. 74).

Recentemente, tem-se discutido acerca do conceito de contextos emergentes, com a finalidade de dar conta das novas exigências e demandas da sociedade, principalmente no âmbito educacional. Para Bolzan (2016), os contextos emergentes se configuram como desafios e possibilidades que emergem do processo de globalização nos contextos escolares e/ou acadêmicos, dos quais um dos destaques vai para as inovações tecnológicas. Isso exige novas configurações desses espaços, que possam dar conta e atender às necessidades desse novo mundo que vem surgindo.

O uso do termo contextos emergentes teve início nas pesquisas desenvolvidas pela Rede Sul Brasileira de Investigadores da Educação Superior (Ries), principalmente pelas pesquisadoras Morosini (2016) e Bolzan (2016). Para Pappis, Wisch e Dewes (2020), antes da utilização do

---

[6] Tradução nossa: "Os professores devem desempenhar um papel de guias, o que atualmente implica manter-se atualizado em sua formação, para que os recursos tecnológicos já façam parte de seus planos de ensino".

termo contextos emergentes, muitos estudos já vinham sendo realizados, dando ênfase a elementos caracterizadores, como processos de inclusão, sistemas de reserva de vagas, integração das tecnologias no cotidiano educativo, entre outros. Embora os estudos da Ries sejam voltados para o ensino superior, esses elementos repercutem em todos os níveis e modalidades de ensino. Os estudos impulsionados pela Ries "[...] buscam por entender a amplitude desses novos contextos, identificando e reconhecendo quais são os elementos que vêm constituindo esses novos modos de ser, estar e fazer educação" (Pappis *et al.*, 2020, p. 19).

Nessa perspectiva, nos contextos emergentes, na situação de pandemia, o professor precisou reinventar-se. Para tanto, não bastam apenas as oportunidades de aprender, participar de momentos de formação pedagógica, como *lives*, capacitações e reuniões on-line, é necessária a identificação do professor com aquilo que precisa aprender e ter uma mobilização para isso.

Para Vailant e Garcia (2012, p. 25),

> [...] a formação é entendida como um processo que tende a desenvolver no adulto certas capacidades mais específicas com vistas a desempenhar um papel particular que implica em um conjunto definido de técnicas e tarefas.

Diante disso, compreendemos que a reflexão sobre seu próprio modo de aprender e sobre a prática pedagógica faz parte da formação e do desenvolvimento profissional docente.

> No que se refere ao desenvolvimento profissional docente, destaca-se, pois as intencionalidades, mobilizações e ações empreendidas no fazer-se docente as quais refletem em um conjunto de aspirações, convenções, saberes e exigências acerca da docência como profissão (Santos; Powaczuk, 2012, p. 39).

Nesse sentido, os autores Vailant e Garcia (2012) apresentam conceitos-chave relacionados à aprendizagem do professor e ao desenvolvimento profissional docente: autoformação, heteroformação e interformação.

> A autoformação é uma formação na qual o indivíduo participa independentemente e tem sob seu controle os objetivos, os processos, os instrumentos e os resultados da própria formação. A heteroformação se organiza e se desenvolve "de fora", por especialistas, em que seja com-

prometida a personalidade do sujeito que dela participa. Por último, a interformação se refere à formação que se produz em contexto de trabalho em equipe (Vailant; Garcia, 2012, p. 30).

A autoformação implica o interesse pessoal em apreender sobre determinado assunto, está relacionada a uma motivação intrínseca, um compromisso individual e consciente. A autoformação pode ser oriunda de uma necessidade da demanda do trabalho do professor e da sua identificação com o assunto ou um interesse pessoal. E o que leva um professor a aprender ou não? Para Vailant e Garcia (2012, p. 31):

> É que, independente da necessidade do contexto, do ambiente, do grupo, há um fator que determina que uma pessoa aprenda ou não. Esse fator é a vontade de melhorar ou mudar. A motivação para mudar é o elemento que determina que qualquer indivíduo se arrisque a olhar para o outro lado do espelho. E no surgimento e manutenção desmotivação assumem um papel fundamental das ilusões, os projetos pessoais, os outros, os contextos vitais nos quais nos desenvolvemos e crescemos.

Assim, diante de tantas ofertas virtuais de formação continuada de diversos temas, tantos aplicativos e alternativas metodológicas para serem utilizadas no planejamento e nas práticas pedagógicas, o que fará com que tais práticas sejam incorporadas e permaneçam na atuação profissional dos professores é a autoformação. A necessidade de se reinventar, o compromisso com a qualidade de seu trabalho, o resultado da aprendizagem de seus estudantes, o compromisso social e coletivo contribui com a busca pelo conhecimento...

Outro conceito que podemos considerar na formação de professores durante o período de pandemia é a heteroformação, que se configura como um processo que se organiza e se desenvolve por externos, algo que vem "de fora", organizado por outros. Isso foi perceptível em muitas escolas em que o professor precisava realizar trilhas formativas e participar de formações com temas que, às vezes, não condiziam com o contexto e o interesse pessoal deles em outros momentos, formações que vieram a contribuir com a aprendizagem. Algumas propostas podemos compreender que tenham sido relevantes, como o uso de plataformas, as possibilidades e suas ferramentas. Mas, sem a perspectiva autoformativa e a consciência da necessidade e da importância de aprender aquele assunto, a formação proposta pela instituição pode não fazer diferença na prática do professor, pois ele pode não se apropriar e não incorporar em seu cotidiano o que foi desenvolvido na formação.

Por fim, destacamos a interformação, que consiste no processo pelo qual os professores se constituem por meio de relações interpessoais, envolvendo interesses e necessidades em comum. Isso, em período de pandemia, pode ser visto em grupos de WhatsApp, encontros virtuais, grupos fechados em redes sociais, os próprios grupos de colegas de trabalho etc.

A perspectiva da interformação no período da pandemia parece ter-se se intensificado. Geralmente, observamos a formação nos aspectos mais sistemáticos, o que se denomina formal.

> O aprendizado formal combina com alto status, conhecimento proposicional, assim como processos de aprendizagem centrados no ensino e localizados em instituições de educação especializadas como a universidade (Vailant; Garcia, 2012, p. 70).

Entretanto, fica evidente a necessidade de olharmos também a grande oferta virtual de formação, cursos livres, gratuitos, outros pagos, blogs, aulas disponíveis na internet, enfim, outros meios informais de aprendizagem e que têm adquirido visibilidade. Nesse sentido, Vailant e Garcia (2012, p. 70) afirmam que o aprendizado informal diz respeito às "práticas sociais do dia a dia e do conhecimento cotidiano e tem lugar fora das instituições educativas".

Nesse sentido, compreendemos que a aprendizagem informal está relacionada com as escolhas que o professor faz no decorrer de sua trajetória profissional em buscar conhecimento em outros espaços que não se caracterizam como formais. Podemos também afirmar que a aprendizagem informal implica processos de auto e interformação.

Destacamos que a busca por aprendizagens tem uma relação com a etapa que o professor está vivenciando no momento, isto é, com as situações em que se encontra, seus questionamentos, suas inquietações.

Por fim, para que, de fato, ocorra o desenvolvimento profissional e a aprendizagem, seja em espaços formais, seja em informais, resultando na reinvenção da docência, é importante que a hetero e a interformação estejam vinculadas à autoformação, conforme afirmam Vaillant e Garcia (2012).

CONCLUSÃO

Não podemos ignorar o cenário atual, que tange a uma pandemia mundial que impactou, entre tantos aspectos, o ensinar, o aprender, o conceito de aula e popularizou o acesso a plataformas e ambientes virtuais de aprendizagem, da educação infantil ao ensino médio, do ensino superior à pós-graduação, em todas as modalidades. Repentinamente, os professores, as equipes gestoras, as famílias e os estudantes precisaram adaptar-se a um novo modo de se relacionar uns com os outros, de aprender, de ensinar, de gerir.

No decorrer da trajetória profissional, o docente passa por inúmeras situações e contextos emergentes que podem interferir em sua prática pedagógica, uma vez que o trabalho do professor está correlacionado a questões sociais, culturais e institucionais. Tais situações, como a pandemia, podem ser fatores propulsores de desenvolvimento profissional e aprendizagem docente.

Diante disso, retomo o questionamento realizado durante este ensaio: o que leva um professor a inovar e se reinventar, a buscar novos conhecimentos e se desenvolver profissionalmente? Reitero a ideia de que o conceito-chave para que haja a reinvenção da docência e novos conhecimentos e práticas pedagógicas sejam incorporadas no cotidiano do professor é a autoformação. Mas a autoformação vem acompanhada da hetero e da interformação, sendo necessária a articulação entre tais conceitos, tendo em vista que cada um desempenha uma função essencial no que se refere à formação docente.

A autoformação vai permear a inter e a heteroformação, uma vez que a vontade de se reinventar, a motivação para aprender, é interna e mobilizadora para buscar e conhecer. Nesse sentido, a autoformação pode ser despertada por propostas de formação continuada, como por grupos e redes de profissionais e relações interpessoais. Também, a autoformação pode ocorrer por meio da necessidade de aprender diante de uma situação específica, de uma demanda da escola. Assim, além do compromisso que o professor precisa assumir com o seu desenvolvimento profissional, a necessidade pode ser gerada e resultar na autoformação.

Dessa forma, não podemos deixar de considerar a dimensão coletiva e pública do trabalho docente. A aprendizagem docente e o desenvolvimento profissional docente não estão relacionados apenas ao conhecimento adquirido, à sua maneira de aprender e se desenvolver e aos seus interesses particulares. Não pode ser percebido sem levar em consideração as condições e o contexto do trabalho docente, a organização da instituição. Caso contrário, corremos o risco de um esvaziamento da dimensão pública e coletiva acerca das práticas educativas na contemporaneidade.

Por fim, para que, de fato, o uso das tecnologias e as formações proporcionadas durante o ensino remoto, em espaços formais e informais, façam a diferença e parte da reinvenção do professor, que permaneçam em suas práticas após o retorno às aulas presenciais, o tripé inter, hetero e autoformação é essencial e determinante, pois proporcionam a reinvenção da docência.

REFERÊNCIAS

ATANASIO, Abigail Gualito. Aprendizaje en tiempos de pandemia y enseñanza emergente. *In:* MORALES, Alicia Rivera *et al.* **Vivir la docencia en tiempo de pandemia**: experiencias en videocharlas de los actores de educación media superior y superior. Ciudad de México, México: Editorial Arquinza, 2021. p. 17-20.

BOLZAN, Doris Pires Vargas. **Docência e Processos Formativos:** estudantes e professores em contextos emergentes. Projeto de pesquisa interinstitucional e integrado. Registro no GAP n.º 025821. CNPq/PPGE/CE/UFSM, 2016.

GARCIA, Carla Martha Gonzáles; REYES, Perla Nayeli Solano. Implementación de las Tecnologías de Información y Comunicación (tic) en la escuela secundaria en México. *In:* Catalina Gutiérrez López (org.). **Política y procesos educativo- -institucionales.** Ciudad de México: Horizontes Educativos, 2021. p. 51-77

MOROSINI, Marilia Costa. Internacionalização da Educação Superior em Contextos Emergentes: uma análise das perspectivas internacional, nacional e institucional. *In:* FRANCO, Maria Estela Dal Pai; ZITKOSKI, Jaime José; FRANCO, Sérgio Roberto Kieling (org.). **Educação Superior e Contextos Emergentes.** Porto Alegre, RS: EDIPUCRS, 2016. v. 6, p. 61-79.

PAPPIS, Lisiane; WISCH, Tasia; DEWES, Andiara. Plano de Desenvolvimento Institucional: perspectivas sobre contextos emergentes na/da Educação Superior. **Políticas Educativas**, Paraná, v. 14, n. 1, p. 17-30, 2020.

SANTOS, Eliane; POWACZUK, Ana Carla Hollweg. Formação e desenvolvimento profissional docente: a aprendizagem da docência universitária. **Políticas Educativas**, Porto Alegre, v. 5, n. 2, p. 38-53, 2012.

VAILLANT, Denise; GARCIA, Marcelo Carlos. **Ensinando a ensinar:** as quatro etapas da aprendizagem. Curitiba: UTFPR, 2012.

MUITO ALÉM DE UM SENTIDO HUMANO: REINVENTANDO A DOCÊNCIA A PARTIR DA ESCUTA NA PÓS-GRADUAÇÃO EM EDUCAÇÃO DA UFSM

Ana Paula da Rosa

INTRODUÇÃO

Desde as discussões decorrentes do seminário "Reinventar a docências nas redes do conhecimento", ocorrido no segundo semestre de 2022, dentro do Programa de Pós-graduação em Educação (PPGE) da Universidade Federal de Santa Maria (UFSM), este ensaio emerge a partir do debate sobre os temas referentes à docência e aos seus desdobramentos no período da pandemia.

Fomos construindo nossas ideias e teses junto aos pesquisadores convidados, que compartilharam suas experiências durante esse processo. Com isso, este ensaio surge com questionamentos sobre a importância da escuta dentro do cenário da formação de professores. Habitualmente, pesquiso e indago-me sobre a inegável relevância e o direito requerido de falar: falar como estudante e falar como professora. No entanto, durante as palestras e aulas, percebi que o ato de escutar é tão importante quanto o de falar, principalmente quando a escuta é colaborativa e sem julgamentos. Portanto, a tese deste ensaio discursivo-argumentativo é a potencialidade que a escuta e que a colaboração tem na formação docente, e o objetivo é, justamente, entender a importância do mantenimento e fortalecimento das comunidades docentes que se escutam e que, sem superestimar formações e áreas de atuação, refletem sobre educação e reinventam a docência a cada dia.

Talvez o ato de escutar pareça vago, mas elucido que, com este ensaio, pondero parte essencial do que será minha dissertação desenvolvida no Programa de Pós-graduação em Tecnologias Educacionais em Rede (PPGTER) da UFSM. A saber, minha pesquisa de dissertação aborda a formação continuada de professores dentro de uma transversalidade que possua um viés crítico. Para isso, o produto[7] da dissertação será um

---

[7] É importante destacar que o mestrado que realizo é profissional, ou seja, entre outras diferenças em comparação ao mestrado acadêmico, requer o desenvolvimento de um produto.

podcast[8]. Por si só, esse argumento já explica o intuito de "ensaiar" sobre a escuta, mas, para além disso, algo que essa disciplina me confirmou, com a dinâmica das falas de docentes convidados, é que todos os professores, independentemente de país, idade, formação e modalidade em que atuam, tem algo a dizer e com o que contribuir para a formação dos seus pares. Vale ressaltar também que, apesar de utilizar os verbos "escutar" e "ouvir" como sinônimos neste ensaio, o significado mais pertinente aqui é o do verbo "escutar", que, de acordo com o dicionário, significa "[...] ouvir com atenção e ter a consciência do que está ouvindo" ("Escutar", [2023]). Diferentemente disso, o significado de "ouvir" tem maior relação a "[...] entender ou perceber os sons pelo sentido do ouvido, da audição" ("Ouvir", [2023]). Assim, guio-me dentro do ensaio com o seguinte problema: é possível reinventar a docência apenas a partir da escuta?

A fim de tentar responder essa questão e demonstrar a tese, organizo este ensaio em outras duas partes, além desta introdução. A primeira parte trata do desenvolvimento da tese e está dividida em dois tópicos: o primeiro tópico introduz o lugar da escuta dentro da formação de professores, e o segundo aprofunda o tema das comunidades docentes. Para finalizar, a segunda e última parte deste ensaio integra as considerações finais sobre a problemática destacada no princípio e tenta respondê-la, levando em conta os tópicos da tese, além de projetar o futuro desta discussão.

DESENVOLVENDO A ESCUTA EM COMUNIDADES DOCENTES

A tese deste ensaio, exposta anteriormente, refere-se à escuta dentro das comunidades de professores e à reinvenção que essa pode ter na docência. Para isso, divido este desenvolvimento em dois subcapítulos, sendo eles: (1) O ato de "escutar" após o período pandêmico e (2) Comunidades docentes e as ferramentas tecnológicas digitais. A partir desses tópicos, dialogo com alguns autores por mim estimados, indicados nas leituras do seminário.

O ATO DE "ESCUTAR" APÓS O PERÍODO PANDÊMICO

Vivemos nos últimos anos, entre 2020 e 2021, um marco histórico para o mundo, o período da pandemia de coronavírus (Covid-19). Com a

---

[8] *Podcast* é uma mídia de publicação de áudio, vídeo e imagens na internet, que pode ser reproduzida em qualquer aparelho com capacidade de leitura de arquivo de áudio (Jesus, 2014, p. 10).

pandemia, vieram restrições, e uma nova realidade foi imposta a todos, inclusive no âmbito educacional. Os educandos e os educadores, considerando cada contexto, se adaptaram a essa realidade ao ministrar e "assistir" às aulas síncronas e/ou assíncronas[9], por meio de ferramentas tecnológicas digitais.

Essa contextualização é feita por dois motivos: primeiro, inegavelmente, a educação se modificou muito durante esse período pandêmico; segundo, "escutamos[10]" muito, por um bom tempo, sem podermos interagir ativamente em *lives*, cursos e aulas. Sem dúvidas, é importante relevar que, com a utilização de tecnologias digitais, o "falar" também foi possível (aprofundarei esse tema no próximo subcapítulo). No entanto, o que gostaria de analisar aqui é que, como professores, talvez estejamos esgotados e pouco disponíveis para ouvir as vivências de nossos pares, revivendo, assim, o período pandêmico, em que, muitas vezes, fomos ouvintes inertes.

De acordo com Camillo (2020, p. 54):

> [...] escutar o outro não se trata apenas de uma ação física de sons e aparelho auditivo. [...] Dois sujeitos proferindo palavras, diante um do outro, não garante necessariamente, a partilha simbólica. O encontro de sentidos pode ocorrer ou não, para que isso aconteça é necessário dentre outros fatores, a disponibilidade, a abertura e o acesso à palavra do outro. O desejo de ouvir efetivamente. Há um contrato social, uma intenção conjunta para a aproximação simbólica. Uma relação afetiva de querer entender o que o outro está querendo dizer.

Exemplificando o dito pela autora, as vivências no "Seminário: reinventar a docência nas redes de conhecimento" voltaram a me despertar momentos valorativos, daqueles em que realmente estive aberta a ouvir experiências, disposta a não somente realizar mais uma carga de créditos obrigatórias, mas, sim, a tentar encontrar a verdadeira partilha simbólica nessa troca. Da mesma forma, vale lembrar que, nesse caso específico, o "ouvir" foi recíproco, pois, com práticas sociais e culturais advindas de

---

[9] As aulas síncronas são aquelas que acontecem em tempo real. Na educação a distância, isso significa que o professor e o aluno interagem, ao mesmo tempo, em um espaço virtual. A comunicação assíncrona é aquela que acontece sem a necessidade de uma interação em tempo real (Tutormundi, on-line). Disponível em: https://tutormundi.com/blog/o-que-sao-aulas-sincronas-e-assincronas/. Acesso em: 17 jan. 2023.

[10] A utilização do verbo "escutar" é limitante, considerando os professores surdos. Por isso, o termo é utilizado aqui como um sinônimo para "comunicar".

diferentes países (Estados Unidos, Venezuela, Chile, Espanha, México e Portugal), o ato de querer escutar, em contexto de línguas distintas, tornou-se grande símbolo de afeto.

Com esse exemplo, é possível entender que a movimentação de "escutar" não é uma tarefa fácil como parece. Ela sai do campo da anatomia e passa para o campo do afeto, do respeito e do querer ouvir. Conecto isso ao dito por Silva Menoni (2022), uma das professoras convidadas do seminário, ao se referir à educação. A professora disse que "[...] es un proceso duro. A veces es necesario dejar nuestras necesidades para entender la de los otros[11]". O ato de escutar nossos pares também passa por esse duro processo, e, apesar de podermos compartilhar nossas experiências e dar voz às muitas angústias que temos com o sistema educativo brasileiro, o ato de trocar escutas é, sem dúvidas, modificador. Por isso, devemos prezar pelo mantenimento dele.

Citando novamente Camillo (2020, p. 61), em outro trecho do mesmo texto, ela diz:

> [...] escutar é um ato de amor. Deixar-se invadir, permitir-se ao novo, parar e calar suas próprias vozes para que novos sentidos se deem no encontro. Sim, escutar é um ato generoso, de crescimento coletivo. Abdicar da tagarelice interna, silenciar e permitir que outros sentidos ingressem no próprio universo, possibilita belas experiências no fazer-sentir-pensar docente.

Mais uma vez, o ato de escutar é reafirmado e praticado sobre um alicerce de carinho e humanidade, o que poderia explicar a possibilidade de haver majoritária compreensão entre grupos de idiomas distintos, por exemplo. Nessa perspectiva, o ato de escutar distancia-se do seu "cargo" de um dos cinco sentidos humanos e, para muito além disso, torna-se uma possibilidade de reinvenção social, especialmente para a classe docente.

Desse modo, considerando o apontado até aqui, a inquietação deste tópico vai se tornando uma provocação e um anseio. A provocação vem no sentido de entender que o poder que temos, como professores, talvez ainda muito limitado, de falar não exclui o poder ouvir e o poder recepcionar as vivências mais heterogêneas dentro do mundo da educação. Já

---

[11] "É um processo duro. Às vezes, é necessário deixar nossas necessidades para entender a dos outros" (Silva Menoni, 2022, on-line, tradução nossa).

o anseio se fomenta no desejo de manter essa troca de experiências de forma ativa com pares diversos, em formação e em prática, para assim formar um emaranhado de pequenas comunidades colaborativas.

COMUNIDADES DOCENTES E AS FERRAMENTAS TECNOLÓGICAS

Como dito na seção anterior, o falar também é um ato muito importante dentro das comunidades de docentes, além de que é um direito que lutamos constantemente para mantermos. Como já dito por Freire (2005, p. 90), "[...] existir, humanamente, é pronunciar o mundo, é modificá-lo. [...] Não é no silêncio que os homens se fazem, mas na palavra, no trabalho, na ação-reflexão". Posto isso, de nenhuma forma esse ensaio exclui esse aspecto, pois acredito que muito da cooperação entre nossos pares, ou seja, com outros professores, surge da combinação entre o falar respeitosamente desde seu contexto e o de ouvir com afeto e solidariedade. Assim, seguindo a premissa da tese deste ensaio, entendo como a soma dos verbos "escutar" e "falar" o fortalecimento do verbo "colaborar", desde que haja preceitos éticos, sociais e a reflexão entre os sujeitos.

Para tentar encontrar uma representação equivalente ao substantivo "comunidade" e assim adentrar mais profundamente no tema da colaboração entre os pares, recorro à metáfora feita por Fialho (2020), que entende comunidade como uma "engrenagem". A autora afirma que todo sistema depende de uma multiplicidade de "peças", e embora não haja "peças" perfeitas, é necessário reconhecer que o funcionamento dos sistemas educacionais ou o processo de formação requer a cooperação harmônica dessas diversas partes (Fialho, 2020).

Aprofundando essa comparação, consideramos que nós, professores, como comunidade, sejamos as "engrenagens" que, quando ligadas ao "eixo" da educação, conseguimos transmitir "rotação e potência". Essa é a nossa maior função como comunidade de docentes, continuar um "circuito" de cooperação, já há muito iniciado, e impulsionar o "eixo" da educação conforme seguimos com o "circuito" colaborativo. Apesar de tamanha semelhança entre "engrenagem" e comunidade, é importante lembrar que, diferentemente da "engrenagem" (individualmente), que possui "dentes simétricos", não possuímos tamanha similitude com nossos pares. Evidentemente, as diferenças são importantes dentro da comunidade docente, afinal, cada ser humano é díspar e contribui desde aquilo que é e aquilo que viveu. Contudo, esse não é o ponto central da comparação entre "engrenagem" e comunidade que faço aqui; o ponto é que, inegavelmente, temos algo em comum, o "eixo" pelo qual nos interessamos e o qual queremos mover: a educação (Abecom, 2020). Somos ímpares, mas, se nos unirmos em uma comunidade que ouve e fala ativamente, conseguiremos seguir colaborando e expandindo nosso movimento.

Além do que foi discorrido até aqui, não é possível desconsiderar desta tese as ferramentas importantíssimas que nos aproximam como comunidade docente e oportunizam o ouvir, o escutar e o colaborar: as ferramentas tecnológicas digitais. De acordo com o mencionado anteriormente, as ferramentas tecnológicas foram ainda mais disseminadas durante o período pandêmico, em que muitas passaram de um meio de entretenimento para um instrumento de trabalho. Conforme mencionado por Nobre *et al.* (2021, p. 13) em um artigo que trata sobre o período pandêmico:

> [...] os processos comunicativos foram importantes para manter a colaboração entre os professores, sobretudo no âmbito dos conselhos de turma, bem como para manter o vínculo dos alunos ao professor, ao trabalho letivo e assegurar o feedback e a avaliação formativa.

As ferramentas tecnológicas foram uma ponte crucial para a comunicação entre professores durante esse período. Elas possibilitaram a colaboração, o compartilhamento de recursos, a formação profissional, o apoio emocional e a organização de reuniões, além de manter os educadores conectados em meio a circunstâncias desafiadoras. A adoção dessas tecnologias na educação poderia ter um impacto duradouro, entretanto, após o fim da pandemia, muitos professores voltaram a negar a ajuda que esses valiosos utensílios podem ter na cooperação entre pares e, sem dúvidas, na própria troca entre os alunos.

Essa constatação, apesar de incontestável e compreensível em algumas circunstâncias, não foi reproduzida no seminário, pois a maioria das cooperações entre professores foi possibilitada pelos serviços de comunicação por vídeo, na maioria das vezes, utilizando o Google Meet. Isso demonstra que as ferramentas tecnológicas digitais são múltiplas, possíveis (considerando a disponibilidade de acesso) e podem favorecer a conversação entre comunidades de diferentes contextos, inclusive de diferentes países.

Como Leffa já dizia, devemos ver "[...] a relação entre sujeito e instrumento não de modo competitivo, mas colaborativo: o homem com a máquina e não contra a máquina. O jogador precisa da bola para jogar; o pianista, do piano para dar o concerto" (Leffa, 2016, p. 361). Ou seja, não é possível mais, em pleno 2023 e tendo vivenciado um período como o da pandemia, pensar que os artefatos digitais podem "tirar nosso lugar" de professores. Dessa forma, as ferramentas tecnológicas digitais nada mais são do que a proporção entre as "engrenagens" (comunidades docentes) que, somadas aos "dentes não simétricos" (professores), podem definir as "velocidades rotacionais que o sistema rotativo" (educativo) vai atingir e fortalecê-lo.

CONCLUSÃO

Mediante o exposto até aqui e recapitulando a tese trabalhada, este ensaio tinha o intuito de abordar sobre a escuta dentro das comunidades docentes, considerando a importância do mantenimento e fortalecimento desse sentido entre professores de diferentes realidades formativas e de atuação. Para "ensaiar" essa discussão, dividi as perspectivas em dois tópicos: um sobre a escuta e outro sobre a comunidade. Dentre todas as referências já citadas aqui, recordo-me de mais uma fala da professora Silva Menoni (2022, on-line), em que ela, primeiramente, cita a "[...] valoración social de la docencia[12]" e, posteriormente, reforça que "[...] es posível pensar en equipos[13]". A fala da professora coroa todo o citado anteriormente, e com isso consigo concluir que o ato de nos escutarmos e nos vermos como professores, respeitando as nossas diferenças, pode ser também um caminho para que tenhamos uma maior valoração no campo social, tratando-nos como profissionais que, apesar de carregarmos um afeto muito grande pelo que fazemos, merecemos uma remuneração justa e melhores condições de trabalho.

Além do mais, também foi possível confirmar que o ato de "escutar" pode ser muito mais do que um sentido da anatomia humana dentro de uma sociedade, desde que exista com esse ato um compromisso, podendo até mesmo ampliar e conectar as pessoas, tal como foi realizado na disciplina aqui citada. É imprescindível considerar também que esse sentido

---

[12] "Valorização social da docência" (Silva Menoni, 2022, on-line, tradução nossa).
[13] "É possível pensar em equipes" (Silva Menoni, 2022, on-line, tradução nossa).

pode e deve ser ampliado quando somado a outros da nossa anatomia, como a fala, mas eles só funcionarão plenamente quando existir espaço, disposição, afeto e reflexão dos sujeitos.

Nesse sentido, retomando a problemática central deste ensaio e, de forma geral, de toda a disciplina em que eu mesma me questiono se escutar é uma forma de reinventar a docência, o que posso responder é que, dentro do meu atual contexto como professora, o ato de ouvir diferentes colegas, de países distintos, de tantas formações e de realidades variadas, ajudou-me a rever minhas práticas e incitou-me a questioná-las. Acredito que essa reinvenção venha muito pela escuta, sem dúvidas, mas também se ancora no ato de poder falar, na colaboração, na comunicação por meio das ferramentas tecnológicas digitais e na comunidade formada.

Em conclusão, ainda são muitas as perguntas que não consigo responder sobre a minha prática como docente e como aluna. São inquietações que seguramente serão tratadas durante a minha dissertação ou que poderão vir a se tornar uma nova pesquisa, mas que certamente nunca acabarão. Acredito que a maior resolução que tiro de todas essas reflexões é que a formação de professores é contínua eternamente e torna-se muito mais leve quando compartilhada com outros docentes.

REFERÊNCIAS

ABECOM. Engrenagem: Veja os principais tipos e aplicações. **Abecom**. 29 jul. 2020. Disponível em: https://www.abecom.com.br/engrenagem-tipos-e-aplicacoes/. Acesso em: 18 jan. 2023.

CAMILLO, Leila Bom. A escuta afetiva na formação inicial docente. *In*: FAGUNDES, Angelise; FONTANA, Marcus V. L. (org.). **Os afetos na língua**: aprendizagem e formação de professores na perspectiva afetiva. Campinas: Pontes Editores, 2020. p. 49-64.

ESCUTAR. *In*: DICIO, Dicionário Online de Português. Porto: 7Graus, 2024. Disponível em: https://www.dicio.com.br/escutar/. Acesso em: 30 abr. 2023.

FIALHO, Vanessa Ribas. Juntos somos mais: a formação de comunidades e redes de apoio de e para professores. **Cidolt Evento**, YouTube, 16 out. 2020. 64 min, son., color. Disponível em: https://www.youtube.com/watch?v=fSG_pMlykuI&t=3031s. Acesso em: 17 jan. 2023.

FREIRE, Paulo. **Pedagogia do oprimido**. Rio de Janeiro: Paz e Terra, 2005.

JESUS, Wagner Brito. **Podcast e educação:** um estudo de caso. 2014. 63 p. Dissertação (Mestrado em Educação) – Universidade Estadual Paulista, Rio Claro, 2014. Disponível em: https://repositorio.unesp.br/bitstream/handle/11449/121992/000813052.pdf?sequence=1&isAllowed=y. Acesso em: 18 set. 2023.

LEFFA, Vilson J. Uma outra aprendizagem é possível: colaboração em massa, recursos educacionais abertos e ensino de línguas. **Trabalhos em Linguística Aplicada**, v. 55, p. 353-378, 2016. Disponível em: https://www.scielo.br/j/tla/a/X8GnKK8XRBqvBMCTy6Xdn5J/citation/?format=pdf&lang=pt. Acesso em: 17 jan. 2023.

NOBRE, Ana *et al.* Processos de comunicação digital no sistema educativo português em tempos de pandemia. **Revista práxis educacional**, v. 17, n. 45, p. 81-99, 2021. Disponível em: https://www.revistas.unam.mx/index.php/eutopia/article/view/78908. Acesso em: 16 jan. 2023.

OUVIR. *In:* DICIO, Dicionário Online de Português. Porto: 7Graus, 2024. Disponível em: https://www.dicio.com.br/ouvir/. Acesso em: 30 abr. 2023.

SILVA MENONI, María del Carmen. Conceitos de qualidade da educação. 1 live. Direção geral. **Disciplina de Seminário:** Reinventar a docência nas redes de conhecimentos e apresentação María del Carmen Silva Menoni. Santa Maria: Disciplina do Seminário; Reinventar a docência nas redes de conhecimentos, 2022.

REINVENÇÃO DA DOCÊNCIA NA EDUCAÇÃO BÁSICA: O TRABALHO COLABORATIVO E A CULTURA DE COLABORAÇÃO ENTRE PEDAGOGOS EM TURMAS DE ALFABETIZAÇÃO

Jordana Rex Braun

INTRODUÇÃO

A escola muda constantemente. Pensar nos processos de ensinar e de aprender exige uma atenção constante dos professores diante das mudanças que a escola emerge e das transform(ações) que essa instituição absorve. Diante da pandemia mundial da Covid-19, tem se tornado evidente a necessidade urgente de se (re)pensar, além dos espaços e das metodologias, também os saberes escolares. Isso requer olhar para as possibilidades que são ofertadas e, mais do que isso, para a docência que está implicada nos múltiplos processos de ensinar e aprender.

As crianças retornaram para a escola evidenciando possibilidades para além dos conteúdos curriculares, fazendo/instigando propostas mais humanas, vividas e sentidas nas vidas que aprenderam muito no contexto familiar, social e cultural que se enalteceu durante as aulas remotas.

Com o retorno à presencialidade, os alunos despertaram aquilo que Arroyo já dizia: "[...] as novas gerações que frequentam as escolas reconhecem que fora da escola há muitas vivências a experimentar e muitos saberes a aprender" (2013, p. 55). Mas como equacionar toda essa vida que chega à escola com a rotina que, tradicionalmente enraizada no tal sistema, precisa ainda ser seguida?

As defasagens, no que diz respeito às aprendizagens curriculares, foram significativas no retorno presencial às aulas. Levando em consideração que mais de 99% das escolas suspenderam as aulas presenciais, de acordo com dados do Ministério da Educação (MEC), inúmeras foram as dificuldades vivenciadas pelas famílias do país, principalmente aquelas que frequentam a rede pública de ensino, tanto no que diz respeito às tecnologias, quanto ao suporte e apoio para as aprendizagens de conteúdos curriculares propostos em documentos legais e em planejamentos docentes.

Diante disso, surge a necessidade de se repensar a docência, uma vez que os moldes tradicionais não dão conta – e acredito que poucas vezes deram – das necessidades das diversas infâncias que se desenvolvem nas escolas. Faz-se urgente (re)pensar a docência a partir do cenário atual, pois a escola, mais do que antes, evidencia as mudanças que a sociedade também enfrentou: mais acesso à tecnologia, diversas metodologias, outros saberes e conhecimentos. O trabalho colaborativo, na perspectiva do coensino, surge como uma possibilidade ímpar de tentar dinamizar e superar as maiores fragilidades encontradas nas aprendizagens estudantis, principalmente aquelas que dizem respeito aos primeiros anos de escolarização.

Sobre isso, discorro nas próximas linhas: a possibilidade de trabalho colaborativo entre professoras pedagogas em sala de aula regular na rede municipal de ensino de Teutônia/RS. Nos subtópicos, propus reflexões sobre o desenvolvimento da prática pedagógica compartilhada, dialogando com autores que sustentem a discussão e aliando com as experiências vivenciadas. Também respaldo esta escrita nas reflexões oriundas de professores convidados no "Seminário: reinventar a docência nas redes de conhecimentos", do curso de doutorado em Educação da Universidade Federal de Santa Maria (UFSM/RS).

REINVENÇÃO DA DOCÊNCIA: AS PRÁTICAS COMPARTILHADAS ENTRE PEDAGOGOS

Para acompanharmos as mudanças emergentes que tangenciam e constituem os saberes escolares na atualidade, é preciso pensar na docência implicada nos modos de operar nas instituições escolares. Para tanto, são necessárias ações para evidenciar outras práticas que contemplem minimizar as dificuldades oriundas do ensino remoto, principalmente quando falamos dos processos de ensinar e de aprender a ler e a escrever. Isso porque a criança pequena necessita do contato com diferentes possibilidades, para que a essência infantil não se dissolva no currículo escolar.

Dessa forma, uma escuta atenta e um olhar sensível são imprescindíveis para olhar e ver a criança aprendente que está chegando à escola pela primeira vez, depois de um extenso período de aprendizagens, vivências e experiências sociais e culturais apenas no convívio familiar. Sendo assim, é preciso permitir vivências em que os professores possam estar possibilitados de ofertar e instigar para além das letras e dos números, mas considerando as especificidades de quem vai desvendar a escola com os olhos atentos emoldurados pelas máscaras, ainda presentes até o ano de 2021 no ambiente escolar.

Logo, a seguir, apresento uma proposta de reinvenção da docência no âmbito da cultura de colaboração, pensando o trabalho compartilhado em sala de aula com crianças em processo de alfabetização, visando a uma atenção mais individual na tentativa de diminuir lacunas e dificuldades.

O TRABALHO COMPARTILHADO E A CULTURA DE COLABORAÇÃO: PENSANDO O COENSINO[14]

De acordo com a Revisão Sistemática de Literatura, realizada na disciplina de Seminário de Pesquisa em Educação II, no curso de doutorado em Educação – UFSM/RS, há diferentes ideias e perspectivas em torno do termo bidocência, compreendida entre muitos autores como coensino. A partir da pesquisa realizada para buscar (re)conhecer quais são as perspectivas compreendidas pelo termo e a implicação disso no ensino colaborativo, constatamos que pensar a docência de modo colaborativo implica práticas significativas e exitosas quando consideramos a aprendizagem dos estudantes.

Além disso, é possível constatar que há dificuldades encontradas no trabalho colaborativo, como as relações interpessoais dos docentes. Considerando que "[...] o trabalho dos professores possui justamente aspectos formais e informais, e que se trata, portanto, ao mesmo tempo, de um trabalho flexível e codificado, controlado e autónomo, determinado e contingente etc." (Tardif; Lessard, 2014, p. 45), a docência esbarra em elementos que muitas vezes fogem do controle dos professores, sejam de ordem institucional ou não. Como exemplo, temos, justamente, as relações interpessoais construídas nos processos de ensinagem, sejam elas positivas ou não, mas que constroem "[...] redes de colaboração e de aprendizagem para a troca e compartilhamento entre as disciplinas e entre os saberes e necessidades estudantis" (Braun, 2020, p. 183).

---

[14] Coensino: entende-se por coensino ou bidocência o trabalho pedagógico desenvolvido em sala de aula por mais de um professor, na perspectiva do trabalho compartilhado, tanto do planejamento das atividades, quanto na interação e dinâmica com os estudantes. Para saber mais, acessar: https://www.edutopia.org/article/how-choose-co-teaching-model.

Dito isso, pensar o coensino, levando em conta as práticas pedagógicas compartilhadas entre os pedagogos que estão atuando conjuntamente em sala de aula, pode favorecer, de acordo com Millani (2017, p. 137),

> [...] a qualificação da aprendizagem docente, uma vez que possibilita a criação de intercâmbios de conhecimentos e de experiências entre os professores, contribuindo com a produção de saberes acerca da atividade profissional docente.

É, portanto, na coletividade que as aprendizagens podem tornar-se experiências de profissão.

Reinventar a docência, no ponto de vista da cultura de colaboração, surge como um panorama de compartilhamento de sentimentos e de práticas, quando analisamos os desafios postos pela pandemia. Pensando nas transformações oriundas desse período, temos a sensação de que a nossa função social como professores está ainda mais desvalorizada, assim como a função educativa da escola, pois muitas foram e estão sendo as readequações necessárias para atender às novas demandas da sociedade.

A colaboração entre professores nas salas de aulas regulares é uma rica oportunidade para

> [...] enfrentar lo que estamos viviendo; sin embargo, no creo que eso sea suficiente para la transformación de la educación de la que ellos hablan; pero son actitudes y valores humanos que nos ayudan a continuar y a resistir nuestros quehaceres educativos[15] (Atanasio, 2021, p. 52).

Corroborando com a ideia destacada, acredito que investir nesse trabalho é uma possibilidade potente para qualificar as práticas, permeando também as aprendizagens docentes e o desenvolvimento profissional dos professores atuantes em meio à cultura de colaboração em constante processo de (re)elaboração e constituição.

Há países que investem nessa perspectiva de trabalho já pensando a formação inicial, como é o caso do Chile. De acordo com estudos, o coensino e a colaboração entre pares é um dos pilares para se pensar o desenvolvimento profissional docente, processo no qual há instâncias que se convergem para qualificar o trabalho:

---

[15] Tradução nossa: "[...] enfrentar o que estamos vivendo; no entanto, não acho que isso seja suficiente para a transformação da educação de que falam; mas atitudes e valores humanos que nos ajudam a continuar e a resistir às nossas tarefas educativas".

> [...] en el nuevo modelo de acuerdo con el Sistema de Desarrollo Docente, através de la convergencia de cuatro instancias interdependientes: la colaboración entre expertos y novatos, el apoyo experto, el trabajo colaborativo entre pares y la reflexión personal (MINISTÉRIO DA EDUCAÇÃO DO CHILE, 2018, p. 9).[16]

Dessa forma, pensar a colaboração nos cursos de formação de professores e na atuação escolar implica instigar uma comunidade de aprendizagem, reinventando a docência nas práticas formativas e profissionais, baseadas no diálogo e na reflexão coletiva, contribuindo, assim, para melhorar os processos de ensino e de aprendizagem. Pensar a docência compartilhada também possibilita outras formas de aprender a docência, pois:

> [...] compartida y centrada en el mejoramiento de los procesos de enseñanza, como también los procesos institucionales, permite: la autobservación de las prácticas, escuchar, compartir y aprender de las experiencias de otros/ otras, motiva el cambio de prácticas a través de la validación de los pares, lo que permite correr riesgos, innovar; genera espacios para el levantamiento de criterios compartidos sobre los procesos y proyectos educativos de la institución (MINISTÉRIO DA EDUCAÇÃO DO CHILE, 2018, p. 18).[17]

Fica evidente, com isso, a relevância e a necessidade de dar espaço e possibilitar que práticas e vivências desse âmbito possam efetivar-se, uma vez que têm potência para qualificar as aprendizagens e contribuir com uma docência que dialogue com outros contextos. Dada essa relevância, a seguir, destaco uma proposta que conversa com a ideia defendida até então, colocada em prática na rede municipal de Teutônia/RS.

EXPERIÊNCIAS PEDAGÓGICAS NA REDE MUNICIPAL DE TEUTÔNIA (RS)

---

[16] Tradução nossa: "[...] no novo modelo de acordo com o Sistema de Desenvolvimento de Professores, por meio da convergência de quatro instâncias interdependentes: colaboração entre especialistas e novatos, suporte especializado, trabalho colaborativo entre pares e reflexão pessoal".

[17] Tradução nossa: "[...] compartilhada e focada na melhoria dos processos de ensino, bem como dos processos institucionais, permite: auto-observação das práticas, ouvir, compartilhar e aprender com as experiências dos outros, motiva a mudança de práticas por meio da validação dos pares, o que permite correr riscos, inovando; gera espaços para levantar critérios compartilhados sobre os processos e projetos educacionais da instituição".

O retorno ao ensino presencial evidenciou muitas defasagens nas aprendizagens estudantis. Um levantamento realizado pelo Instituto Nacional de Estudos e Pesquisas (Inep) mostra-nos que, no Brasil, a média de suspensão de atividades presenciais superou 270 dias, o que nos ajuda a ilustrar tamanhas lacunas criadas na educação. Durante o ano de 2020, as escolas precisaram reinventar-se, ao longo de todos esses dias, a fim de atender às exigências impostas pela pandemia da Covid-19: distanciamento, isolamento social, entre outros cuidados básicos e necessários na tentativa de frear e diminuir a circulação e, consequentemente, o contágio do vírus.

Os professores, de modo remoto, tiveram que se (re)adequar com o objetivo de realizar planejamentos e reuniões virtuais, na tentativa incansável de chegar aos estudantes que realizavam suas atividades e aulas em suas casas, muitos sem uma estrutura mínima no que diz respeito à disponibilidade de aparatos tecnológicos. Diante disso, foram-se criando lacunas nas aprendizagens, uma vez que as crianças e famílias não tinham à sua disposição as mesmas ofertas e possibilidades vivenciadas no ambiente da escola. Além disso, outros fatores se agravaram ao longo do período, como o desemprego e a fome.

Tudo isso refletiu nas aprendizagens vivenciadas e construídas, principalmente quando falamos das crianças em fase inicial de escolarização. Os processos de aprender a leitura e a escrita tiveram que ser dinamizados por meio da tela de celulares, notebooks, folhas reprografadas. No entanto, sabemos que um grande percentual de famílias não teve acesso às atividades e propostas escolares.

Na tentativa de superar as lacunas e diminuir as dificuldades encontradas no retorno às aulas presenciais, o município de Teutônia, localizado na região do Vale do Taquari-RS, elaborou uma proposta de trabalho orientada na direção da bidocência, pensando a perspectiva do trabalho compartilhado entre pedagogos na sala de aula regular. Com o retorno das aulas em formato híbrido ao final do ano de 2020 e início de 2021, os professores reconheceram as dificuldades encontradas nos alunos para acompanhar as aulas e as atividades propostas. Com as turmas reduzidas, inicialmente, os docentes tiveram a possibilidade de dedicar uma atenção mais individual às crianças, tendo em vista as turmas menores em quantidade de alunos. A partir do retorno integral das turmas, a equipe pedagógica do município sentiu a necessidade de um reforço adicional em sala de aula, em função da dificuldade encontrada devido ao longo período de afastamento das atividades escolares presenciais.

Intitulado como "Alfabetiza Teutônia", o projeto de lei possibilitou a contratação emergencial de professores, em caráter temporário, com o objetivo de atenuar o impacto e o prejuízo causado às crianças, principalmente àquelas em fase de alfabetização. Esses professores atuaram com os docentes titulares das turmas regulares, de 1º ao 4º ano do ensino fundamental, nas escolas municipais, durante o ano de 2021.

Pensar em diminuir as necessidades e aumentar as possibilidades de ensino requer uma reinvenção da docência, ampliando as ensinagens e valorizando o espaço da escola, respeitando os modos de operar, de ser e estar na profissão professores.

CONCLUSÃO

A reinvenção da docência é um movimento necessário quando pensamos nos desafios impostos pela pandemia. Diversas situações excepcionais surgiram, impondo desafios diários para o desenvolvimento do trabalho pedagógico, principalmente em turmas com crianças na fase inicial de escolarização, repercutindo no trabalho docente e, ainda mais, no reconhecimento da docência como profissão. Os professores tiveram que se (re)adequar, a fim de elaborar os saberes escolares, interligados com as condições tecnológicas ofertadas, levando em conta as necessidades infantis, as possibilidades das famílias, respeitando os tempos e ritmos em meio a uma situação pandêmica excepcional.

O coensino, na perspectiva do trabalho compartilhado, emerge como uma alternativa para enfrentamento de algumas situações, como as defasagens no que tange ao ensino da leitura e da escrita. Práticas nas quais os docentes, atuando entre pares na sala de aula regular, dialogam e refletem conjuntamente sobre as práticas desenvolvidas também de modo colaborativo, evidenciam que é possível (re)pensar a docência no âmbito das ações formativas e, inclusive, nas vivências formativas, uma vez que requer uma constante construção do que se entende por ensinar e aprender.

A bidocência, ao mesmo tempo que oferta maior interação entre professor e aluno, compartilha a sobrecarga de trabalho e de demandas entre os professores, qualificando o ensino no que diz respeito ao contato estabelecido entre docente e discente e no que concerne à valorização profissional. Esse tipo de trabalho compreende aos professores, atuantes de forma conjunta em sala de aula, maior tempo e troca nos planejamentos.

Ou seja, repensar a docência nas lentes do trabalho compartilhado amplia as possibilidades de trabalho, pois oferece uma gama de trocas de experiências e vivências entre aqueles que constroem/vivem a profissão diariamente, atenuando outras formas de ser e estar na docência, de ensinar e de aprender a ler e a escrever.

Repensar as práticas é um movimento fundamental quando se quer uma docência mais potente, evidenciando as possibilidades subscritas nos moldes tradicionais de construção da aprendizagem. O coensino, como elemento propulsor de outras aprendizagens docentes, possibilita novas formas de ensinagem, qualificando os tempos e espaços das aprendizagens, uma vez que trocas colaborativas entre mais de um professor são possibilitadas quando ofertadas oportunidades de trabalho conjunto entre dois ou mais professores ao mesmo tempo em sala.

Reconstruir a docência pensando no desenvolvimento profissional, pautando o trabalho com base na reflexão e no diálogo entre pares pedagogos, potencia a rede de colaboração entre os docentes. O fortalecimento dessas práticas se dá por meio da atualização das vivências e experiências, que são eixo permanente para qualificar as novas práticas. Parafraseando o documento do Ministério da Educação do Chile, a cultura de colaboração, sustentando o trabalho na perspectiva do coensino, precisa ser um espaço de construção, motivado pelos conhecimentos construídos pela inter-relação dos saberes docentes, permeados pelas realidades conhecidas e vivenciadas na escola (MINISTÉRIO DA EDUCAÇÃO DO CHILE, 2018).

Sendo assim, inovar e repensar as tradicionais metodologias e práticas formativas e profissionais é possível, fazendo emergir potentes alternativas para qualificar o aprender discente e docentes nas mais diversas realidades e nos contextos escolares.

REFERÊNCIAS

ARROYO, Miguel Gonzalez. **Ofício de mestre:** imagens e autoimagens. Petrópolis, RJ: Vozes, 2013.

ATANASIO, Abigail Gualito. Aprendizaje en tiempos de pandemia y enseñanza emergente. *In:* MORALES, Alicia Rivera *et al.* **Vivir la docencia en tiempo de**

pandemia: experiencias en videocharlas de los actores de educación media superior y superior. Ciudad de México, México: Editorial Arquinza, 2021. p. 50-56.

BRAUN, Jordana Rex. **Professor iniciante nas licenciaturas e os contextos emergentes:** aprendizagem para/na docência. 2020. 241 p. Dissertação (Mestrado em Educação) – Universidade Federal de Santa Maria, Santa Maria, 2020.

MILLANI, Silvana Martins de Freitas. **Atividade docente de estudo de professoras do Ciclo de Alfabetização**: vivências formativas em contextos de cultura escrita. 2017. 224 p. Tese (Doutorado em Educação) – Universidade Federal de Santa Maria, Santa Maria, 2017.

MINISTÉRIO DA EDUCAÇÃO DO CHILE. **Antecedentes para elaboración de orientaciones y bases técnicas.** Centro de Perfeccionamiento, experimentación e investigaciones pedagógicas – CPEIP. Modelo de formación para el desarrollo profesional docente y directivo. 2018.

TARDIF, Maurice; LESSARD, Claude. **O trabalho docente:** elementos para uma teoria da docência como profissão de interações humanas. 9. ed. Petrópolis, RJ: Vozes, 2014.

A REINVENÇÃO DA DOCÊNCIA A PARTIR DA EDUCAÇÃO (EM TEMPO) INTEGRAL

Estefani Baptistella

PARA COMEÇAR

A Educação (em Tempo)[18] Integral é uma proposta de aumento do tempo de permanência dos alunos nas escolas, prevendo um tempo de, no mínimo, sete horas diárias. O acréscimo desse tempo necessita ser direcionado para as atividades lúdicas, de formação cidadã e que englobem os princípios da formação integral (centralidade do estudante, aprendizagem permanente, perspectiva inclusiva, gestão democrática, entre outros).

Nessa proposta de ampliação da jornada escolar que a Educação (em Tempo) Integral busca, necessita-se também de uma ressignificação dos tempos e espaços, do mesmo modo que as práticas pedagógicas sejam organizadas no intuito de buscar a formação integral, por meio do lúdico, das experiências, das vivências e, principalmente, do constante compartilhamento de conhecimento nos processos de ensino-aprendizagem[19].

Para isso, os tempos e espaços presentes na escola têm o sentido de estimular o pensamento e a curiosidade, o que traz sentido e significado para as crianças, além de contribuir para o compartilhamento de experiência e a vivência no coletivo. Assim, tempos e espaços não se tornam neutros, ou seja, eles educam e aprofundam o conhecimento educativo, o que proporciona o protagonismo dos estudantes nos processos de ensino-aprendizagem.

No entanto, para sua implementação, a educação integral necessita, além da (re)organização de tempos e espaços, uma infraestrutura adequada, um currículo escolar direcionado para os princípios da política pública de educação integral e uma reinvenção docente a partir da implementação dessa proposta de ensino.

---

[18] A partir dos estudos de Moll (2012), defende-se uma Educação (em Tempo) integral, visto que a educação integral necessita do tempo integral, de alunos mais tempo na escola, ou seja, ela precisa do tempo integral para que aconteça de fato uma formação voltada para o sujeito integral.

[19] Entende-se, neste ensaio, a partir de Freire (1996), que não existe ensino sem aprendizagem, e vice-versa, ou seja, cabe ao professor entender que ensinar não é somente um repasse de conhecimentos, e sim assumir uma postura de mediação entre o sujeito e o objeto do conhecimento de forma dialógica – por isso o uso do termo com hífen.

Partindo das constatações apresentadas, o presente ensaio tem como questão orientadora reconhecer a importância da reinvenção da docência nas escolas de Educação (em Tempo) integral. Para isso, constrói-se a tese de que é necessária uma reinvenção docente a partir dos princípios da Educação (em Tempo) integral, considerando a realidade social do contexto escolar, do mesmo modo que as experiências, vivências e subjetividades são componentes principais do reinventar a docência em escolas de Educação (em Tempo) Integral.

Na perspectiva, este ensaio se relaciona com os estudos sobre Educação (em Tempo) integral, temática de pesquisa da tese de doutorado do Programa de Pós-graduação em Educação (PPGE) da Universidade Federal de Santa Maria (UFSM), junto dos estudos e discussões teóricas e práticas do seminário "Reinventar a docência nas redes de conhecimentos".

O ensaio se organiza da seguinte maneira: inicialmente, é apresentado um breve apanhado histórico das políticas públicas para a Educação (em Tempo) Integral e, após, as discussões sobre a temática deste ensaio, buscando relacionar as discussões realizadas no seminário com os aportes teóricos da temática e, por fim, algumas palavras finais.

A EDUCAÇÃO (EM TEMPO) INTEGRAL COMO POLÍTICA PÚBLICA EDUCACIONAL

A Educação (em Tempo) Integral no Brasil vem sendo discutida desde o início dos anos de 1930, quando o educador Anísio Teixeira buscava transformações no campo educacional, com o Manifesto dos Pioneiros da Educação Nova, movimento que ficou marcado pelas reivindicações críticas, ideológicas e políticas. Surge, então, a educação integral, defendida como a formação integral do sujeito.

Segundo Shiroma, Moraes e Evangelista (2002), esse movimento ficou marcado pela diversidade política e ideológica, com ideias consensuais de reconstrução educacional em âmbito nacional com o princípio da escola pública, leiga, obrigatória e gratuita, bem como proporcionar aos profissionais da educação, sindicatos de resistência e organização a favor das condições de trabalho satisfatórias.

A partir desse movimento, muitas foram as ações realizadas em prol da Educação (em Tempo) Integral. Inspirado nas ideias de formação integral de Anísio Teixeira, Darcy Ribeiro inaugurou, também nos anos de

1980, os chamados Centros Integrados de Educação Pública (Ciep), com o objetivo de proporcionar uma educação de qualidade, além de assistência social aos estudantes.

Conforme Cavaliere (2009), com o passar dos anos e pela demanda, os Cieps se expandiram gradativamente, sendo criados mais de 500 centros educacionais voltados para a formação integral. Na década de 1990, com princípios de formação integral, são criados os chamados Centros Integrados de Atendimento à Criança (Ciac), que, após algumas experiências, foram chamados de Centro de Atenção Integral à Criança e Adolescente (Caic).

Além disso, nessa década, foi implementada a Lei de Diretrizes e Bases da Educação Nacional (LDB), Lei n.º 9394, de 20 de dezembro de 1996 (Brasil, 1996), criada com o objetivo de democratização da educação, para garantir o acesso à educação gratuita e de qualidade a toda população e para valorizar os profissionais da educação e estabelecer o dever da União, dos Estados e dos municípios com a educação (Brasil, 1996)

Já no século XXI, destaca-se a criação do Programa Mais Educação, pelo Ministério da Educação (MEC) no ano de 2007. Posteriormente, o MEC alterou o nome do programa para Programa Novo Mais Educação. Porém, a falta de recursos públicos fez com que o programa fosse encerrado em várias escolas públicas brasileiras.

Segundo o documento orientador para a educação integral no Brasil, essa possuiu características e princípios, voltados para a formação integral dos estudantes, isto é:

> A Educação Integral exige mais do que compromissos: impõe também e principalmente projeto pedagógico, formação de seus agentes, infraestrutura e meios para sua implantação. Ela será o resultado dessas condições de partida e daquilo que for criado e construído em cada escola, em cada rede de ensino, com a participação dos educadores, educandos e das comunidades que podem e devem contribuir para ampliar os tempos e os espaços de formação de nossas crianças, adolescentes e jovens na perspectiva de que o acesso à educação pública seja complementado pelos processos de permanência e aprendizagem (Brasil, 2009, p. 6).

Atualmente, o Plano Nacional de Educação (PNE), que está em vigência até o ano de 2024, busca propor com a meta 6: "Oferecer educação em tempo integral em, no mínimo, 50% das escolas públicas, de forma a atender, pelo menos, 25% dos alunos da Educação Básica a ser alcançada até 2024". Para isso, Jaqueline Moll (2012), uma das incentivadoras da educação integral no Brasil, pontua e discute a Educação (em Tempo) integral, visto que:

> Alargar a função da escola, da docência e dos currículos para dar conta de um projeto de educação integral em tempo integral que articule o direito ao conhecimento, às ciências e tecnologias com os direitos às culturas, aos valores, ao universo simbólico, ao corpo e suas linguagens, expressões, ritmos, vivências, emoções, memórias e identidades diversas (Moll, 2012, p. 44).

Na perspectiva de Moll (2012), a Educação (em Tempo) Integral oportuniza aos estudantes o "[...] sair de si e ir em direção ao que quer ser" (2012, p. 124). Para isso, é necessário que o aumento da permanência dos estudantes na escola seja voltado para a formação integral e não apenas na ideia de "ocupar o tempo extra". Sendo assim:

> [...] esse aumento se fazia (e se faz) necessário como condição para uma formação abrangente, uma formação que abarcasse o campo das ciências, das artes, da cultura, do mundo do trabalho, por meio do desenvolvimento físico, cognitivo, afetivo, político, moral e que pudesse incidir na superação das desigualdades sociais mantidas, se não reforçadas, pela cultura escolar (Moll, 2012, p. 129).

Em razão disso, faz-se imprescindível a denominação da Educação (em Tempo) Integral nas escolas em que o tempo integral é a condição para que aconteça uma formação integral. Na proposta de aumento da jornada escolar que a Educação (em Tempo) Integral propõe, Moll (2012) explana que é fundamental uma organização escolar que transforme os tempos e espaços e uma reorganização pensada em que esses tempos e espaços não sejam neutros, e, sim, cultura escolar.

Considerando as demandas sociais que a Educação (em Tempo) Integral apresenta no contexto escolar, faz-se fundamental considerar que essa se situa no campo das políticas públicas educacionais, em virtude de serem necessários amparos das esferas públicas para sua implementação nas escolas. As políticas públicas de permanência e qualificação do tempo, proposta da Educação (em Tempo) Integral, são métodos para elevar os índices de ensino-aprendizagem dos estudantes.

AS (TRANS)FORMAÇÕES DA EDUCAÇÃO (EM TEMPO) INTEGRAL NAS ESCOLAS E A REINVENÇÃO DA DOCÊNCIA

Na perspectiva da Educação (em Tempo) Integral, é importante destacar que as escolas que a implementam necessitam de novos olhares na direção de perceber o aluno como sujeito em desenvolvimento integral, sendo necessário:

> Superar o tradicional reducionismo do trabalho docente aulista e do trabalho dos educandos a enclausuramento na sala de aula. Não se garante o direito à vida, à aprendizagem em salas de aula tornando-as espaços de reclusão de mestres e alunos. O direito à totalidade das vivências dos corpos exige diversificar espaços, priorizar novos e outros espaços físicos, nas políticas, nos recursos. Sair de espaços indignos de moradia de rua para indignos espaços escolares negará o direito ao viver justo (Arroyo, 2012, p. 44).

Segundo Arroyo (2012), para dar conta dos princípios que a educação integral propõe, é imprescindível transformar o ensino, sendo esse direcionado no olhar do todo, o integral do aluno, sendo que, para isso, também é fundamental que a sala de aula seja modificada, junto do tempo, pois

> A Educação Integral, vista da perspectiva da cidadania da criança e do adolescente, implica em reconhecer que a educação é uma oportunidade de aprender na convivência democrática, reconhecendo as diferenças e exercendo a igualdade (Avelar, Santos; Cusati, 2021, p. 1117).

Nesse sentido, os autores também destacam que cabe ao professor oportunizar momentos de aprendizagem constante, levando em conta a sua própria aprendizagem com as práticas pedagógicas desenvolvidas, proporcionando mudanças no processo de aquisição de novos conhecimentos (Avelar, Santos; Cusati, 2021).

De modo igual, os docentes, com o rompimento do ensino tradicional, necessitam interligar as diversas questões orientadoras que uma sala de aula possui, sendo, assim, um espaço de investigação com os temas interculturais. Conforme Morales (2022), ensino intercultural:

> [...] pode ser considerado como uma abordagem holística e inclusiva que, partindo do respeito e dos valores da diver-

> sidade cultural, busca a reforma da escola para aumentar a equidade educacional, superar o racismo, a discriminação e a exclusão, favorecer a comunicação e a competência intercultural e apoiar a mudança da cidade e do social, de acordo com os princípios da justiça social e dos direitos humanos (Morales, 2022, p. 191).

No mesmo sentido, o desenvolvimento integral perpassa as demandas da sala de aula, conspirando os aspectos intelectuais, as diferentes formas e linguagens, vivências, experiências que contribuem na construção da identidade, sendo possível o desenvolvido de um ensino intercultural. Para isso, é de suma relevância o desenvolvimento no coletivo, entre alunos, mas também entre os docentes, para que seja, de fato, efetivada uma aprendizagem significativa colaborativa, em que todos os sujeitos envolvidos nos processos de ensino-aprendizagem possam aprender e partilhar juntos seus conhecimentos, na busca de novas aprendizagens.

Em consonância a isso, Nóvoa (2022) aponta as mudanças necessárias na organização das escolas, bem como do trabalho docente, caracterizando ambientes que promovam a diversidade de espaços e tempos com um trabalho coletivo dos docentes. Em visto disso:

> A passagem de uma identidade individual a uma constituição coletiva é essencial para a emergência de um conhecimento profissional docente. É indispensável valorizar os diálogos e encontros profissionais e os dispositivos que permitem a cooperação e a colaboração; ou, dito de outro modo, que permitem um trabalho de reflexão, de partilha e de análise, no seio de "comunidades de conhecimento" organizadas por professores (Nóvoa, 2022, p. 10).

Nesse viés, os docentes, no seu planejamento, podem criar possibilidades da organização dos tempos e espaços em que o compartilhamento de experiências, vivências, conquistas e aprendizagens seja fundamental, junto do diálogo, e que o professor seja (trans)formador e dê condições para que seus alunos desenvolvam a autonomia para além da sala de aula (Oliveira, 2014). Nesse sentido, Moraz, Fernandes e Morgado (2011) apontam, em suas discussões, a necessidade de a aprendizagem ser centrada no aluno e de que esses se tornem protagonistas da construção de seus próprios saberes.

A escola necessita ser um espaço formativo que vai muito além dos seus muros e limites, ela busca promover a socialização, formação cidadã e intelectual. Para isso, a Educação (em Tempo) Integral oportuniza os tempos e espaços necessários para o desenvolvimento dessas habilidades, em razão da permanência dos estudantes por mais tempo na escola.

Logo, a escola necessita ser um espaço que estimule esse desenvolvimento das múltiplas dimensões humanas, no caminho crítico e reflexivo, para construção da autonomia. Isso somente se torna possível com o olhar crítico do docente, reinventando suas práticas pedagógicas, visando ao desenvolvimento integral dos estudantes.

A partir disso, a aprendizagem se torna significativa para os estudantes, por meio de práticas pedagógicas diversificadas, com vivências e experiências distintas daquelas realizadas nas escolas de turno parcial, do mesmo modo que a autonomia dos estudantes seja aguçada no processo de ensino e aprendizagem. Nesse viés, a educação integral é concepção de educação, que vem sendo construída com os marcos significativos, deste o movimento dos Pioneiros da Educação Nova até o atual Plano Nacional de Educação, como uma educação de formação integral, com uma proposta de educação pública de qualidade e democrática para todos os sujeitos do contexto escolar.

ALGUMAS PALAVRAS CONCLUSIVAS

A Educação (em Tempo) Integral propõe a ampliação do tempo de permanência dos estudantes na escola, visando à formação integral deles, implicando novas medidas que fundamentam suas propostas, com mais recursos humanos, mais professores, mais tempos e espaços, tempo para planejamento e, principalmente, a infraestrutura necessária.

Com isso, a aprendizagem se torna significativa para os estudantes, por meio de práticas pedagógicas diversificadas, com vivências e experiências distintas daquelas realizadas nas escolas de turno parcial, do mesmo modo que a autonomia dos estudantes seja aguçada no processo de ensino-aprendizagem. Para tanto, é importante ressaltar que os docentes reinventem suas práticas pedagógicas no objetivo de proporcionar a aprendizagem significativa e integral aos estudantes.

Em outras palavras, busca-se possibilitar articulações entre os conteúdos e as vivências, as experiências e o conhecimento, associados com as questões culturais e sociais, do contexto em que a escola faz parte, promovendo um caminho no qual os tempos e espaços se caracterizam num ambiente educacional satisfatório, na busca da formação integral. A educação integral necessita reafirmar o seu compromisso com a educação na sociedade, tendo um papel significativo e imprescindível na formação humana, que não se resume apenas na escola ou no tempo de permanência dos estudantes no ambiente escolar.

Diante disso, a ampliação do tempo, proposta pela educação integral, vem para reorganizar o currículo capaz de integrar os diversos campos de conhecimentos, dimensões e experiências de formação dos estudantes, na escola e fora dela, ou seja, na vida em sociedade, uma formação completa e integral.

No mesmo sentido, é necessário ressaltar aqui a importância das políticas públicas nesse processo de implementação da Educação (em Tempo) Integral nas escolas. Essas surgem para suprir as necessidades da sociedade, por meio de ações e/ou metas definidas pelas esferas públicas. Nesse sentido, as políticas públicas, abrangendo as ações fundamentais para atender às necessidades do contexto social, são possibilidades de ampliação do acesso e permanência na escola, proposta da educação integral, elevando, assim, os índices de qualidade educacional.

Portanto, para que a Educação (em Tempo) Integral alcance seus objetivos, são necessárias diversas reinvenções na escola: docentes, tempos e espaços, currículo, infraestrutura, entre outras demandas. Assim, o desenvolvimento crítico dos estudantes é aperfeiçoado com práticas pedagógicas baseadas no compartilhamento de ideias, na construção no coletivo, no senso crítico, que visem à formação integral, junto da reinvenção da docência.

REFERÊNCIAS

ARROYO, Miguel Gonzalez. O direito a tempos-espaços de um justo e digno viver. *In:* MOLL, Jaqueline (org.). **Caminhos da educação integral no Brasil**: direito a outros tempos educativos. Porto Alegre: Penso, 2012. p. 33-45.

AVELAR, Antonio Carrillo; SANTOS, Neide Elisa Portes dos; CUSATI, Iracema Campos. Cidades Educacionais, territórios educacionais e desenvolvimento profissional docente: entre prescrições e singularidades. **Revista Intersaberes**, [*S. l.*], v. 16, n. 39, p. 1115-1134, 2021.

BRASIL. **Lei n.º 9.394, de 20 de dezembro de 1996.** Estabelece as diretrizes e bases da educação nacional. Brasília, DF: 1996. Disponível em: http://www.planalto.gov.br/ccivil_03/leis/l9394.htm. Acesso em: 6 fev. 2022.

BRASIL. Ministério da Educação. **Educação Integral:** texto referência para o debate nacional. Brasília: Ministério da Educação, 2009. Disponível em: http://portal.mec.gov.br/dmdocuments/cadfinal_educ_integral.pdf. Acesso em: 6 dez. 2022.

CAVALIERE, Ana Maria. Escolas de tempo integral versus alunos em tempo integral. **Em Aberto,** Brasília, v. 22, n. 80, p. 51-63, abr. 2009.

DRABACH, Nadia Pedrotti. A Trajetória Da Administração Da Educação Pública do Brasil e a Construção da Democracia. **Revista HISTEDBR On-line,** Campinas, n. 51, p. 42-53, jun. 2013.

FREIRE, Paulo. **Pedagogia da autonomia:** saberes necessários à prática educativa. São Paulo: Paz e Terra, 1996.

MOLL, Jaqueline. **Caminhos da Educação Integral no Brasil:** direitos a outros tempos e espaços educativos. Porto Alegre: Penso, 2012.

MORALES, Alicia Rivera. Proposta de Treinamento de Professores Interculturais. **Editora Unijuí,** ano 37, n. 116, p. 183-197, jan./abr. 2022.

MORAZ, Ana; FERNANDES, Preciosa; MORGADO, José Carlos. Contextualizar o currículo para melhorar a aprendizagem dos alunos. XI CONGRESSO DA SOCIEDADE PORTUGUESA DA CIÊNCIA DA EDUCAÇÃO, 11., 30 de junho a 2 de julho de 2011, Instituto Politécnico da Guarda. **Anais** [...]. Guarda, Portugal, 2011.

NÓVOA, António. Conhecimento profissional docente e formação de professores. **Revista Brasileira de Educação,** [*S. l.*], v. 27, p. e270129, 2022.

OLIVEIRA, Dalila Andrade. Os docentes no Plano Nacional de Educação: entre a valorização e a desprofissionalização. **Revista Retratos da Escola**, Brasília, v. 8, n. 15, p. 447-461, jul./dez. 2014.

SHIROMA, Eneida Oto; MORAES, Maria Célia.; EVANGELISTA, Olinda. **Política Educacional**. 2. ed. Rio de Janeiro: DP&A, 2002.

O REINVENTAR DA DOCÊNCIA: UMA CIRANDA EDUCATIVA

Giana Weber de Oliveira

INTRODUÇÃO

A transformação da docência começa por aqueles profissionais que são essência nas instituições de ensino, sejam elas públicas ou privadas, que carregam consigo a práxis pedagógica dos saberes educativos; docentes realmente capazes de solucionar os problemas dos diferentes contextos sociais, de esclarecer as situações adversas polarizadas pela demanda da sociedade; um sujeito que recebe em sua sala de aula múltiplas informações as quais precisa mediar, acolher e ensinar por meio dessas trocas.

Então, é nesse cirandar que refletirei esse professor que vive a fragmentação da docência na sociedade e que precisa fortalecer-se sempre que necessário para assumir com virtudes sua ação educativa. Ao papel docente compete o desenvolvimento de competências e saberes, ou seja, a arte de aprimorar habilidades em sua sala de aula.

Nesta perspectiva, Nóvoa (2022b, p. 9) destaca que o trabalho pedagógico é definido pela imprevisibilidade, pela capacidade de os professores darem respostas e tomarem decisões a cada nova situação. Assim, as oportunidades são vivenciadas e desenvolvidas na singularidade pedagógica do docente.

Nesse sentido, os objetivos se destacam no propósito de repensar o papel da docência frente às inúmeras mazelas que assombram o processo de ensino e apontar possibilidades de superação da docência, considerando as adversidades geradas pelas complexidades do cenário atual, pós-pandêmico, além de aprofundar os estudos bibliográficos.

Entendo que o contexto pandêmico trouxe consigo dificuldades, problemas e algumas soluções buscadas há certo tempo, mas não instituídas pelas redes de ensino até então. No cenário educativo, as incógnitas de reinventar a docência são persistentes, eloquentes e históricas. No entanto, muitas problemáticas serão gestadas com o tempo e por meio de processos formativos, suportes tecnológicos e compartilhamento de saberes em rede.

Nóvoa (2022b, p. 7) descreve que a educação é o contrário da "separação", é a "junção" de pessoas diferentes num mesmo espaço, é a capacidade de trabalharmos em conjunto. Não podemos arrefecer nessa missão que necessita de empoderamento e cirandas ecléticas, ou seja, diferentes embalos e possibilidades de conduzir o legado de promover a diferença na sociedade, num "pensar fora da caixa". Desse modo, pensando na educação do século XXI e do futuro, surge para mim a seguinte problemática: como reinventar a docência frente às adversidades atuais?

Eis, então, a interpelação que todos precisamos desvendar para compreender os passos da ciranda educativa. Assim, apresento uma proposta de estudo a qual conduz a reflexões e à construção de novos saberes, decerto proporcionando a necessidade da mudança docente, além de uma intencionalidade pedagógica que valorize a criação de novos ambientes educativos.

A DOCÊNCIA NO ATUAL CONTEXTO EDUCATIVO

Entendo que inúmeros são os recursos educativos disponibilizados à docência para aproximar o estudante, contextualizar e compreender as habilidades necessárias à sua práxis educativa, embora nem sempre todos disponíveis a todos, mas gestados pelo professor de maneira muito criativa e dinâmica quando não os tem em sala de aula, a fim de que sejam estabelecidos o significado e o sentido do que se aprende. Sabemos que outras ferramentas contribuem e possibilitam a diversidade na aprendizagem: a inteligência artificial, as metodologias ativas, as plataformas pedagógicas. Contudo, é importante destacar que essa gama de possibilidades não substitui as orientações e mediações singularizadas da presença do professor.

Nesse cenário de docência, o professor precisa, muitas vezes, redimensionar sua aula, reconfigurar sua proposta para atingir lacunas e competências que nem sempre são alcançadas por todos ao mesmo momento. Observo que a habilidade pedagógica do professor gera a necessidade de retomar e fazer sentido o saber em questão, aproximando vivências, oportunidades e compartilhamentos. Essa performance do professor na expansão das inter-relações em rede leva à representação dele; ele é o agente para promover o processo educativo na sala de aula ou em outro espaço. Nessa intenção, Josso (2002) coloca que pode gerar um ato negativo, como o da não aprendizagem. A autora explica, que:

> [...] é pois por meio do trabalho sobre os processos de aprendizagem que se estabelecem as condições de possibilidade de uma emergência do sujeito co-responsável pela sua formação, concebido como um sistema de interações (Josso, 2002, p. 82).

Nessa perspectiva de dimensões, a docência é administrada, interpelada todos os dias em todos os lugares, um aprender de emoções heterogêneas que se confundem e se somam em algum momento em circunstâncias nem sempre positivas à vida e aos alunos. Aqui faço uma ressalva ao contexto pandêmico, que foi um período de muitas dificuldades, tanto tecnológicas para acompanhar as aulas nos seus diferentes segmentos, quanto socioeconômicas e, principalmente, emocionais para professores e alunos.

É importante pontuarmos que as universidades propõem uma formação carregada de intencionalidade pedagógica, um fazer pedagógico com sentido, com intenção de ressignificação, que propicie aos alunos investigações transdisciplinares. Por isso, os currículos universitários esboçam em suas matrizes uma série de detalhamentos relevantes que precisam ser incorporados e vivenciados à formação.

Simultaneamente ao fazer pedagógico vivenciado em sala de aula, observamos as estatísticas mundiais dos diferentes segmentos de ensino sobre mazelas somatizadas pelos reflexos pandêmicos, que são dificuldades instauradas, muitas vezes, antes mesmo da pandemia; desafios profissionais que são como trilhas possibilitando, em algumas direções, um sofrimento ao docente.

Esse mal-estar pedagógico contraído na e/ou antes da pandemia pode ser, muitas vezes, evitado com a estratégia do *feedback*, conforme a pesquisadora Ana Mouraz, da Universidade Aberta de Portugal, comentou no encontro mensal realizado no mês de janeiro durante o seminário "Reinventar a docência nas redes de conhecimentos", destacando o *feedback* como estratégia de melhoria das práticas pedagógicas. Penso ser um excelente dispositivo, pois promove a inovação, uma nova qualificação e, principalmente, a oportunidade de abrir novas perspectivas ou novos enquadramentos durante o processo. Essa contribuição evitaria o que Saúl Contreras, da Universidade de Santiago do Chile, no encontro virtual em dezembro de 2022, salientou como "[...] problema da formação de professores a falta de coerência e integração entre as disciplinas do currículo e entre os cursos e as práticas na escola".

Assim, retomo uma das grandes aprendizagens deixadas por Paulo Freire quando mencionava que o conhecimento deve estar comprometido com a pessoa e que devemos ver sentido no fazer pedagógico. Encontrar percursos formativos que propiciem o pensar "fora da caixa" e uma trilha segura e compartilhada em rede é o que muitos docentes necessitam para desempenhar com maestria sua missão educativa. Como sabemos, a docência precede coerência com o saber, pressupõe a experiência de propostas educativas, o reinventar de problemáticas e ações engajadas em oportunidades de aprendizagem.

Para que haja uma transformação da educação, é necessária a presença da diversidade de dinâmicas diferentes, principalmente, o compartilhamento de experiências entre os professores, o fazer diferente vivenciado em sala de aula. Como Josso (2002, p. 241) descreve: "[...] aprender não é apenas aprender isto ou aquilo; e descobrir novos meios de pensar e de fazer diferente; é partir à procura do que poderá ser este 'diferente'". O que a autora nos coloca é a possibilidade de repensarmos nossa prática e, por meio dela, identificarmos situações que podem ser significativas ao contexto do aluno.

É necessário que o professor reconheça na essência da palavra docência o que representa para a sociedade e para os tantos estudantes que aguardam seus mestres em sala de aula, com atenção e admiração pelos ensinamentos diários.

O REINVENTAR DO PAPEL DOCENTE

Observo, nos diferentes meios de comunicação, que as falas sobre educação nem sempre são prerrogativas de discurso máximo por quem deveria enaltecer o papel educativo, sempre que necessário e se possível. A educação precisa ser repensada e gestada com seus pares, a fim de que seja profícua e de qualidade, uma construção com sentido baseada numa proposta de formação colaborativa. Essa intenção de repensar a docência e, assim, potencializar a capacidade de produzir conhecimento e propiciar trabalhos em grupo com novos suportes teóricos metodológicos são considerações realizadas por Antônio Carrillo Avelar (2023), da Universidade do México, no encontro também realizado em dezembro. Nesse sentido, há uma necessidade grande de repensarmos o papel docente, qual é o lugar pedagógico e quais situações desgastantes vive esse profissional do saber caracterizado para fazer a diferença na sociedade.

Faz-se importante repensar políticas públicas e, sobretudo, o papel da docência no exercício da prática pedagógica, a inserção de movimentos que sejam efetivos e experienciados com sentido para seus protagonistas. O reinventar docente se faz necessário sempre que dimensões pedagógicas não sejam respeitadas nem valorizadas. A docência se constrói em relações marcadas na presença com o outro, nas experiências e nos desacertos. Charlot (2000, p. 79) comenta que

> [...] analisar a relação com o saber é estudar o sujeito confrontado à obrigação de aprender, em um mundo que ele partilha com outros: a relação com o saber é relação com o mundo, relação consigo mesmo, relação com os outros.

Acredito que a prática pedagógica deve ser vivenciada na compreensão dos imaginários representativos da sala de aula, no ouvir os alunos e com eles repensar uma docência significativa, baseada na escuta e na imaginação que vai além das representações já instituídas e conhecidas. É preciso promover espaços de diálogos dentro ou fora das salas de aula, momentos que os protagonistas do cenário educativo possam construir em colaboração de aprendizagens baseadas nos interesses e nas escutas dos envolvidos, com sentido e significados.

O IMAGINÁRIO SOCIAL DOCENTE

Necessário, sempre, discutirmos sobre o campo do imaginário social, uma vez que é a essência para o docente que reinventa seu processo educativo e que possibilita outras formas de produção, sentidos e olhares para a aprendizagem.

Aqui destaco Castoriadis (1982, p. 159), que trata da atividade consciente de institucionalização, mencionando que:

> [...] as instituições encontraram sua fonte no imaginário social. Este imaginário deve-se entrecruzar com o simbólico, do contrário a sociedade não teria podido "reunir-se", e com o econômico-funcional, do contrário ela não teria podido sobreviver.

Dessa maneira, encontra-se sentido no desenvolvimento de experiências criativas, capazes de proporcionar investigações sensíveis na condução de pesquisas baseadas na busca da (des)construção de aprendizagens. O imaginário é um complexo de sentidos e sentimentos que são vivenciados, é campo fértil para desbravadores movidos por razões e desejos instituintes provocados por saberes e interferências do meio. O essencial da aprendizagem humana não concerne a um mundo próprio dado de uma vez por todas; remete a um mundo social histórico outro, a sociedades outras (Castoriadis, 1999). Entende-se que a docência está diretamente relacionada ao sentido de potencializar saberes e empirias na perspectiva da re(criação) humana.

A esse respeito, Oliveira (2014, p. 29) define muito bem quando descreve outras formas de viver o espaço educativo:

> [...] desperdiçamos o potencial imaginativo e a fantasia com os quais a criança e o jovem estão envolvidos. A preocupação da escola com o processo de disciplinarização do comportamento, das atividades mentais e corporais, empobrece o material que se apresenta propício para uma pedagogia da imaginação. O trabalho educativo que ambiciona o desenvolvimento da inteligência criativa promove o conto, a poesia, a história, a imagem cinematográfica, a imagem plástica, a música, a dança, o jogo, a peça teatral, diferentes manifestações propiciadoras de corporeidades singularmente criadoras. Precisamos de mais fabulação na escola.

Nessa perspectiva criativa, corrobora para um reinventar a docência um fluxo de ações que constitua o aprender e faça sentido para a aprendizagem; um docente capaz de gerir provocações, de cirandar os saberes à sua volta num movimento harmonioso, construtivo e reflexivo.

Em outro momento, Oliveira (2018, p. 385) faz a seguinte pergunta: "A vida vai nos levando e, às vezes, a gente para e se pergunta: Mas o que aprendi de essencial até agora?". Realmente, é essa indagação que o docente precisa realizar sempre que necessário para reafirmar sua práxis pedagógica.

O docente atuante responde pelo desenvolvimento das habilidades de seus estudantes, por meio de estímulos e vivências diversas. Sabe interpretar signos e significados pedagógicos capazes de redimensionar o percurso do ensino em consonância à aprendizagem de sentido, fazendo acontecer o pensamento "fora da caixa".

Tomamos como pressupostos a teoria sociocultural de Vygotsky a respeito das interações que o indivíduo precisa exercer para que consiga compreender. Ou seja, a construção do conhecimento acontece no contato com outras pessoas, nesse caso em especial, com a presença do docente. Então, Oliveira (1997, p. 63):

> [...] destaca que embora Vygotsky enfatize o papel da intervenção no desenvolvimento, seu objetivo é trabalhar com a importância do meio cultural e das relações entre indivíduos na definição de um percurso de desenvolvimento da pessoa humana, e não propor uma pedagogia diretiva, autoritária.

O docente é capaz de estabelecer relações entre seus alunos a ponto de transformar aspectos inerentes à sua constituição de ser, transformando cenários e promovendo transformações. Isso significa que o docente é figura central no processo de aprendizagem, pois está exercendo a intermediação entre os saberes.

Hengemühle (2007, p. 62) diz que aprender um conhecimento útil e se dar conta de que, com esse conhecimento, podemos compreender melhor a vida e contribuir para a solução dos problemas do mundo são, com certeza, um provocador de desejo no aluno. O autor reforça a importância de o professor desenvolver a teoria e a prática simultaneamente, pois são saberes imbricados e responsáveis pela aprendizagem. O docente precisa atuar no imaginário do aluno, para inferir provocações propositivas às suas necessidades e competências e propositar análises de suas experiências baseadas nas suas vivências educativas.

Ferry (1990, p. 79) descreve que "[...] un modelo centrado en las adquisiciones implica una concepción de la relación teoría-práctica donde la práctica es una aplicación de la teoria" (ilustrada con el término "clases de aplicación")[20]. Nesse sentido, discutimos a docência no seminário "Reinventar a docência como uma possibilidade de reflexão para o processo de aprendizagem".

CONCLUSÃO

A proposta do ensaio apresentada por meio de alguns subtítulos problematizou a indagação inicial da introdução, procurando refletir possibilidades de reinventar a docência na ciranda educativa, ou seja,

---

[20] [...] um modelo centrado nas aquisições implica uma concepção da relação teoria-prática em que a prática é uma aplicação da teoria (ilustrada com o termo "aulas de aplicação") (Tradução nossa)

contextuar situações pertinentes aos cenários institucionais no que tange ao desempenho e processo educativo. Assim, é possível aproveitar possibilidades institucionalizadas na vivência escolar e transformá-las em significados reflexivos e propositivos aos alunos, resgatar junto aos alunos essencialidades para uma prática e pesquisa com intencionalidade e performance pedagógica condizentes à docência.

O reinventar da docência é perspectiva de reflexão e qualificação para superação das adversidades vivenciadas por algumas instituições e/ou docentes que permanecem na obscuridade de não reconhecer seu papel no campo educacional. Há necessidade de um paradoxo: quando, há quase 100 anos, a Escola Nova falava em personalização do ensino, diferenciação do saber para diferentes abordagens pedagógicas, havia preocupação com as fases de aprendizagens. Ainda hoje na docência, sofremos as dificuldades geradas por muitas décadas no cenário educativo, desigualdades que desnivelam os saberes e enfraquecem as oportunidades para muitos.

Entendo que a docência deve ser vista por um novo ângulo, deve ser concebida como um sistema, ou melhor, deve ser repensada por meio de uma grande rede, em que todos são envolvidos e corresponsáveis pelas atuações, implantações e avaliações do processo educativo; uma verdadeira ação compartilhada de saberes e vivências, de oportunidades de imaginários sociais ativos e perseverantes que caracterizam a produção de conhecimento.

Nessa perspectiva, o reinventar da docência precisa ser gestado em todos os contextos que promovem a educação, que definem normativas e critérios de aprendizagem, com propostas formadoras, propulsoras de transformação e fomentos educacionais.

O seminário "Reinventar a docência nas redes de conhecimentos" possibilitou aprender e refletir, sob outros aspectos, o papel da docência, uma vez que cada professor convidado apresentou, na sua visão, baseado em suas pesquisas, seu pensar pedagógico, sob a ótica de seus estudos e aperfeiçoamentos. Foram excelentes oportunidades de trocas de saberes e aprendizagens compartilhadas.

Assim, oportunizou momentos significativos para o repensar da docência, além de apontar possibilidades de superação e aprendizagens, como comentou Maria Del Carmen no mês de novembro de 2022, sobre os objetivos do artigo: Diez factores para una educación de calidad para todos en el siglo XXI. Esta reflexão foi baseada em seis tendências e 10 fatores

DOCÊNCIA(S) NAS REDES DE CONHECIMENTOS: REINVENÇÕES EM CONTEXTOS EMERGENTES

para a educação de qualidade para todos no século XXI, uma preocupação global com a educação, com os alunos e, sobretudo, com os docentes.

REFERÊNCIAS

CASTORIADIS, Cornelius. **A instituição imaginária da sociedade.** 2.ed. Rio de Janeiro: Paz e Terra, 1982.

CASTORIADIS, Cornelius. **Feito e a ser feito:** as encruzilhadas do labirinto. Rio de Janeiro: Editora DP&A, 1999.

CHARLOT, Bernard. **Da relação com o saber:** elementos para uma teoria. Porto Alegre: Artmed, 2000.

FERRY, Gilles. **El trayecto de la formación Los enseñantes entre la teoría y la práctica.** [*S. l.*]: Editorial Paidós, 1990.

HENGEMÜHLE, Adelar. **Formação de professores:** da função de ensino ao resgate da educação. Petrópolis, RJ: Vozes, 2007.

JOSSO, Christine. **Experiências de vida e formação.** Rio de Janeiro: Educa, 2002.

NÓVOA, António. Conhecimento profissional docente e formação de professores. **Revista Brasileira de Educação,** Lisboa, v. 27, p. e270129, 2022a.

NÓVOA, António. **Escolas e professores proteger, transformar, valorizar.** Salvador: SEC/IAT, 2022b.

OLIVEIRA, Marta Kohl. **Vygotsky. Aprendizado e desenvolvimento:** um processo sócio-histórico. São Paulo: Scipione, 1997.

OLIVEIRA, Valeska Fortes de. Imaginário, cotidiano e educação: por uma ética do instante. **Cadernos de Educação da UFPel,** Pelotas, n. 48, p. 18-31, maio/ ago. 2014.

OLIVEIRA, Valeska Fortes de. O campo autobiográfico e outras aventuras pelo imaginário. *In:* ABRAHÃO, Maria Helena Menna Barreto *et al.* **A nova aventura (auto)biográfica:** tomo III. Porto Alegre: EDIPUCRS, 2018. p. 387-410.

CINEMA E EDUCAÇÃO: QUE LUGAR É ESSE?

Adriana Gonçalves Ferreira

INTRODUÇÃO

Que lugar é esse, cinema e educação? Um lugar que fala sobre aprender a ensinar, se fazer docente por meio de um trajeto que implica reconhecer-se, inventar-se e reinventar-se como docente por meio da linguagem audiovisual. Este ensaio lança olhares sobre o trajeto de formação docente. Não utilizo a palavra trajetória, e, sim, trajeto, pois se fundamenta no conceito de Souto (2005), a partir de discussões ocorridas no Seminário de Formação de Professores do Programa de Pós-Graduação em Educação da UFSM. Justifico que trajetória significa algo que já se viveu até o momento e que traz a conotação de encerramento na docência, e trajeto é algo que caminha em constante desenvolvimento, implicando o que pode vir a ser transformar-se.

Por meio do letramento audiovisual e do cinema como dispositivo, podemos produzir saberes em conjunto, em ambientes de educação; ser afetado e afetar-se por tal linguagem, utilizando-a como dispositivo para ensinar e aprender. Assim percebo o cinema e a linguagem audiovisual no trajeto da caminhada de se tornar ou se transformar em professora. Os olhares consistem em se reconhecer no lugar de docente. Autores como Cézar Migliorin e Isaac Pipano embasam minhas experiências pedagógicas por meio das vivências no projeto *Inventar com a Diferença*, o qual me despertou para ser educadora audiovisual.

Já autores como Marie Christine Josso sueam a formação, a construção do ser professor que habita em mim e as relações estabelecidas com outros professores e alunos, por meio dos fazeres do audiovisual na educação, como algo que nomeio como "ecossistema de formação", para compreender esse ambiente de troca de saberes e de escuta.

Também apresento o exemplo de uma produção audiovisual, categoria videoclipe, que é parte do resultado do processo das práticas de formação com professores e jovens, neste caso, o *Rap do Km21*. Este produto audiovisual traz o exercício de práticas da linguagem audiovisual com educadores e jovens em situação de vulnerabilidade social. Exemplifico esse resultado para compreender e buscar constatar o que denomino ser esse ecossistema de formação em audiovisual.

CINEMA E EDUCAÇÃO, CAMINHOS E ENCONTROS

O tema cinema está entrelaçado com o universo presente nas expectativas do tema educação. Cineastas como Jean-Luc Godard, apresentado em Coutinho e Soutto (2013), traz um aporte para a formação humana e para a educação. Ao analisar o sensível olhar do cineasta, os autores propõem aos espectadores aspectos gerais e específicos dos processos de construção da linguagem cinematográfica de Godard e essa conversação com a educação, revelando a perspectiva evidente do desejo pedagógico de Godard: ensinar o próprio processo de aprendizado.

Sob outro aspecto, propor metodologias de ensino que venham romper métodos tradicionais é provocador, por exemplo as temáticas das produções do Grupo de Pesquisas em Educação e Imaginário Social (Gepeis), por meio da formação inicial e continuada de professores. Foi dentro do Gepeis que me encontrei e passei, de fato, a me reconhecer como docente, educadora do audiovisual. Minha linha de pesquisa do programa de pós-graduação em educação acolhe, na linha Docência, saberes e desenvolvimento profissional as seguintes temáticas de pesquisa: Imaginários, cinemas e formação docente, sob a orientação da Prof.ª Valeska Fortes de Oliveira.

RECONHECER-SE EDUCADOR

Ao pensar sobre probabilidades de aprender a ensinar, utilizando elementos da linguagem audiovisual, lanço olhares sobre meu trajeto formativo do imaginário docente em sala de aula (presencial ou virtual), por meio do letramento dessa linguagem, mediante o processo de fazer filmes ou pequenos vídeos.

Em 2010, em espaço informal de educação, aprendi com a produção de um videoclipe, em um projeto social de prevenção à violência na OSCIP Guayí. Aprendi a ensinar, tendo como referência a produção audiovisual com jovens egressos do sistema prisional e da Fase. A mim coube a tarefa de formação em cidadania e direitos humanos, como educadora popular, trazendo minhas experiências na comunicação e dividindo com o grupo.

Como trabalhar com o desafio da formação em cidadania e direitos humanos com um grupo de jovens, entre os quais vários não tinham documento de identidade, nem sequer certidão de nascimento? Resolvi utilizar o audiovisual como dispositivo, inicialmente preocupada em evitar a evasão do curso e pensando que havia, entre a maioria, rappers e pagodeiros, expressões culturais cotidianas da cultura periférica. Percebi que um videoclipe poderia manter a atenção do grupo.

Então, provoquei-os com os seguintes temas: Quem sou eu? Como é o lugar onde vivo? Como me sinto? De onde vem esse sentir-se de tal maneira e por quê? Como me vejo em ou na sociedade?

A partir da linguagem artística musical do rap e do pagode, as quais o grupo se identificava, criamos a letra do rap entre o grupo, construímos uma narrativa e letra do videoclipe. Então o entender-se como cidadão no mundo, dito pelo próprio grupo e de forma "cantada", foi se desenvolvendo.

O entusiasmo e a realização do Rap do Km21 deram-se motivados pelo poder das imagens e do som, pela possibilidade de fazer o videoclipe. Filmamos nos bairros, os corpos ocuparam as ruas com dança, câmeras, microfones. Gravamos a música em um estúdio. Muitos nunca haviam entrado num estúdio de gravação e puderam gravar suas letras. Foi a minha primeira oportunidade de aprender a ensinar por meio do audiovisual. Aprendi a ensinar levada pelo audiovisual.

O Rap do Km21 me levou a ser selecionada no projeto "Inventar com a Diferença" da UFF (Universidade Federal Fluminense), em parceria com a FLACSO (Universidade Latino-Americana de Ciências Sociais), onde recebi a formação em cinema, educação e direitos humanos.

Foi uma nova experiência, que passou do espaço informal para o formal de educação: escolas públicas de ensino fundamental e médio. Ali produzimos inúmeros curtas, construídos com olhares lançados à literatura, geografia, história, dependendo do professor parceiro e do componente curricular, mas também houve curtas em que não abordamos conteúdos curriculares. Vieram à tona temas como memória, cultura, costumes, patrimônio. Todos estão disponíveis no site do "Ponto de Cultura Pampa Sem Fronteiras", na aba cinema e educação.

Desde então, meu trajeto no imaginário docente foi se desenvolvendo paralelamente aos conceitos multidisciplinares de educar, percebendo que, dentro de um mesmo contexto, os filmes resultavam em conhecimentos diversificados. Considerando minha graduação em Comunicação Social, direcionei o trabalho para área audiovisual desde o início. Durante a especialização lato sensu em Comunicação e Educação e Suas Interfaces, um trabalho importante foi a gravação musical de um rap intitulado "Rap da pós-modernidade", entre mim e colegas, e no mestrado em Patrimônio Cultural, o produto foi o longa-metragem documental "Vila Santa Thereza", resultado de um processo de educação patrimonial. Assim, o universo audiovisual atravessa minha vida profissional ligada à educação.

Ao refletir sobre a formação que tive a oportunidade de participar na UFF, a formação em que posteriormente sistematizei junto a professores de 10 escolas, compartilhando saberes e práticas. O conteúdo desse ensaio dialoga com Nóvoa:

> A passagem de uma identidade individual a uma constituição coletiva é essencial para a emergência de um conhecimento profissional docente. É indispensável valorizar os diálogos e encontros profissionais e os dispositivos que permitem a cooperação e a colaboração; ou, dito de outro modo, que permitem um trabalho de reflexão, de partilha e de análise, no seio de "comunidades de conhecimento" organizada por professores (Nóvoa, 2022, p. 10).

EDUCAÇÃO AUDIOVISUAL

Todavia, percebi o cinema como dispositivo no universo da educação. Os anos que se sucederam desde o experimento do videoclipe com jovens em situação de vulnerabilidade em 2010, as escolas por onde passei formando professores e tornando-me professora por meio da linguagem audiovisual, entre 2014 e 2019, compõem meu trajeto. Naturalmente, permaneci neste lugar: o lugar cinema e educação. É um lugar de troca, de criação, que não estabelece limites, pois se letrar na linguagem audiovisual é algo que transcende olhares, exercícios, leituras de imagens, filmar o outro, filmar-se, perceber, transver, brincar, colocar-se no lugar do outro, ver um filme, fazer um filme, apenas um plano, fazer de conta que é cinema, inspirar-se nele. É quando o cinema causa, afeta, transcende, ensina, aprende, faz pensar no existir e olhar o mundo ao redor.

A quebra de paradigmas foi importante para perceber que educar pode ser algo incessante, e isso pode despontar aberturas para romper com a educação tradicional. Apesar de ser assunto tão discutido na atualidade, continuamos com o modelo tradicional: sala de aula, quadro, alunos enfileirados um atrás do outro, professor fala, turma escuta. Não funciona mais, a escola precisa respirar. Talvez olhares de docentes estrangeiros e processos de interdisciplinaridade, aqueles que advêm de outras áreas, possam contribuir para avanços tão almejados.

QUEM É O PROFESSOR?

É necessário que o docente do século XXI reinvente-se, torne-se e transforme-se frente ao modelo de sistema escolar obsoleto e, ao mesmo tempo, atravessado por mudanças tecnológicas emergentes.

O audiovisual é a expressão de linguagem contemporânea da sociedade em que vivemos. Não se pode deixar de citar a internet, pois, tratando-se de imagens e sons, a linguagem audiovisual é a que se expressa por meio de registros da subjetividade imagética, o que acontece em todos os lugares e tempos. E o espaço sala de aula? Como utiliza ou reage a essa realidade? Existe choque cultural etário entre professor e aluno? O que define um professor hoje?

Falo do lugar de docente que vem da comunicação, alguém que se torna docente, se reinventa como docente. Percebi que, para ensinar, teria de me comunicar, me fazer entender, assim aprendi. Reconheço-me como docente a partir das experiências e do trajeto formativo que percorro. Segundo Josso (2010a), percorrer caminhos das memórias é imprescindível para perceber as experiências que vivi, as quais rememoro, como o teatrinho de sombras na casa da vizinha quando bem pequena, as revistas de quadrinhos da Luluzinha, da Turma da Mônica e da Disney, as fotonovelas da revista *Manchete*.

As lembranças do primeiro impacto de ir ao cinema com 4 anos e assistir a *Marcelino Pão e Vinho* e *Superman*, depois, os filmes dos Trapalhões, os filmes de Alfred Hitchcock que passavam depois do Fantástico e os filmes do Charlie Chaplin na TVE durante as tardes são um conjunto de memórias que compõem as raízes do interesse pela linguagem audiovisual.

Recordo com sensibilidade e afeto os meus primeiros anos escolares, a admiração por algumas professoras inesquecíveis as quais me supriram de carinho, que, por alguma razão, me foram raros na infância. Por essas memórias, também associo a busca da realização em me tornar docente. Segundo Josso (2010a, p. 116):

> O que caracteriza essencialmente as posições existenciais de vida, estando todas elas misturadas, é a procura da felicidade. As narrativas de vida contam itinerários ao longo dos quais os autores qualificam as suas experiências de vida classificando-as, quer em períodos felizes, quer em períodos psíquica ou fisicamente dolorosos.

Crio o conceito que parte do termo *ecossistema de formação*, no qual entendo estarem imbuídos os seguintes elementos: instituição que é o ambiente escolar, professores, alunos, sociedade, dispositivo e o estrangeiro, que é o professor que não vem da área da educação, onde me coloco – o dispositivo e o estrangeiro juntos em um só. Porém, todos são atravessados pelo dispositivo, no caso, o cinema e a linguagem audiovisual, e como comparado ao que seria uma cadeia alimentar na biologia, onde seres vivos interagem entre si, transferindo matéria e energia por meio de nutrição.

Há um círculo de troca incessante, o que chamo de ecossistema de formação docente. Esse círculo consiste na transmissão do conhecimento suprida por aprendizagens, criação e produção; e a organização de pensamentos e memórias transformadas em comunicação seria a organização de uma aula. Trata-se de um processo orgânico, natural, que pode organizar-se e reorganizar-se a todo momento, não tendo a obrigação de ser preestabelecido e podendo depender das relações entre os seres vivos em comunidade. Desta forma, a transformação em novas práticas que se alteram em reinvenção para ensinar é resultado das trocas nas relações entre os elementos; tudo isso retroalimentado no ecossistema convergente de troca de saberes e fazeres, elementos envolvidos no ecossistema.

O referido ecossistema é viável a partir dos desafios da sobrevivência docente. Passei de pequenos encontros em escolas onde aplicava a pedagogia do inventar, a aceitar a ministrar encontros sobre cinema e patrimônio, cinema e fronteira, cinema e sociedade, cinema e geografias, cinema e transleituras em línguas adicionais, e o que mais me for ou fosse proposto. Do ensino básico à graduação e à pós-graduação, fui aceitando os convites e descobrindo novas oportunidades que implica reinventar o conteúdo e as práticas, sempre tendo o cinema como dispositivo, afetando a mim mesma, afetando outros e sendo afetada por outros.

Esse ecossistema de formação implica transformação constante e a adaptação aos elementos que se encontram nos variados ambientes de ensino.

CONCLUSÃO

Ensinar e educar é aventurar-se em aprendizagem contínua estando receptiva a trocas e escutas. Tornei-me docente. Venho da comunicação e aceitei o desafio de ensinar. Aprendi e sigo aprendendo com cinema. E tal constatação se dá ao observar meu trajeto, aquele que percorri, o que percorro e o que virei a percorrer. Para tanto, é necessário ter observação constante.

O projeto "Inventar com a Diferença" da UFF foi fundamental para a construção do meu ser docente. Foi uma experimentação para ativar o desafio de viver outras.

Cinema e educação é meu lugar de fala, é de onde falo a partir de um trajeto percorrido. Reconheço esse lugar como de aprender a ensinar, e vice-versa.

Considero que abrir a discussão e reflexão sobre o perfil dos professores que vêm da comunicação é importante para considerar inovações pedagógicas do campo da educação e multidisciplinaridade, assim como a valorização do cinema da educação, desde que não compreendido com mero entretenimento.

Para se trabalhar cinema e educação, há que se deslocar da ideia do modelo docente que traz a aula pronta e protagoniza o ensino. Há que esperar momentos de troca durante os encontros no ambiente escolar, para que estudantes participem reciprocamente e construam saberes em coletividade. A linguagem do cinema na escola aciona com um protagonismo dos estudantes, tão necessário a uma pedagogia criativa, inventiva.

Finalizando, sem a intenção de encerrar a reflexão, no processo de constituição da docência, outra linguagem pode promover a reinvenção. É preciso repensar e levantar hipóteses sobre a aceitação de novas metodologias que envolvam práticas docentes com linguagem audiovisual e cinema nas escolas, nos cursos de formação de professores das instituições de ensino superior. Tais práticas são possíveis de ser aceitas no currículo?

REFERÊNCIAS

ALMEIDA, Maria do Carmo Souza de. **Prática educomunicativa com o cinema nas licenciaturas**. 2014. 189 p. Tese (Doutorado em Ciências da Comunicação) – Universidade de São Paulo, São Paulo, 2014.

ALVEZ, Dayane. Cinema e educação: projeto da UFF aproxima Brasil e América Latina. 2017. Disponível em: https://www.uff.br/?q=noticias/08-06-2017/cinema-e-educacao-projeto-da-uff-aproxima-brasil-e-america-latina. Acesso em: 15 jan. 2023.

BERGALA, Alain. **A hipótese-cinema. Pequeno tratado de transmissão do cinema dentro e fora da escola.** Rio de Janeiro: Booklink – Cineadlise-FE/UFRJ, 2008.

BRANCHER, Vantoir Roberto; OLIVEIRA, Valeska Fortes de. **Formação de Professores em Tempos de Incerteza Imaginários, narrativas e processos autoformadores.** Anhangabaú/Jundiaí: Editorial Paco, 2017.

COUTINHO, Alves Mário; SOUTTO, Ana Lúcia. **Godard e a educação.** Belo Horizonte: Autêntica Editora, 2013.

HATTIE, John; TIMPERLEY, Helen. The power of Feedback. **Review of Educational Research,** Universidade de Auckland, v. 77, n. 1, p. 81-112, mar. 2007. Disponível em: https://journals.sagepub.com/doi/abs/10.3102/003465430298487. Acesso em: 15 jan. 2023.

JOSSO, Marie-Christine. **Caminhar para si.** Porto Alegre: EdiPUCRS, 2010a.

JOSSO, Marie-Christine. **Experiências de Vida e Formação.** Rio Grande do Norte/São Paulo: EDUFRN/Paulus, 2010b.

MIGLIORIN, Cezar; PIPANO, Isaac; GARCIA, Luiz; NANCHERY, Clarissa; GUERREIRO, Alexandre; MARTINS, India Mara; BENEVIDES, Frederico; EGREJAS, Fabiana. **Cadernos do inventar:** cinema, educação e direitos humanos. Niterói: EDG, 2016.

NÓVOA, António. Conhecimento profissional docente e formação de professores. **Revista Brasileira de Educação,** v. 27, p. e270129. 2022. Disponível em: https://www.scielo.br/j/rbedu/a/TBsRtWkP7hx9ZZNWywbLjny/citation/. Acesso em: 15 jan. 2023.

SANT'ANNA, Armando. **Propaganda, teoria, técnica e prática.** São Paulo: Editora Pioneira, 1999.

SOUTO, Marta. **URI:** Grupos y dispositivos de formación. Buenos Aires: Editora Novedades Educativas, 2005.

VASCONCELLOS, Vanessa Alves Silveira.; OLIVEIRA, Valeska Fortes. Experiências estéticas na docência: o cinema como dispositivo formativo. **Linhas Críticas,** Brasília, v. 20, n. 42, p. 405-420, maio/ago. 2014. Disponível em: https://periodicos.unb.br/index.php/linhascriticas/article/view/4322. Acesso em: 15 jan. 2023.

ACOLHER PARA REINVENTAR A DOCÊNCIA: RECONHECENDO O ESTUDANTE ADULTO MADURO NA EPT

Suzel Lima da Silva

INTRODUÇÃO

Como profissional da área da saúde, espera-se que eu transmita determinados conhecimentos e técnicas aos estudantes, para que eles possam intervir futuramente no tratamento de agravos dos sujeitos acometidos por algum tipo de limitação. Enquanto docente e educadora na área da saúde, a tarefa se torna ainda mais trabalhosa, exigindo-me que esteja atualizada sobre processos, técnicas e recursos novos na área de cuidados aos sujeitos. Já como doutoranda em Educação, venho desenvolvendo expertise para a empatia com as singularidades dos estudantes, reinventando meu modo de ser docente, ou seja, desprendendo-me de currículos e ementas de disciplinas e sensibilizando-se com as histórias de vida dos estudantes como prática diária.

No entanto, como docente em um curso de nível pós-médio na Educação Profissional e Tecnológica (EPT) na área da saúde, passo a presenciar os desafios de uma sala de aula com estudantes de gerações variadas. Tal vivência me levou a refletir em como melhor conduzir as minhas práticas docentes no ambiente de ensino, onde há diferentes gerações compartilhando o mesmo espaço. Considerar as diferenças é necessário para a condução das práticas pedagógicas? Como receber e acolher este adulto maduro que está chegando ao ambiente de ensino? Nessa primeira questão problematizadora, trago as vivências junto a estudantes na categoria de "adulto maduro", de onde um novo desafio surgiu e me fez reinventar a docência, principalmente buscando estar afinada ao tempo presente dos alunos que convivi.

Para a determinação da expressão supracitada, levar-se-á em consideração a definição traçada por Silveira, Santos e Barin (2021, p. 104), a serem "[...] os sujeitos em fase de transição do adulto jovem para o de meia idade, que se estende dos 30 aos 59 anos", que se enquadra no grupo da vivência a ser retratada neste estudo. A singularidade de ser estudante nesse grupo etário "adulto maduro" agrega mais afetividade e maturidade emocional, porém também me revelou medos e angústias muito semelhantes a qualquer estudante, tendo relação direta com a retomada dos estudos após um tempo considerável de afastamento do ambiente de ensino.

Nesse limiar, venho discorrer como educadora, e não como professora, sobre as adaptações para as atividades de uma disciplina, inédita no curso, em uma turma multigeracional, após retorno do isolamento social advindo da pandemia Covid-19. Tal recorte se fez necessário para que possamos refletir sobre a necessidade do acolhimento em sala de aula para uma turma multigeracional na EPT. E, assim, levo-me a pensar sobre o quanto as relações docente-estudante podem contribuir para a aquisição de conhecimentos, considerando o amadurecimento dos estudantes ao elaborarmos o plano de ensino, bem como a saúde mental de todos os atores envolvidos no processo de ensino-aprendizagem.

A EXPERIÊNCIA DE ATUAR COM O PÚBLICO "ADULTO MADURO"

Quais estratégias seriam mais eficazes para que a aprendizagem fosse significativa ao público atendido? Como estratégia de reinvenção de ser docente, optei pelo uso de charges sobre temáticas variadas para a iniciação de todas as aulas. Os mais diversos temas foram propostos, dentre os quais destaco: cuidado ao idoso, cuidado de si, rede de apoio, ética profissional, dentre outros. Porém, a saúde mental, quando contemplada nas imagens, gerava gatilhos de extrema relevância para o cuidado dos estudantes. Relato aqui uma aula muito especial, em que trataremos sobre sinais de adoecimento mental no idoso. Então, foi quando me vi reinventando a aula, sem nenhum tipo de ferramenta tecnológica, e, sim, acolhendo atentamente as falas, que, por vezes, me assustaram e me colocaram a repensar o papel do professor e, então, me a ver educadora.

Nesse sentido, as aulas tiveram uma organização mensal, partindo de um momento pedagógico (primeiros 20 minutos), de onde se buscava as reflexões dos estudantes. Tive o cuidado de postar a charge no Moodle (Figura 1), bem como encaminhar em mensagem de WhatsApp no grupo da turma.

Figura 1 – Charge da aula em questão

Fonte: Blog Matéria Incógnita (2014)

Destaca-se que minha inserção em grupo de WhatsApp teve um pouco de resistência de minha parte, a partir de discursos sobre ultrapassagem de limites difundidos por alguns docentes. Porém me permite estar mais afinada aos estudantes, fazendo uso da ferramenta como auxílio para o acompanhamento dos casos que alguns deles já atendiam, bem como estabelecer uma comunicação mais efetiva.

AS RELAÇÕES DOS ESTUDANTES E AS RELAÇÕES COM A PRÁTICA DOCENTE

Ingenuamente, propus discutirmos na aula um dos adoecimentos mais comuns entre os idosos institucionalizados, que é a depressão, sem ter-me preparado o suficiente sobre a rede de apoio no encaminhamento de demandas que poderiam surgir após o tema, pois a ideia principal seria trabalhar a prática do cuidado ao idoso. Porém, sabiamente, como profissional da área da saúde, sei da minha expertise de entender o adoecimento mental como um conjunto de fatores de ordem social, cultural, emocional e física. Assim, pude retomar o uso da escuta qualificada e análise de riscos e agravos por meio de discursos em grupo.

O uso da charge teve por intenção aproximar os estudantes da realidade do tema a ser trabalhado em sala de aula, bem como estimular o raciocínio crítico quanto à agilidade de ações propositivas de qualificação do cuidado ao idoso. Cabe ainda destacar que o uso das charges permitiu uma aproximação entre docente e estudantes, por meio de uma linguagem mais informal no trabalho dos temas a serem desenvolvidos. Corrobora com essa questão Souza (2020), ao expressar que, para além do humor, o uso da charge surpreende os leitores por meio de introduções de assuntos de maneira interdisciplinar, realistas, proporcionando certa liberdade de construção de sentidos às problemáticas da sociedade, sendo o envelhecimento uma delas.

Assim, cito alguns recortes de relatos dos estudantes frente aos desafios emocionais do dia a dia: "[...] *profe, sabia que tentei suicídio na semana passada? Quem me salvou foi meu esposo, pois estava tentando me matar com um lenço e me pendurei no teto do meu quarto!*"; "[...] *eu também já tentei não viver mais, quando estava chegando às vias de fato, lembrei que tinha tudo, emprego, uma filha linda, na verdade só ia fazer minha família sofrer mais se eu partisse*"; "[...] *eu tenho depressão, mas demorei para perceber o meu adoecimento, foi na internet que comecei a perceber que não estava bem e encontrei um grupo de pessoas que me ajudou*". Também, colhi alguns relatos sobre a importância do tempo e espaço de acolhimento em sala de aula, nos relatos seguintes: "[...] *eu sempre gosto de falar sobre esse assunto nas aulas, acho que precisamos nos cuidar para cuidar de outras pessoas, inclusive entre nós, colegas*"; "[...] *eu tenho a impressão de que a depressão é uma doença que a gente nega até onde se possa suportar, pois se tem vergonha, as pessoas acham que é frescura*"; "[...] *onde posso encontrar apoio no colégio, estou precisando de ajuda!*". "*[...]profe, obrigada pela aula, é muito bom falar abertamente sobre esse assunto*".

REFLETINDO...

Ao rememorar esse momento, lembro-me das sensações de incapacidade por não me ter preparado melhor, mas também de satisfação, por permitir aos estudantes esse espaço de fala, de expor livremente sobre suas angústias e seus sentimentos. Nessa perspectiva, Ferigato, Teixeira e Fragelli (2020) discorrem que, após o isolamento, mudanças do espaço de ensino movimentaram novos processos de ensinar e promoção de uma aprendizagem dos alunos, buscando estabelecer a confiança na relação com a sociedade, a partir da promoção de ações de resistência e criação pautadas em práticas participativas, colaborativas, inclusivas e criadoras.

Assim, ao olharmos novamente para o público de estudantes adultos maduros, dentro do perfil de sujeitos deste estudo, o uso de charges teve resultados positivos para o processo de aprendizagem deles, principalmente pela linguagem próxima das realidades. Destaca-se que, em todas as aulas, o acolhimento ofertado para a expressão de sentimentos foi fundamental para o fortalecimento de vínculo, a assiduidade nas aulas, o comprometimento com as tarefas e o seguimento com a formação.

Nesse limiar, Moraes (2022, p. 86) nos traz a importância do acolhimento na EPT, como ferramenta do professor. A autora acrescenta que o docente normalmente não vê como seu papel a responsabilidade pela permanência do estudante na instituição, atribuindo a falta de interesse e motivação como sentimentos individuais do estudante. Tal apontamento se soma à ideia de Silva, Gregio e Agne (2016), quando falam que, ao usar do acolhimento em sala de aula, o professor qualifica as relações entre educadores e educandos, amplia a afetividade e partilha de projetos de vida, o que resulta no sentimento de pertencimento ao ambiente de aprendizagem.

Creio que a assertividade da ferramenta como disparador de ideias traz à docência a necessidade de considerar a perspectiva do estudante, compartilhando com ele o seu momento de exacerbação de emoções. Como doutoranda, vislumbro a profissão docente especialmente difícil, pois a tecnicidade, antes vista como única maneira de aprendizagem, vem perdendo espaço para uma proposta mais sensível no trato aos estudantes (Morales, 2022). Assim, reinventar-se nas questões pessoais é urgente!

De acordo com Medeiros (1998, p. 92), o professor deve sentar-se mais nas cadeiras escolares, nos bancos da escola, para aprender novamente a ser humilde, paciente e saber aguardar o tempo de amadurecimento e processamento do conhecimento. Deveria ser, antes de tudo, um educador, no sentido de fazer das ações em sala de aula processos de crescimentos, expressões e de transformações pessoais, ao invés de mera transmissão de conhecimentos. Ou seja, deveria ser um eterno aprendiz.

Relatar essa experiência dá-me a oportunidade de olhar ao público de estudantes adultos maduros e refletir sob a lógica do conhecimento científico inerente sobre ser docente, aproximando saberes e experiências pessoais. A proposta dialógica abarcada pela perspectiva de Paulo Freire coloca-se a superar o modelo mecanicista de educar. Dessa forma":

> [...] o educador já não é o que apenas educa, mas o que, enquanto educa, é educado, em diálogo com o educando que, ao ser educado, também educa. Ambos, assim, se tornam sujeitos do processo em que crescem juntos e em que os "argumentos de autoridade" já não valem (Freire, 2005, p. 78).

Considerando que o público adulto maduro está presente na EPT, para atender às expectativas desse perfil de estudante, cabe ao professor desenvolver cotidianamente a expertise para práticas pedagógicas inovadoras e acolhedoras (Avelar, 2021). Assim, a exemplo das metodologias ativas, a priorização da transmissão de conhecimentos propicia construir conhecimentos de maneira colaborativa, onde o docente é apenas o facilitador do processo de ensino e aprendizagem, sendo a figura do discente como centralidade das ações educativas (Diesel *et al.*, 2017).

Silva (2021) discorrem sobre a formação docente de profissionais da área da saúde, ainda muito tecnicista, a exemplo da terapia ocupacional. Revelam que é urgente modificar a ideia de que a formação inicial é suficiente para iniciar na carreira docente. Zabalza (2004) complementa que o professor precisa estar em constante formação, de maneira mais ampla, que envolva conhecimentos de didática, desenvolvimento pessoal, cultural, acadêmico e profissional, sensibilidade e empatia para melhor se relacionar com todos os atores do contexto de ensino, promovendo a ampliação de trocas de experiências.

PONDERAÇÕES FINAIS

Acredito que o partilhar de conhecimentos com o grupo de estudantes deste relato, a ser o adulto maduro, foi uma experiência singular dentro das minhas práticas docentes até então desenvolvidas. Tais vivências em que me coloquei a desacomodar os modelos tradicionais de ensino-aprendizagem na sala de aula desafiaram-me a elaborar e pensar em novas tecnologias e em novos rumos para uma mediação mais eficaz para com o público adulto maduro.

A particularidade de assumir uma turma de retomada das aulas presenciais, após um início de formação no modelo de aulas remotas, acabou sendo a grande inspiração para novas mudanças. Assim, os desafios foram ainda maiores, ao se considerar que tudo estava sendo novo de novo, a exemplo das instalações do colégio, das relações com os professores e colegas, enfim, uma nova rotina.

O compartilhar de ideias e conteúdos, a experimentação de uma nova metodologia e todos os saberes envolvidos acabaram sendo modificados no planejamento das aulas, a fim de melhor atender à especificidade do público, exigindo-me ser a cada dia mais criativa e ativa dentro da sala de aula. Além disso, foi meu papel docente valorizar as histórias dos sujeitos, para que eles se sentissem preparados para enfrentar a rotina, bem como os desafios diários do contexto de aprendizagem na EPT.

Observei que o ser aluno na fase de adulto maduro pode não modificar muito a maneira de ser estudante, pois as angústias e os medos ainda são muito semelhantes, porém, como destaque desse perfil de estudante, há uma afetividade e maturidade emocional, que define a escolha do curso, como fidedigno aos anseios expostos pela turma vivenciada. Destaca-se, por fim, que desenvolver a expertise da docência nos tempos atuais requer uma sensibilidade nunca tão necessária aos docentes. Para além da criatividade, o docente precisa ser humanizado.

Assim, deve-se preocupar cotidianamente com o processo de ensino e aprendizagem, capacidade de replanejamento das atividades a ser considerada a partir do grupo de estudantes com quem dialogar. Mas também cabe ao docente ser engajado, ter reciprocidade, reconhecer o aluno como sujeito e o contexto em que ele está inserido, considerados itens fundamentais.

Finalizo esta escrita reforçando que olhar para a formação de estudantes com idades mais avançadas na EPT é aceitar que a longevidade mudará o perfil dos estudantes nos ambientes de ensino, forçando o docente a se modificar. Para esta iniciante pesquisadora que sou, fica a crença de que reinventar a docência reforça o compromisso da educação, ou seja, um potencial inestimável de fazer o bem, independentemente da sua faixa etária, com o objetivo de contribuir para uma importante mudança e transformação social e para a realização pessoal e profissional de cada sujeito.

REFERÊNCIAS

AVELAR, Antonio Carrillo. La formación para la interculturalidad, a través del emprendimiento freiriano y el aprendizaje basado en tareas: una experiencia de aula. **Seminário Reinventar a Docência nas Redes de Conhecimentos**, 4ª Versão, Universidade Federal de Santa Maria [Live]. Santa Maria, 2021. Disponível em: https://drive.google.com/file/d/1X5b7wp111YLDjtektX1jmbvO0MvlSosS/view?usp=s Haring. Acesso em: 8 mar. 2024.

DIESEL, Aline *et al.* Os princípios das metodologias ativas de ensino: uma abordagem teórica. **Revista Thema**, v. 14, n. 1, p. 268-288, 2017. Disponível em: https://ediscipinas.usp.br/pluginfile.php/4650060/mod_resource/content/1/404-1658-1-PB%20%281%29.pdf. Acesso em: 2 ago. 2024.

FERIGATO, Sabrina Helena; TEIXEIRA, Ricardo Rodrigues; FRAGELLI, Maria Cláudia Bullio. Universidade e a Atividade Docente: Desafios em uma experiência pandêmica. **Revista Docência do Ensino Superior.** Belo Horizonte, v. 10, p. 1–17, 2020. DOI: 10.35699/2237-5864.2020.24738. Disponível em: https://periodicos.ufmg.br/index.php/rdes/article/view/24738. Acesso em: 2 ago. 2024.

FREIRE, Paulo. **Pedagogia do oprimido**. Rio de Janeiro: Paz e Terra, 2005.

MEDEIROS, Maria Heloisa da Rocha. A influência do professor-educador na formação do terapeuta ocupacional. **Cadernos Terapia Ocupacional UFSCar.** [*S. l.*], v. 7, n. 2, 2010. Disponível em: https://www.cadernosdeterapiaocupacional.ufscar.br/index.php/cadernos/article/view/257. Acesso em: 2 ago. 2024.

MORAES, Mary. Clicia. da Costa. **Acolhimento estudantil como prática escolar na EPT: uma busca pela permanência e superação da evasão.** 2022. 134 p. Dissertação (Mestrado Profissional em Educação Profissional e Tecnológica) – Instituto Federal de Educação, Ciência e Tecnologia do Acre, Rio Branco, 2022.

MORALES, Alicia Rivera. **La experiencia de la formación de profesores en México**. Seminário Reinventar a Docência nas Redes de Conhecimentos, 4ª Versão, Universidade Federal de Santa Maria [Live], 2022. Disponível em: https://drive.google.com/file/d/11kKXH4k8FcUryKTd9TAoQLkUb7FTn_Qa/view. Acesso em: 2 ago. 2024.

SILVA, Adriano Larentes da; GREGGIO, Saionara; AGNE, Sandra Aparecida Antonini. Oficinas de acolhimento de jovens e adultos: uma análise a partir de experiências no PROEJA. *In:* **O currículo integrado no cotidiano da sala de aula**. Florianópolis: IFSC, 2016. p. 95-112.

SILVA, Suzel Lima da. **História Oral de Vida de professores de cursos da área da saúde de escolas particulares de nível técnico de Santa Maria.** Dissertação (Mestrado em Educação Profissional e Tecnológica) - Programa de Pós-graduação em Educação Profissional e Tecnológica, Universidade Federal de Santa Maria. Santa Maria, 153 p. 2021. Disponível em: https://www.ufsm.br/cursos/pos-graduacao/santa-maria/ppgept/dissertacoes. Acesso em: 2 ago. 2024.

SILVEIRA, Juliane Vanessa Rippel; SANTOS, Leila Maria Araújo; BARIN, Cláudia. Smaniotto. Quem é o Adulto Maduro Presente na Educação Profissional e Tecnológica. **Revista Ciranda,** Montes Claros, v. 6, n. 2, p. 103-135, 2021.

SOUZA, Isete da Silva. Importância das charges para o desenvolvimento do pensamento crítico. **Revista Ibero-Americana de Humanidades, Ciências e Educação**, São Paulo, v. 6, n. 12, dez. 2020.

ZABALZA, Miguel Ángel. **O ensino universitário**: seu cenário e seus protagonistas. Porto Alegre: Artmed, 2004.

DOCÊNCIA EM PSICOLOGIA ENCANTADA PELA SÉTIMA ARTE

Larissa Rosso Dutra

INTRODUÇÃO

Este ensaio acadêmico é pensado para a formação de docentes de ensino superior que exerçam um olhar voltado para a área da psicologia. Assim, busca-se como objetivo a valorização da sétima arte, proporcionando um contínuo processo de formação, que, por vezes, sofre resistência e não é visto, segundo pressupõem Davel, Vergara e Ghadiri (2007), como experiências artísticas que permitem aflorar imaginações e que servem como fonte de conhecimento, interpretação, expressão e comunicação.

Por sua vez, a escolha do tema é bastante pessoal, e tudo se inicia em minha infância, quando eu assistia a filmes antes de dormir, praticamente desde que nasci. Ao longo de meu amadurecimento, "revisitar" as histórias que amava quando criança fazia-me lembrar delas de maneira muito mais vívida. De algum modo, os filmes não se prendiam somente aos meus globos oculares e canais auditivos. Não era estabelecida uma nostalgia. Eu tinha o pressentimento de que os filmes tinham algo a me dizer. Curiosa, regida pelo sol em gêmeos, insisti em procurar um caminho que me desse a oportunidade de cavar esse mistério, e foi no meu primeiro semestre acadêmico em Psicologia que achei essa oportunidade.

Interpretar um filme fazia sentido para mim, dava-me autonomia e liberdade para explorar os mais diversos campos do saber em minha área de formação. Era um desafio criativo e uma interrogação constante. Os poucos docentes – a julgar por dois ou três –, que de fato trabalharam com esse dispositivo, eram particularmente os que se destacavam dos demais. Ocorre-me que os filmes passaram a ressoar de uma forma profunda e significativa em mim, e assim escrevo com a crença de que a sétima arte atravessa a vida dos sujeitos e que, em meio à vida, se inspira a docência que se entrelaça a ela.

Nessa perspectiva, adotar o cinema como dispositivo rompe com um saber restritivo, logo, há espaço para o sujeito crescer. Afinal, o psicólogo social Siegfried Kracauer, em seu estudo pioneiro sobre o cinema alemão, de 1918 até 1933, defende que a sétima arte aprofunda análises psicológicas (Loizos, 2015). Dessa maneira, os filmes incentivam a desenvolver novos saberes e, consequentemente, reinventam a docência que pode chegar em um nível transdisciplinar, havendo, portanto, uma caminhada entre, através e além do que é proposto artisticamente.

Torna-se claro que o cinema é um pano de fundo e, como um conveniente ponto de partida para abordar o tema em questão que vai ao encontro do exercício docente, será utilizado como apoio de estudo o filme musical *K-12*, que encanta em todos os aspectos, seja por suas trilhas sonoras com composições que trazem assuntos imprescindíveis na psicologia, seja pelos cenários artísticos e figurinos em cores pastéis que despertam imaginários.

À vista disso, ao buscar o cinema como material de investigação, é possível o docente sinalizar quais são as contribuições e práticas que podem ser realizadas por esse dispositivo que encanta com sua linguagem artística? Assim, buscando elucidar essa pergunta, *K-12* servirá como mote para discussões e conexões, facilitando a compreensão e estimulando o pensamento crítico na área da psicologia.

TECENDO A DOCÊNCIA COMO FIOS DE TRANSFORMAÇÃO: UM CAMINHO DE OUSADIA

Na perspectiva de reinventar a docência, abordar o cinema é um dos assuntos que pode ser pautado por sua maneira ser sempre inovadora e criativa, que possibilita o docente propagar com clareza determinado conteúdo e incentiva o estudante a expressar suas ideias sem medo. O docente, ao adaptar tais práticas, estaria promovendo outras possibilidades de ensinar, guiar, educar e formar, propondo, assim, outros repertórios para os estudantes. Afinal, Judith Stein, cujas obras se destacam pelas contribuições acerca dos campos da filosofia, psicologia e pedagogia, estabelece que toda e qualquer educação influencia na formação do sujeito, pois ela lutou para que fosse implementada uma educação integral (Sberga, 2015).

No parágrafo antecessor, faço menção às possibilidades de ensinar, guiar, educar e formar, e, baseando-se no exposto, Stein (1926-1938) tem muito a oferecer, pois esses conceitos também foram estudados por ela. A fim de explaná-los, a pensadora, por meio de seu texto publicado em 1935, *O magistério de Teresa de Jesus em campo educativo e formativo*, descreve que ensinar é compreender novos conteúdos; guiar é tornar o processo de aprendizagem mais gratificante; educar é instruir a buscar o que seja melhor para o crescimento pessoal; e formar tem a finalidade de se tornar a essência do sujeito (Sberga, 2015).

No mesmo sentido, Marie-Christine Josso, que também traz referências à psicologia – em particular à analítica e social –, filosofia e educação, argumenta que o sujeito ao formar e o sujeito que está em processo de formação defrontam-se com experiências diversas no âmbito educativo. Logo, entendo que formar, mesmo sem o auxílio do cinema, é uma etapa transformadora – e subjetiva –, porque o indivíduo, nesse contexto, adquire novas competências que "[...] transformam ideias, representações, teorias de referência, saber-fazer, atitudes, processos de escolha e decisão" (Josso, 2006, p. 23).

A autora supracitada, que é especializada em educação de adultos e na formação profissional, também acredita que a formação e a educação são processos de transformação, e ela vai mais além ao escrever que:

> [...] se compreende formação no sentido em que a pessoa é afetada, tocada, empurrada, perturbada pela situação educativa, o que exige, de início, que se transforme, se enriqueça, se afirme ou se desloque, em uma palavra, que um projeto se forme, se construa, evolua (Josso, 2006, p. 29).

Além do mais, Gilles Ferry – professor de Ciências da Educação, que estudava Filosofia e lecionava Psicologia Social – fundamenta a ideia de que a formação é um processo de aperfeiçoamento e reflexão. Todavia:

> A formação é completamente diferente do ensino e da aprendizagem. Isto é, que o ensino e a aprendizagem podem entrar na formação, podem ser apoios da formação, mas a formação, a sua dinâmica, este desenvolvimento pessoal que é a formação, consiste em encontrar formas de cumprir determinadas tarefas para exercer um ofício, uma profissão, um trabalho, por exemplo (Ferry, 2004, p. 54, tradução minha).

Nesse contexto, levando em consideração essa citação, Ferry (2004) explica que a formação favorece novas competências e novos conhecimentos, que pressupõem a realização da execução de uma posição de cargo que o sujeito ocupa. O autor de *Pedagogia de la Formación* (em tradução, "Pedagogia da Formação"), menciona o estudo do francês Marcel Lesne, intitulado *Trabalho pedagógico e formação de adultos: elementos de análise*, de 1977, no qual ele apresenta três modos de realizar os processos de aprendizagem de docentes em situação de formação.

Com base no exposto, Lesne (1977 *apud* Ferry, 2004) parafraseia a tipologia dos modelos de formação, composta por: modelo transitivo com orientação normativa; modelo incentivo com orientação pessoal; e modelo apropriativo com foco na inserção social. Assim, o primeiro modelo é semelhante ao processo de ensino, no qual se internaliza o que é transmitido/ensinado pelos formadores; o segundo tipo está ligado a métodos ativos, ou seja, o docente busca o ensino centrado no sujeito; e o terceiro modelo é aquele no qual o docente se torna um mediador ao procurar focar no contexto social e profissional do aluno formando.

De acordo com as contribuições apresentadas, percebo que Stein, Josso e Ferry deixam um legado vigoroso, pois ambos se fundamentavam para estudos nas áreas da Educação, Psicologia – em especial a social – e Filosofia. Contudo, não seria interessante pensar, então, que todos eles estariam falando de uma educação integral do sujeito? Quanto à possível suposição, como modelo educacional, entendo que a educação integral prioriza aspectos cognitivos, físicos, sociais e emocionais do sujeito em formação e foca em valores, habilidades, atitudes, conhecimentos e aprendizagem.

Afinal, a docência tece fios de transformação, e, do ponto de vista de Ferry (2004), a utilização de dispositivos[21] – como exemplo, os filmes cinematográficos – fornece conteúdos para uma aprendizagem que vai além de uma formação do currículo acadêmico, mas uma formação dinâmica de desenvolvimento profissional e pessoal. Nessa direção, o docente, ao buscar o cinema como material de investigação, sinaliza ao discente contribuições e práticas que podem ser realizadas por esse material que encanta. Afinal, o cinema não é apenas um recurso didático, ele é mais: é arte, criação, um dispositivo que fornece um texto transdisciplinar.

DANDO COR E TOM AO SE TRABALHAR COM O FILME *K-12*: APROXIMAÇÕES DO IMAGINÁRIO E SUA TRANSDISCIPLINARIDADE

K-12[22] é um filme misteriosamente encantador, dirigido, roteirizado e protagonizado pela cantora Melanie Martinez. Estreado em 2019, com a duração de uma hora e 36 minutos, do gênero musical e fantasia, o filme conta

---

[21] É significativo explicar que o dispositivo citado neste ensaio se refere a práticas de formação docente, logo, é um conteúdo de aprendizagem que favorece as esferas acadêmicas (Ferry, 2004).

[22] Pronuncia-se K-12 como "k twelve", "k through twelve" ou "k to twelve", uma expressão norte-americana para designar o intervalo, em anos, abrangido pelo ensino primário e ensino secundário na educação dos Estados Unidos (Wikipedia, 2023).

com 13 faixas musicais que dão vida à história de Cry Baby, uma menina forte e sensível que é enviada para uma escola perturbadora, na qual se opõe severamente à individualidade dos alunos. Com a ajuda de amigos que encontra ao longo do caminho, Cry Baby ganha a força de que precisa para lutar contra a equipe maligna da escola (Apple Tv, 2022; Prime Video, 2022).

Dentro dessa perspectiva, a Figura 1 apresenta a sinopse das 13 faixas musicais compostas no filme, que emprega um cenário surrealista, elevando o papel imaginário na arte e na vida. *K-12* evoca uma sensação de surpresa, mistério e estranheza no espectador e, muitas vezes, incorpora elementos do misterioso e do estranho ao abordar temas como capitalismo, machismo, violência, *bullying*, transtornos alimentares, relacionamentos abusivos e até mesmo política.

Figura 1 – Capturas de tela e resumo das faixas do filme musical *K-12*

Fonte: a autora, com capturas de tela do YouTube (2022)

A partir disso, *K-12* mostra ter, em tese, um conteúdo abrangente e contemporâneo, em que existe a possibilidade de o docente trabalhar com esse material de maneira criativa, inovadora e dinâmica, que pode vir a ser designada para o campo da psicologia social, como elemento importante para debater tal vertente da psicologia, que é focada no estudo do comportamento humano nas relações sociais. Nesse ponto, Günther (2011) exemplifica que a psicologia social estuda a influência do meio social sobre o comportamento individual e grupal, ou seja, como os sujeitos se relacionam uns com os outros e como o ambiente social influencia emoções, pensamentos e comportamentos.

Seguindo esse posicionamento, o filme avoca processos psicológicos derivados de interações e fenômenos sociais e, a partir disso, compartilha conjuntos de crenças, valores, atitudes e ideais que poderão vir a ser definidas no imaginário social. Desse modo, faz-se necessário conceituar que o imaginário social, instituído então por Cornelius Castoriadis – filósofo, economista e psicanalista – por meio de *sua obra A Instituição Imaginária da Sociedade*, de 1959, pode ser compreendido como "[...] constelação de significações" (Castoriadis, 1992, p. 59).

Por meio do trecho anterior, passo a entender que o imaginário social é um magma de concepções, crenças, mitos e ritos que criamos para simbolizar sentidos e significados individuais e coletivos. São transmitidos como narrativas que permitem que o significado seja propagado e trabalhado de forma mais aprofundada.

Assim, o docente, ao adotar a abordagem de Castoriadis, facilita para que os alunos passem a compreender melhor o significado por trás de uma ideia ou conceito – dado como exemplo o filme *K-12* –, ao mesmo tempo que lhes permite ver os elementos individuais que compõem o todo. A propósito:

> Compreender, e mesmo simplesmente captar o simbolismo de uma sociedade, é captar as significações que carrega. Essas significações só aparecem veiculadas por estruturas significantes; mas isso não quer dizer que elas se reduzem a isso nem que daí resultem de maneira unívoca, nem enfim que por elas sejam determinadas (Castoriadis, 1982, p. 166).

Ainda no que se refere ao imaginário social, Castoriadis (2004) assinala a existência de uma potência criativa, a imaginação criadora, pois o imaginário social é elaborado por meio da coletividade dos sujeitos, o que facilitaria a aprendizagem mútua e sua transdisciplinaridade. Logo, daria uma maior razão para o docente trabalhar com a sétima arte e o imaginário no espaço acadêmico, visto que a psicologia social, por meio de suas concepções epistemológicas, teóricas e metodológicas, procura produzir conhecimento mediante questionamentos. Em suma, "seu eixo, dito resumidamente, se estrutura em torno da intersubjetividade e do imaginário social" (Iñiquez-Rueda, 2003, p. 234).

Por fim, dando ênfase ao trecho da obra *Figuras de lo Pensable* (em tradução, "Figuras do Pensável"), Castoriadis (2004, p. 102) aponta que, por meio da arte e da ciência, "[...] existe um reino maravilhosamente misturado, que nos casos mais importantes cria novos mundos, mas ao fazê-lo contribui para elucidar o mundo tal como nos é dado". Assim, o docente, com a influência dos imaginários sociais e a possibilidade de trabalhar com a sétima arte no campo da psicologia social, estaria dando cor e tom ao contínuo processo de formação.

O conteúdo seria estudado por meio de suas intenções e implicações por trás das frases e cenas musicais de *K-12*. A partir dessa ideia, seria investigada e interpretada uma variedade de tópicos que, mesmo ficcionalmente, produziram uma gama de significações reais, em que o sujeito docente usaria o dispositivo como narrativas para cumprir objetivos e estabeleceria relações com outros sujeitos.

CONSIDERAÇÕES FINAIS

Esse ensaio acadêmico certamente está ligado à trajetória que percorro desde o início de minha graduação em Psicologia. Atualmente, ainda engatinhando na abordagem dos imaginários sociais, dou-me conta de que autores que admiro – do campo da psicologia social – já fizeram menção à abordagem supracitada, que antes era ignorada em minha formação.

Conforme delineado ao longo deste ensaio, sigo defendendo sem hesitar que o cinema é fascinante e que, se for empregado pelo docente, acaba tornando-se um dispositivo de formação altamente dinâmico. O cinema é arte, uma forma de texto, que, em sala de aula, se torna um dispositivo de formação para provocar debate, escrita, teatralização e outras formas de expressão, para além de explicar um conteúdo da área. Percebo que a implementação da sétima arte em sala de aula, por exemplo, surge como uma necessidade, porque facilita a compreensão e estimula o pensamento crítico de discentes que, por vezes, enfrentam dificuldades relacionadas ao entender o conteúdo que fica limitado por leituras e escritas, sem que dê cor e tom ao processo de formação.

Para finalizar, a proposta desse ensaio era falar de uma maneira geral sobre o filme *K-12*, sem que fosse feito um aprofundamento em cada faixa musical dele. De maneira geral, é possível o docente sinalizar quais são as contribuições e práticas que podem ser fornecidas por esse dispositivo, porque o cinema pode ser usado como material de investigação. Fica evidente que, na perspectiva de o docente adotar esse material na área da psicologia social, mas não se limitando somente a ela, ele estaria estimulando a curiosidade; em vez de aniquilá-la, ele estaria exercitando a dúvida e o olhar crítico do discente.

Reforçando essa ideia, caminhos entre cinema e docência em Psicologia podem ser trilhados e atravessar questões profundas. Com isso, pensando na esfera da docência, é possível trabalhar com a sétima arte, adequando, dessa forma, uma análise que se apoia em autores, quanto às suas bases teóricas, para contextualizar determinado tema. Afinal, a educação está em todo lugar e das mais variadas formas, e o cinema é vasto, útil e, de modo conjunto, pode ser pensado como um processo de ensino-aprendizagem, concebendo, assim, um esperançar sobre o prisma de uma mediação de conhecimento criativo no contexto contemporâneo.

Consequentemente, a transdisciplinaridade entraria em ação, porque o conteúdo cruzaria as fronteiras entre a disciplina para encontrar soluções inovadoras para problemas complexos, com o objetivo de criar vínculos entre vários campos de estudo para avançar na compreensão de um. Melhor dizendo, seriam utilizados métodos de aprendizagem mútua para criar soluções integradas e novas para dar sentido às práticas de atuação, interpretação e organização.

REFERÊNCIAS

CASTORIADIS, Cornelius. **A criação histórica**. Porto Alegre: Artes e ofícios, 1992.

CASTORIADIS, Cornelius. **A instituição imaginária da sociedade**. Rio de Janeiro: Paz e Terra, 1982.

CASTORIADIS, Cornelius. **Figuras de lo pensable.** Madrid: Cátedra, 2004.

DAVEL, Eduardo; VERGARA, Sylvia; GHADIRI, Djahanchah Philip. **Administração com arte:** experiências vividas de ensino-aprendizagem. São Paulo: Atlas, 2007

FERRY, Gilles. **Pedagogia de la formación.** Buenos Aires: Novedades Educativas, 2004.

GÜNTHER, Hartmut. Métodos de pesquisa em psicologia social. *In:* TORRES, Cláudio Vaz; NEIVA, Elaine Rabelo (org.). **Psicologia Social**: principais temas e vertentes. Porto Alegre: Artmed, 2011. p. 58-74.

ÍÑIGUEZ-RUEDA, Lupicinio. La psicología social como crítica: Continuismo, estabilidad y efervescencias tres décadas después de la "crisis". **Revista interamericana de psicologia/interamerican journal of psychology**, v. 37, n. 2, 2003. Disponível em: https://journal.sipsych.org/index.php/IJP/article/view/822/714. Acesso em: 6 jan. 2023.

JOSSO, Marie-Christine. Os relatos de histórias de vida como desvelamento dos desafios existenciais da formação e do conhecimento: destinos socioculturais e projetos de vida programados na invenção de si. *In:* DE SOUZA, Elizeu Clementino; ABRAHÃO, Maria Helena Menna Barreto (org.). **Tempos, narrativas e ficções**: a invenção de si. Porto Alegre/Salvador: EDIPUCRS, EDUNEB, 2006. p. 21-40.

K-12 (The Film). Direção: Melanie Martinez. Roteiro: Kim Stuckwisch. Intérpretes: Melanie Martinez, Emma Harvey, Zión Moreno. Nova York, WMG / Atlantic Records, 2019. YouTube (1h32min), 2022. Disponível em: https://youtu.be/2H-taIvb61Uk. Acesso em: 8 nov. 2022.

K-12. Direção: Melanie Martinez. Roteiro: Kim Stuckwisch. Intérpretes: Melanie Martinez, Emma Harvey, Zión Moreno. Nova York, WMG / Atlantic Records, 2019. Apple TV (1h36min), 2022. Disponível em: https://tv.apple.com/br/movie/melanie-martinez-k-12/umc.cmc.33xu18bopc50z0vl5nvmfdprx. Acesso em: 15 nov. 2022.

K-12. Direção: Melanie Martinez. Roteiro: Kim Stuckwisch. Intérpretes: Melanie Martinez, Emma Harvey, Zión Moreno. Nova York, WMG / Atlantic Records, 2019. Prime Video (1h32min), 2022. Disponível em: https://www.primevideo.com/detail/Melanie-Martinez-K-12/0S80COONHB67ZZU2LKMHX2RPCC?_encoding=UTF8&language=pt_BR. Acesso em: 15 nov. 2022.

LOIZOS, Peter. Vídeo, filme e fotografias como documentos de pesquisa. *In:* BAUER, Martin W.; GASKELL, George. **Pesquisa qualitativa com texto, imagem e som**: um manual prático. Petrópolis: Vozes, 2015. p. 137-155.

SBERGA, Adair Aparecida. **A formação da pessoa em Edith Stein.** São Paulo: Paulus, 2015.

WIKIPÉDIA. **K–12 (educação)**. Enciclopédia livre, última modificação em 27 out. 2022. Disponível em: https://pt.wikipedia.org/wiki/K%E2%80%9312_(educa%-C3%A7%C3%A3o). Acesso em: 6 jan. 2023.

REINVENTAR A DOCÊNCIA PARA CRIANÇAS COM O CINEMA COMO DISPOSITIVO DE ENSINO NA ESCOLA

Karoline Regina Pedroso da Silva

UM MOMENTO DE SUSPENSE

Atualmente, vemos a importância do cinema sendo discutida na escola: seu uso, suas possibilidades e os possíveis fatores de desenvolvimento são alvo de pesquisadores e professores que se encantam por tais possibilidades. Mas aí vem a pergunta que nos deixa em tom de suspense: é possível desenvolver o cinema como dispositivo de ensino na escola com qualquer criança? É possível transformar qualquer criança por meio do cinema?

Os contextos que se apresentam atualmente podem ser facilitadores ou dificultar a vida do docente que deseja explorar a arte na escola como uma ferramenta que desenvolve a criança de maneira integral; e para além de ferramenta, a sétima arte pode ser explorativa ou apenas apreciativa e, ainda assim, desenvolver em infinitude uma criança.

Foi no Grupo de Estudos e Pesquisas em Educação e Imaginário Social (Gepeis) que tive a oportunidade de trabalhar com cinema em escolas do município de Santa Maria, no Rio Grande do Sul. Sua relevância deve ser aqui citada, pois é um grupo que oportuniza grandes desenvolvimentos docentes, inclusive, foi por meio dele que exerci minha docência pela primeira vez – em uma turma de 5º ano com seu projeto de extensão chamado Cinegrafando a Educação, segundo Pereira (2019, p. 20):

> E busca, através da sétima arte, possibilitar vivências que interligam histórias pessoais e profissionais, bem como as formas pelas quais o cinema se faz presente na vida das pessoas. Desse modo, as atividades abrangem diferentes públicos tratando, através da sétima arte, temas como gênero, orientação sexual, diversidade étnico-racial, infância, adolescência, inclusão, diversidade religiosa dentre outros temas emergentes, propiciando reflexões e diálogos que desenvolvam o senso crítico.

Com tais temáticas a serem desenvolvidas, busca-se compreender em quais instâncias a sétima arte pode ser potência para desenvolvimento de quem constrói com ela em sala de aula, criando diálogos em redes de conhecimento de diversos países e na perspectiva docente, em busca de uma formação que abranja e reinvente dentro das temáticas artísticas.

Assim, o texto que segue vem argumentar a importância da arte na escola e do cinema como potência para o ensino e a aprendizagem, desenvolvendo-se com relatos de professores de diversos países para construir uma rede de conhecimentos sobre escola, docência e audiovisual, professores com quem tive contato durante o Seminário Reinventar a Docência nas Redes de Conhecimentos, do Programa de Pós-Graduação em Educação da Universidade Federal de Santa Maia (UFSM). Também traz o conceito de Imaginário Radical (Losada, 2006) para compreensão dos imaginários docentes e criações na escola. E, por fim, respondendo a pergunta e desenvolvendo a tese deste ensaio: o cinema na escola só é possível se lhe der a devida importância.

A AVENTURA COMEÇA

Acima de tudo, nunca pare de acreditar.
(As Aventuras de Pi, 2012)

O trabalho docente atual demanda uma reinvenção constante de sua prática, buscando contribuir para o desenvolvimento de discentes que se desenvolvem em um mundo cada vez mais distante daquele onde foi construída uma escola em parâmetros de outros séculos. Essa escola atual vem mudando a passos lentos, e se vê a necessidade de criar novos fazeres junto de cada área que compõe a escola, "[...] quando a modernidade pensa a realidade em termos de ordem, não deixa espaço para dimensão imaginária ou criadora" (Losada, 2006, p. 29), com uma pedagogia crítica diante do modelo instituído.

Portanto, aventurar-se pelo cinema é uma proposta do Gepeis, que vem abrangendo cada vez mais escolas. "O cinema leva a pensar e questionar a vida em seus movimentos cotidianos, provocando unidades de sentidos que são apresentados no fazer pessoal e profissional" (Pereira, 2019, p. 20), e deve-se levar o cinema como um dispositivo formativo, que viabiliza o acesso cultural e enriquecedor para aqueles que compõem a escola.

O dispositivo pode ser combinado com a rede de relações que acontece na escola e mais especificamente dentro de cada turma, estabelecendo novas configurações de funcionamento e regulação das infâncias envolvidas, nas suas relações de poder, de afetos e aprendizagens. O professor não precisa mais ser visto como figura que controla a sala e dá as aprendizagens; ele também acaba por se desenvolver com o cinema que entra como dispositivo na sala de aula.

A potência do cinema deve ser levada a cabo como uma manifestação cultural que permite enxergar a realidade por outras lentes. "O cinema, produção da cultura, não apenas conta histórias, mas também tem história – e não apenas uma" (Teixeira; Lopes, 2008, p. 13). É uma arte que não apenas imita a vida, como pode potencializá-la com experiências estéticas, e é pela sétima arte que vivenciamos o novo ouvindo e vendo (audiovisual), tornando-se uma das formas de arte mais democrática.

HORA DA AÇÃO

É o que você faz agora que faz a diferença.
(Falcão Negro em Perigo, 2001)

Cinegrafando a Educação é um projeto do Gepeis que se embasa na Lei 13.006/2014, que torna obrigatória a exibição de duas horas mensais de cinema nacional. Muitos contextos educativos desconhecem a existência dessa lei, e é um esforço do grupo disseminá-la e apresentar o cinema para além do uso que fora instituído, colocando-o como "tapa-buracos", ou como um impositor de lições de moral, simplesmente.

O cinema sendo visto como potência vem "[...] enriquecendo a aprendizagem, ampliando novas perspectivas de vida, de cultura e acerca da vivência individual e coletiva. A sétima arte potencializa a ampliação de repertórios culturais" (Oliveira *et al.*, 2018, p. 183). E foi com tal inspiração que, desde 2017, o grupo iniciou um trabalho com ateliês audiovisuais e cineclubes, dentro de uma escola na zona periférica de Santa Maria.

Nisso, cria-se um grupo de trabalho diversificado para desenvolvimento do projeto, com licenciandos, professores em formação continuada e estudantes das áreas artísticas da Universidade Federal de Santa Maria. Em termos de diversidade, havia também o público das crianças dessa escola, que eram cheias de sonhos, com referências diversas – tinham diver-

ANA CARLA HOLLWEG POWACZUK - DORIS PIRES VARGAS BOLZAN - ESTEFANI BAPTISTELLA - GIANA WEBER DE OLIVEIRA - IZABEL ESPINDOLA BARBOSA - LUCIÉLI DA CONCEIÇÃO LEAL - MARIO VÁSQUEZ ASTUDILLO - RAQUEL SCREMIN - REJANE ZANINI - SAMUEL ROBAERT - SUZEL LIMA DA SILVA - VALESKA FORTES DE OLIVEIRA -(ORG.)

sas configurações familiares, atrelados a diversas religiões, racializações e ancestralidades distintas –, bem como se inseriam em um contexto de vulnerabilidade muito grande, pois a baixa renda das famílias envolvidas impossibilitava a ida dessas crianças ao cinema, por exemplo.

O grupo, desde 2013, se desenvolve dentro desse projeto que se estende em diversos subprojetos. O Cinegrafando abordou a formação de professores em experiências formativas, suas significações imaginárias, o desenvolvimento profissional docente, trabalha em contextos escolares emergentes e desenvolve atualmente uma parceria com o Geoparques na região central do Rio Grande do Sul. Ele também dá um olhar para as discussões de gênero, etnia e diversidade sexual na formação docente, bem como para as questões de acessibilidade no cinema em educação.

Dentro das turmas nas escolas, é costumeiro que o Gepeis trabalhe com algumas perspectivas audiovisuais: a) desenvolvemos oficinas de aprendizagem, nas quais é abordada a história do cinema; b) questionamos sobre as experiências que já possuem com cinema – filmes que gostam, se já foram ao cinema, o que gostariam de produzir; c) desenvolvemos a linguagem cinematográfica; d) produzimos com os ateliers audiovisuais, experimentando com a câmera e o som/trilhas sonoras; e) buscamos realizar produções cinematográficas que tragam satisfação aos envolvidos; f) cultuamos a cultura cineclubista, seja apenas no âmbito de sala de aula, seja também envolvendo a escola e a comunidade; g) valorizamos o cinema nacional assistindo e nos inspirando em produções brasileiras.

A turma beneficiada durante o ano de 2019 era de 5º ano com um público de baixa renda, em que foram realizadas oficinas quinzenais nas quais desenvolvíamos criações e experiências cinematográficas que abordavam os seguintes temas emergentes: paternidade, feminismo, raça e violência doméstica. Para cada temática, produzimos um curta-metragem, e nessas aprendizagens desenvolveu-se nas crianças uma segurança para tratarem dos temas, bem como perceberem em suas próprias vivências esses temas, podendo ressignificá-los, "pois proporciona aos estudantes e professores novas fontes de saber, ao trocar ideias sobre o que foi visto e sentido" (Oliveira *et al.*, 2018, p. 183).

Naquele ano, a turma aproveitou as aprendizagens e os professores envolvidos, conseguimos finalizar o projeto com uma sensação de satisfação e crescimento para além das metodologias convencionais, com aprendizagens de ordem puramente cinematográfica, no entanto, igualmente por ordem emergente. Mas volta a pergunta: seria isso possível em qualquer instituição? Qualquer professor poderia desenvolver projetos de cinema como este?

QUANTO DRAMA!

> *Nunca deixe que alguém lhe diga que não pode fazer algo. Se você tem um sonho, tem que protegê-lo. As pessoas que não podem fazer por si mesmas, dirão que você não consegue. Se quer alguma coisa, vá e lute por ela. Ponto final.*
> *(À Procura da Felicidade, 2006)*

Nas redes de conhecimento internacionais, vemos uma luta em comum no campo da educação, o reconhecimento da criança como sujeito social com direitos garantidos: direito de brincar, de experienciar as artes, experimentar e conhecer diversas culturas. Isso amplia as capacidades linguísticas, e precisamos desenvolver nossa linguagem por sermos seres dela. Ainda junto a isso, percebermo-nos como seres imaginários.

> Imaginário porque a história da humanidade é a história do imaginário humano e suas obras. Histórias e obras do Imaginário radical, que surge a partir do momento em que há uma coletividade humana: imaginário social instituinte que cria instituição em geral (a forma instituição) e as instituições particulares da sociedade considerada, imaginação radical do ser humano singular (Castoriadis, 1999, p. 127).

O imaginário social, em teoria, segundo Castoriadis (1999), permite perceber as diversas nuances sociais que permeiam as instituições simbólicas. Uma dessas instituições é a escola, repleta de imaginários que se transformam em seu cotidiano. No instante em que os saberes são desenvolvidos, deparamo-nos com o fato de que "[...] no hay una sola verdade, no hay un solo saber"[23].

O professor que trabalha com crianças é constantemente atropelado por políticas educacionais que reformam todo o tempo a maneira como se deve atuar. Somado a isso, vemos uma desvalorização docente constante que reflete na sua docência.

---

[23] Fala de Antonio Carrillo no Seminário Reinventar a Docência nas Redes de Conhecimentos do dia 1 de dezembro de 2022. Tradução em língua portuguesa: "Não há uma única verdade, não há um único saber".

Realmente parece difícil não ceder a um modelo tradicional de educação bancária que apenas submete as crianças a repetições desvinculadas de sentido.

> Como decorrência de uma nova compreensão ontológica e antropológica, a inversão do procedimento tradicional é, também, uma inversão epistemológica. Inverter o procedimento tradicional significa, fundamentalmente, inverter um tipo de saber (um tipo de conhecimento) que reduz o humano ao físico ou ao biológico (Losada, 2006, p. 25).

É possível perceber possibilidades de inversões e transformações no ensino em sala de aula, integrando o educando ao mundo, e não somente aos conhecimentos formais. Por isso, devemos ver na linguagem (cinematográfica também) perspectivas de serem criadas docências possíveis, que tragam satisfação e criatividade em seu fazer e na vida das crianças, superando os desafios da educação, pois "[...] temos que fazer parte del mundo"[24], em todas suas formas e linguagens.

Escolas com maior infraestrutura podem ter mais facilidade em desenvolver projetos interdisciplinares e criadores, mas as escolas periféricas podem ser ainda mais criativas diante das possibilidades educativas, segundo as pesquisas de Morales (2023), em diversas escolas periféricas do interior do México. Ou seja, o cinema na escola só pode acontecer para todas as crianças, desde que se tenham professores engajados e que buscam formação para que aconteça.

UM ROMANCE ENSAIADO

Aventurar-se a trabalhar com metodologias não tradicionais permite que as lentes imaginárias do docente amplifiquem-se e dediquem-se a reconhecer ainda mais a perspectiva social que se vive. Analisemos a escola, então, pelas lentes do imaginário social: "Esse conceito lhe permite pensar a dimensão criadora do sujeito e do social histórico" (Losada, 2006, p. 23).

Os docentes de uma escola, como a que foi desenvolvido o projeto do Gepeis, buscam formas instituintes de fazer educação, à procura de um ensino acessível e enriquecedor que realmente dimensiona o potencial criador da criança, sendo ela um ator social com o poder de determinar

---

[24] Fala de Mario Astudillo, no Seminário Reinventar a Docência nas Redes de Conhecimentos do dia 27 de outubro de 2022. Tradução em língua portuguesa: "Temos que fazer parte do mundo".

os caminhos da sociedade. Visto que "a pobreza condiciona, mas não determina"[25], nós, docentes, podemos ajudar a construir melhores cenários para a vida das crianças.

"Eu prefiro a pedagogia facial", dizia o professor Daniel Muñoz (2022), em uma aula do Seminário Reinventar a Docência, que me fez perceber como é importante dispormo-nos a olhar para a criança e a escola com atenção e, então, agir com intencionalidade. No mundo audiovisual, as intencionalidades se multiplicam e aparecem em âmbitos que nem mesmo um docente consegue dimensionar.

> Esse reaprender a partir de outras possibilidades pode ser vivenciado com e pelo cinema, consideramos esse processo de alteridade, ou seja, se colocar no lugar do outro, dos personagens que são exibidos na cena e reviver sua história de vida, reaprendendo a organizar-se ressignificar-se a partir das suas próprias experiências, desenvolvendo a empatia (Pereira, 2019, p. 31).

Essa empatia na docência permite-nos reinventar a comoção que se pode ter diante dos aspectos escolares. Aprendemos que o simbólico que cada um carrega é único e podemos convencer-nos de que conseguimos desenvolver o trabalho por diversos meios de ensino. Portanto, entende-se a importância de conhecer outros saberes, dentre eles, os cinematográficos, que só acontecem na escola quando são possibilitados e valorizados.

"No todo mundo está abierto a cambiar su forma de enseñanza"[26], devido às condições e aos imaginários instituídos da escola. No entanto, nenhuma criança estará despreparada para experienciar o audiovisual em sua vivência escolar: "[...] a imaginação e o imaginário pertencem a ordem constituinte do humano, ali onde emerge o mundo do sujeito e do social histórico" (Losada, 2006, p. 25).

CONSIDERAÇÕES FINAIS

Mudar a maneira como alguma coisa funciona é desafiador e exige diversos mecanismos para essa diferenciação acontecer. A reinvenção da docência é uma possibilidade com o cinema. Ele desempenha um

---

[25] Fala de Daniel Muñoz, no Seminário Reinventar a Docência nas Redes de Conhecimentos do dia 03 de novembro de 2022.

[26] Fala de Antonio Carrillo. no Seminário Reinventar a Docência nas Redes de Conhecimentos do dia 01 de dezembro de 2022. Tradução em língua portuguesa: "Nem todo mundo está aberto a mudar sua forma de ensinar".

papel significativo na educação, proporcionando uma abordagem visual e emocionalmente envolvente para a aprendizagem, transcendendo as fronteiras da sala de aula.

Sendo um dispositivo, o cinema desenvolve múltiplas funções e age como um meio de criação de imagens e narrativas que moldam a percepção das crianças e auxiliam no imaginário social das infâncias envolvidas. As crianças têm a possibilidade de ampliar sua realidade com novas formas de conhecimento e compreensão do mundo ao seu redor.

No ano em que o projeto citado foi desenvolvido, uma das crianças que estava com dificuldades no processo de alfabetização conseguiu ler e escrever por ter criado esse maior vínculo com os professores regentes da turma, por meio de sua participação no projeto de cinema – um exemplo tão importante e que também não exclui as outras possibilidades do cinema com crianças.

Com intenções apropriadas, o cinema na escola introduz a criança à arte e estética, despertando seu apreço e interesse pelos meios artísticos. Expande seus conhecimentos ao colocá-la de frente para outras culturas, outras épocas históricas e conceitos complexos que são facilitados pelo modo estimulante que o audiovisual aborda. A criança pode perceber-se como sujeito de criação ao ter sua criatividade e imaginação desenvolvidas, ao passo que estimula seu pensamento crítico com diálogo e discussão.

As crianças têm aptidão necessária para debater ideias e aprender a aprender com diferentes perspectivas porque é possível desenvolver cinema na escola com todas as crianças, caso lhe seja dada a devida importância.

REFERÊNCIAS

À PROCURA DA FELICIDADE. Direção de Gabriele Muccino. Golden Gate: Overbrook Entertainment, 2007. (118 min.).

AS AVENTURAS DE PI. Direção de Ang Lee. Índia: Rhythm and Hues Studios, 2012. (125 min.).

CASTORIADIS, Cornelius. **Figuras do Pensável:** as encruzilhadas do labirinto. Lisboa: Instituto Piaget, 1999.

FALCÃO NEGRO EM PERIGO. Direção de Ridley Scott. Marrocos: Columbia Pictures, 2001. (144 min.).

LOSADA, Manuel. O imaginário radical de Castoriadis: seus pressupostos. *In:* AZEVEDO, Nyrma. (org.). **Imaginário e Educação**: Reflexões Teóricas e Aplicações. Campinas: Alínea Editora, 2006. p. 23-44.

MORALES, Alicia. **Seminário Reinventar a Docência nas Redes de Conhecimentos.** Videochamada, 19 jan. 2023. Disponível em: https://drive.google.com/ file/d/11kKXH4k8FcUryKTd9TAoQLkUb7FTn_Qa/view. Acesso em: 2 ago. 2024

OLIVEIRA, Valeska Fortes de; PERANZONI, Vaneza C.; DEBUS, Ionice da S.; RECH, Indiara. Cinema e educação: movimentos instituintes para a formação docente por trás das telas. *In:* CAMARGO, Maria A. S.; BRUTTI, Tiago A.; D'OLIVEIRA, Mariane C. (org.). **Cidadania e democracia viabilizadas por meio da sétima arte**. Curitiba: CRV, 2018. p. 177-184.

PEREIRA, Carlos António Gonçalves. "Fatias de tempo e fatias de espaço": o cinema no ensino-aprendizagem da história e da geografia (1.º e 2.º ciclos do ensino básico). Relatório de Estágio apresentado à Escola Superior de Educação de Lisboa para obtenção de grau de mestre em Ensino do 1º Ciclo do Ensino Básico e de Português e História e Geografia de Portugal no 2.º Ciclo do Ensino Básico – Instituto Politécnico de Lisboa, Escola Superior de Educação, Lisboa, 2019. Disponível em: http://hdl.handle.net/10400.21/10962. Acesso em: 2 ago. 2024.

TEIXEIRA, Inês de Assunção de Castro; LOPES, José de Souza Miguel. **A mulher vai ao cinema**. 2. ed. Belo Horizonte: Autêntica, 2008.

Parte 2

CONTEXTOS EMERGENTES: POLÍTICAS, TECNOLOGIAS E VULNERABILIDADES

O REENCONTRO COM O GIZ APÓS O APOCALIPSE: UM CRUZO BRASIL-KONGO PARA UMA DOCÊNCIA PÓS-LOCKDOWN

Roberto Silva da Silva

AMANHECER

No ano da graça de 2020 da era (da cultura) cristã, a humanidade se deparou com a maior crise sanitária da sua história. A pandemia provocada pela síndrome respiratória aguda grave, decorrente do contágio do vírus Sars-Cov2, provocara o fechamento de escolas no mundo todo (uma das facetas do que a mídia passou a chamar de *lockdown*). No Brasil, tal fechamento se deu em meados do mês de março de 2020[27]. Nesse exato momento histórico, a desigualdade entre escolas, redes escolares, educadores e alunos ganhou um atributo a mais: a conectividade[28]. Sai o espaço coletivo da escola, com sua efervescência, e entra a solidão de quartos adaptados ou peças da própria residência, que foram reconfiguradas para serem o novo meio pedagógico.

O tema para debate é a docência que surge no pós-*lockdown*. Objetivo primordial é debater como duas concepções pedagógicas – a do kindezi, de Bunseki Fu-kiau, e a da pedagogia da autonomia de Paulo Freire – podem ajudar na construção da docência pós-*lockdown*. Pergunto aos meus debatedores: que aspectos das suas concepções de docência são estratégicos para uma reinvenção da práxis pedagógica nas escolas públicas nesse contexto pós-pandêmico?

Acredito que a conjuntura pós-*lockdown* da pandemia de Covid-19 estabelece um novo contexto para a docência pública não só no Brasil, mas no planeta todo. Para Ana Mouraz:

> Por causa da pandemia, as escolas precisaram recorrer à tecnologia digital como um dos principais meios para iniciar e manter o contato com a sua comunidade e uma população estudantil diversificada, dando corpo à aprendizagem que acontece em qualquer lugar e a qualquer momento (Nobre *et al.*, 2021, p. 84-85).

---

[27] No Rio Grande do Sul, o *lockdown* foi instituído pelo decreto n.º 55128, de 17 de março de 2020.

[28] Não há como separar a situação econômica e social dos indivíduos da qualidade/do nível de conectividade destes na rede mundial de computadores.

Penso que a escola norteada pelo colonialismo é justamente a que não está dando conta de demandas sociais pós-*lockdown*, como uma nova configuração da sala de aula atravessada pelos avanços tecnológicos, por exemplo. Creio que é preciso um olhar diferente do estabelecido; não de um saber basilar, mas o que Luiz Rufino (2019, p. 86) chama de *cruzo* de saberes e de conceitos: "[...] o cruzo é a arte da rasura, das desautorizações, das transgressões necessárias, da resiliência, das possibilidades, das reinvenções e transformações".

Ao invés de *nortear*, *sulifcar* com referências emergentes. Para Boaventura de Souza Santos (2019, p. 177), "[...] as epistemologias do Sul valorizam em especial a diversidade cognitiva do mundo, procurando construir procedimentos capazes de promover o interconhecimento e a interlegibilidade". O prefixo *-inter* é fundamental para um debate sobre uma docência pós-*lockdown*. Por isso, um espaço de debate é uma oportunidade ímpar para buscar uma reinvenção, na verdade, um repensar a docência em escolas públicas brasileiras.

MEIO-DIA

Na cultura iorubana, Exu (ou Èsù) é orixá da comunicação. Para Rufino (2019, p. 23), "[...] precede toda e qualquer criação [...] é a substância que fundamenta as existências. É a linguagem como um todo". A partir de agora, chamo de uma perspectiva exuística a busca por uma plenitude da comunicação. Para Rufino (2019. p. 86): "[...] uma educação ou qualquer discurso que negue Exu é, a rigor, uma defesa contrária ao movimento, à transformação e à diversidade". Trago para a gira dois nomes que representam saberes não coloniais: Paulo Reglus Neves Freire e Kimbwandende Kia Bunseki Fu-Kiau. O primeiro, brasileiro, patrono da educação de seu país, pedagogo e filósofo de reconhecimento nos cinco continentes e principal referência da pedagogia crítica. O segundo, congolês radicado nos Estados Unidos da América do Norte, bibliotecário e antropólogo contribuiu muito para o encontro das gerações atuais com a filosofia bantu-kongo.

EDUCAR É ASSUMIR

Para Paulo Freire (1996, p. 41), "[...] ensinar exige o reconhecimento e a assunção da identidade cultural". Temos um contexto pandêmico que mudou a identidade cultural, mesmo reconhecendo que a cultura digital já era uma realidade na vida escolar antes da pandemia de Covid-19. A escola teve que se digitalizar por conta do *lockdown*. Da minha própria vivência, identifiquei que a escola não reconheceu, tampouco assumiu, tal identidade. Tanto que ela volta para o ambiente presencial e se esforça para voltar a uma normalidade o mais próxima possível do pré-*lockdown*.

Para Freire (1996, p. 41-42),

> [...] a questão da identidade cultural, de que fazem parte a dimensão individual e a de classe dos educandos cujo respeito é absolutamente fundamental na prática educativa progressista é problema que não pode ser desprezado.

Dentro de uma perspectiva colonial, a estrutura estabelecida da escola ignorava, desde antes da pandemia, a identidade cultural da comunidade. Após o *lockdown,* essa distância ficou maior ainda. A não convivência presencial e a burocratização da avaliação prejudicaram muito o relacionamento das famílias com as escolas. Com isso, um problema, que já vinha pedindo passagem no pensar a educação, se torna uma encruzilhada fundamental para repensar essa escola pública pós-*lockdown*.

O motivo que me fez trazer Paulo Freire para esta gira foi um verbo transitivo: "assumir-se".

> Assumir-se como ser social e histórico como ser pensante, comunicante, transformador, criador, realizador de sonhos, capaz de ter raiva porque capaz de amar. Assumir-se como sujeito porque capaz de reconhecer-se como objeto. A assunção de nós mesmo não significa a exclusão dos outros, é a "outredade" do "não eu", ou do "tu", que me faz assumir a radicalidade de meu *eu* (Freire, 1996, p. 41).

A assunção freireana nos provoca não só a enxergar a identidade cultural do meio em que estamos trabalhando. Vai além. Ela nos instiga a ver o quanto nós fazemos parte dela e a construímos. Numa escola que retorna pós-*lockdown*, atravessada pelo adoecimento físico e psíquico, entender esse contexto como fenômeno passa por um movimento crítico, pensante, sonhador, reativo e sensível.

KINDEZI PÓS-*LOCKDOWN*

Apesar dos quatro séculos de escravidão e quase dois de apagamento epistêmico, a cultura bantu-kongo e bakongo é basilar da cultura brasileira. Ela acompanhou os escravizados do reino do Kongo da Antiguidade e, junto da filosofia iorubana, fundamentou as religiões de matriz africana no Brasil, em especial, o candomblé.

Kindezi, na cultura bantu, é a arte do cuidado ou a arte de se responsabilizar por outro. Trata-se da educação vista como uma arte que acende o sol vivo de um indivíduo (muntu) para a comunidade (mucanda). Segundo Fu-kiau e Lukondo-Wamba (2000, p. 8), "[...] basicamente é a arte de tocar, cuidar e proteger a vida da criança e do ambiente em que o desenvolvimento multidimensional da criança ocorre". Não corresponde a um conjunto de ações somente, mas a tudo que envolve o muntu.

Na cosmovisão bantu-kongo, em específico na bakongo, o kindezi é um processo de intermediação do muntu com a mucanda por meio do cuidado. Trata-se de um fundamento metafísico de que nós acendemos – e ascendemos –, o sol do outro. Assim como a filosofia, o processo de educação (kindezi) também tem como referência análoga a estrela na qual orbita nosso planeta. Por essa razão, atrevo-me a usar dois verbos homófonos. Porque, ao mesmo tempo que somos despertos (acendidos) a viver em sociedade, somos conduzidos (ascendidos) a viver nela e com ela.

Um provérbio bakongo resume bem o conceito: *Kindezi wasâdulwa; kindezi una sâdila* (Alguém cuidou da sua criança; você cuida da criança de outro). Esse cuidado não pode ser visto apenas como um serviço de uma ama (*nsansa*), por exemplo: primeiro, porque o kindezi não é exclusividade ou tem a primazia de um gênero tanto na cultura bakongo, quanto na maioria das culturas bantu; segundo, porque essa responsabilidade de uma pessoa mais velha sobre a mais jovem, na verdade, é uma função mediadora do muntu com a mucanda.

Tanto para o ancião quanto para o jovem ndezi, a arte kindezi é terapêutica.

> Através do cuidado com crianças, uma pessoa aprende a maravilhosa habilidade de ser responsável por outra vida e de como transformar-se através de um novo "padrão de vida". Um "padrão de vida" é um modelo através do qual os valores culturais são transmitidos de geração em geração (Fu-kiau; Lukondo-Wamba, 2000, p. 12).

Traduzindo literalmente, "kindezi" é o ato de "ieza", que significa transferir informação do coletivo para o individual. Para Fu-kiau e Lukondo-Wamba (2000, p. 11), "[...] a partir que o ndezi desenvolve o outro, desenvolve a si mesmo". Nas culturas bantu, em especial na cultura bakongo, a infância é estratégica para o desenvolvimento e para a sedimentação das representações da sociedade.

Fu-kiau e Lukondo-Wamba (2000, p. 41) destacam ainda que "[...] a qualidade e a personalidade do ndezi influenciam diretamente a da criança no sâdulo (escola) e na comunidade (mucanda)". Trazendo para o nosso contexto: um educador que não se percebe parte do todo, que se objetifica, que objetifica o seu ofício, vai desenvolver kindezi com um jovem – ntu – que será resultante de um processo objetificante. Temos agora um aprendizado importante. Ndezi – o educador ou a educadora – tem uma responsabilidade social para com a comunidade. Por essa razão, também esta comunidade precisa ter consciência de sua responsabilidade pelo ndezi.

A responsabilidade de ndezi vem da sociedade, que dá condições para o ofício. Nas culturas bantu da Antiguidade, a experiência kindezi visava também ao desenvolvimento individual do ndezi. Trazendo para nosso contexto pandêmico, acredito que exatamente essa função terapêutica do kindezi aponta-nos um caminho para cuidar também dessa docência pós-*lockdown*, a partir do momento em que entendermos que não podemos atribuir responsabilidade social sem também cuidar da pessoa para quem vamos atribui-la. Portanto, precisamos entender que é um sujeito que está com a incumbência de educar outro. E ambos foram atravessados por uma pandemia sem precedentes com cicatrizes psíquicas profundas. Tratar a subjetividade do ndezi é garantir a qualidade subjetiva – e objetiva também – do kindezi.

Somos vidas que sobreviveram à maior crise sanitária da humanidade. A simples ideia de nos assumirmos, parafraseando Paulo Freire, como vidas pós-*lockdown* que não sucumbiram fisicamente e que não podem sucumbir mentalmente, representa um passo importante para não nos vermos como objetos, quer seja de ensino, quer seja de aprendizagem.

Subjetificar a formação docente, entendendo que é um muntu que ocupa o lugar de acender o Sol no processo do kindezi, deveria ser o ponto inicial da construção da docência pós-*lockdown*. Dentro de uma perspectiva bantu-kongo, não há como garantir que o processo de ensino-aprendizagem (kindezi) seja efetivo – e até de sucesso – sem a consciência de que o todos (bantu – o conjunto dos muntu) somos responsáveis, como mucanda, pelas condições do sâdulo.

Quando se atribui o kindezi a alguém, é preciso que se cuide dele para que tenha condições de orientar o outro. Esse cuidado não se trata somente de lhe encher de informações, mas de lhe dar condições de exercer plenamente sua função social, sem atravessamentos que prejudiquem a qualidade de seu ofício.

A consciência de si como pensante e criador é estratégica para combater impactos psicossociais do *lockdown*. Mas tal senso precisa ser promovido. Esse Sol precisa ser aceso, assim como o calor para agitar moléculas. E a arte kindezi traz respostas importantes de como fazer, apesar dos séculos de distância.

Tanto Freire quanto Fu-kiau e Mamba ajudam-me a fundamentar que são urgentes duas mudanças de paradigma no ensino público no Brasil. A primeira delas: a subjetificação em contraponto à objetificação. Precisamos entender os sujeitos antes de ver seus resultados. A segunda: valorizar e assumir a identidade cultural da comunidade e deixar esta entrar pela porta da frente da escola é fundamental para que haja uma efetiva reocupação do espaço escolar.

ENTARDECER

Durante o *lockdown*, quando me deparava com as letrinhas dos alunos na tela do Google Meet®, tinha a sensação semelhante à de Antonio Carrillo Avelar, quando afirma que: "Podemos comparar as ações e o tempo que passamos [...] a estas novas relações virtuais, com os gestos de um Mago faria no seu ofício de magia" (Avelar, 2021, p. 62-63). A falta do contato visual e da presença física exigia que eu buscasse os mais diversos itens mágicos para gerar uma sala de aula abstrata. Houve uma desconstrução do sâdulo instituído. Reencontrar o giz, dois anos depois, não seria uma simples retomada, principalmente porque não éramos mais os mesmos.

Acredito que não vou encerrar esta discussão acerca do trabalho educador pós-*lockdown*; que aqui aponto rumo a uma ideia de sankofa, buscando um referencial ancestral bantu. Conceitos marginalizados ou até mesmo atacados com intuito mortal pelo colonialismo podem ajudar-nos a entender a nova conjuntura pós-*lockdown*.

Paulo Freire fala em assunção de uma identidade cultural dentro da escola ou sâdulo. Sim, precisamos entender que este ambiente foi atravessado por um trauma sanitário e psíquico muito importante porque os indivíduos que são a parte deste todo foram atingidos em cheio por essa crise sanitária. Entendo como identidade cultural não só as representações culturais identitárias – como linguagem e folclore –, mas também o seu clima organizacional.

Sob perspectiva bantu, o poder público claramente não respalda os ndezi para quem atribui a responsabilidade educadora: o que se avalia é o produto do kindezi. Não há nenhuma política pública que contemple como esses indivíduos ou muntu voltam do *lockdown*. Apenas se avalia o que (não) foi ensinado nesse período, como o Sistema de Avaliação do Rendimento Escolar do Rio Grande do Sul (Saers) que, segundo o próprio decreto que o criou, existe para:

> [...] avaliar, de forma objetiva e sistemática, a qualidade da educação básica oferecida nas escolas gaúchas para formular, com base nos seus resultados, políticas públicas, estratégias e ações com vista ao estabelecimento de padrões de qualidade para a educação no Estado (Rio Grande do Sul, 2007, n.p.).

Vejo, aqui, um problema de essência e foco: a objetificação. Partindo de uma visão bantu, é preciso que o ndezi acenda o Sol do muntu. Avaliar o que é produzido nesse processo seria pleno se também avaliasse as condições do sâdulo e fizesse uma intersecção com os resultados objetivos. Destaco que instrumentos como o Saers avaliam as escolas e os alunos separadamente, além de não terem nenhum instrumento de avaliação da formação docente.

Lembro-me de Nobre *et al.* (2021, p. 86), afirmando que "[...] sabemos que a escola é um lugar de encontros, de contato de corpos, que o digital não anula, mas reduz a dimensão". Agora, como retorno presencial, o digital se soma e não é mais uma alternativa única. Vejo tais mudanças como pontos suleadores importantes para efetivamente tornar a escola pública mais plural, acolhedora e democrática.

REFERÊNCIAS

AVELAR, Antonio Carrillo; MONDRAGÓN, Alma R. H; MORALES, Alicia R; RON-DENIL, Martin de los Heros. **Vivir la Docencia en Tiempo de Pandemia.** Ciudad de México: Editorial Arquinza, 2021.

FREIRE, Paulo. **Pedagogia da autonomia:** Saberes necessários à Prática Educativa. 37. ed. São Paulo: Paz e Terra, 1996.

FU-KIAU, Kimbwandende Kia Bunseki; LUKONDO-WAMBA, A.M. **Kindezi:** The Kongo Art of Babysitting. Baltimore: Inprint Editions, 2000.

NOBRE, Ana; MOURAZ, Ana; GOULÃO, Maria de Fátima; HENRIQUES, Susana; BARROS, Daniela; MOREIRA, José António. Processos de Comunicação Digital no Sistema Educativo Português em Tempos de Pandemia. **Revista Práxis Educacional**, [*S. l.*] v. 17, n. 45, p. 81-89 abr./jun. 2021.

RIO GRANDE DO SUL. **Decreto n.º 45300.** Assembleia Legislativa do Estado do Rio Grande do Sul. Out. 2007.

RUFINO, Luiz. **Pedagogia das Encruzilhadas.** Rio de Janeiro: Mórula Editorial, 2019.

SANTOS, Boaventura de Sousa. **O Fim do Império Cognitivo**: A afirmação das epistemologias do Sul. Belo Horizonte: Autêntica, 2020.

EM TEMPOS DE CANSAÇO, ESCRITAS PARA REAVIVAR *LIVES*: APONTAMENTOS SOBRE FORMAÇÃO DOCENTE

Izabel Espindola Barbosa

Puesto que falta tiempo para pensar y tranquilidad en el pensar.
(Byung-Chul Han)

INTRODUÇÃO PARA NÃO CANSAR

As invenções ocorridas na educação durante a pandemia do coronavírus (Covid-19) em muito retratam o espaço da sala de aula presencial para o espaço virtual. Não foi fácil e, em um curto tempo e sem parâmetros nacionais para a tentativa de execução de um modelo remoto, causou muitas discussões. Em meio ao turbilhão de impossibilidades, a alternativa de ofertar temas para a formação de professores, primeiro sobre o espaço virtual e depois sobre múltiplos temas educativos, trouxe novas atividades para o nosso dia.

Desconsiderando as aulas, reuniões e demais atividades escolares, as *lives* foram a atualização possível e desejável pelos professores. Afinal, possibilita a experiência de conhecimento com nomes que muitos conhecem de livros, ou ainda temas que desconhecemos. Isso também fez cumprir a oferta de formação que, na Lei de Diretrizes e Bases da Educação Nacional (LDBEN), desde 1996, obriga, porém não garante a qualidade na formação; tampouco estabelece um tempo reservado a essa formação: o professor que se multiplique e atenda a todas as demandas.

Com o isolamento social, em que se misturam os tempos profissionais e pessoais dentro de casa, a enxurrada de *lives* disponíveis nos cercam de opções e obrigações. Dessa forma, as *lives* educacionais podem ser consideradas formação para os professores?

Penso que possamos desacomodar o pensar, o fazer e o aprender, reinventando a docência por meio de escritas sobre as *lives*. Afinal, a proposta de formação continuada, ampla e mais diversa que a *internet* proporcionou em tempo de pandemia pode ser proveitosa em tantos lugares do nosso país.

Essencialmente, antes do professor, há um ser dotado de personalidade, identidade, sociabilidade e que tem a profissão como sustento e modo de vida. Uma tentativa de transformar uma parte da correria diária, preenchida por diversas atividades virtuais, ao ser encarada como um momento de autocuidado junto à autoformação, pode ser a escrita do que foi vivido naquele espaço virtual.

Nesse sentido, partimos da discussão sobre os usos da tecnologia na educação, que chegaram em 2020 com o nome de *lives*, mas muitas não são. Em seguida, refletimos sobre o professor e a professora em meio à formação diante de todo o trabalho remoto. A reflexão acerca das necessidades, das obrigatoriedades e do aproveitamento qualitativo das formações propostas na internet aprofunda-se para, ao final, propor uma dinâmica de reinvenção da docência.

Reinventar a docência, reavivar as *lives*, erguer[29] as vozes, deixar nossas escritas. Respira, inspira e não deixa passar, pega e aviva uma agenda nova e que logo será preenchida, para pensarmos algo novo na educação, entre o presencial e o virtual, nossa relação com essa docência precisa de diversas reinvenções. Reaviva e deixa escrito do teu jeito, uma troca de formas de viver a docência para além das *lives*.

O QUE SE VIVE EM MEIO ÀS *LIVES*?

No ano que se comemorou o centenário de Paulo Freire, 2021, em um breve passeio nas redes sociais mais usadas no Brasil, foi possível encontrar um amontoado de palestras, rodas de conversas, entrevistas e *lives* sobre educação. Embora Freire não tenha vivido o aumento vertiginoso do uso da internet, a tecnologia, a mídia e seus usos na educação já eram uma preocupação. Freire não era contrário, e, sim, mantinha a postura crítica de reflexão sobre o que estava relacionado à promoção da tecnologia nas escolas. Dessa maneira:

> Não é possível, para Freire, que a tecnologia seja utilizada sem a plena compreensão do real motivo de seu uso, já que a possibilidade de manipulação político-ideológica permeia também os ambientes e meios tecnológicos. Freire advoga que o pleno entendimento da tecnologia humaniza os homens e os torna aptos a transformar o mundo, o que

---

[29] Para bell hooks (2019, p. 31), sobre suas experiências pessoais, comunitárias e profissionais, erguer a voz "significava falar como uma igual a uma figura de autoridade".

é práxis de fato. Há que se contextualizar a tecnologia, mostrando interesses e a ideologia ali inseridos, bem como as vantagens apresentadas pelo seu uso (Soffner, 2013, p. 153).

Assim, foi o uso da tecnologia um suporte ou complemento para a autonomia docente. Pois,

[...] quando se fala de tecnologia, práxis tem relação direta com a pedagogia da inclusão. A simples existência das tecnologias não pressupõe sua utilização, e, da mesma forma, seu uso não garante sucesso em sua aplicação (Soffner, 2013, p. 156).

Um dos usos mais evidentes durante a pandemia foram as palestras realizadas em ambiente virtual. Foi possível aprender sobre as mais diversas áreas, sendo que aqui destaco a educação. Os professores e professoras, nas palavras de García e Morales (2021, p. 236), "[...] aprendieron conocimientos y habilidades vinculados(as) con la profesión que eligieron. Los profesores son profesionistas en alguna rama de conocimiento, pero no fueron formados como docentes[30]".

As professoras María Isabel Arbesú García e Alicia Rivera Morales (2021) explicam que, além da formação complexa e multidimensional dos professores universitários, a subjetividade de cada um estabelece como encaram a docência e os processos de ensino e aprendizagem. Não há uma única resposta ou nem sequer respostas prontas. Sobre isso, Alex Pavié Nova destaca que a formação docente:

Es un problema complejo ya que estudiar la formación docente implica entender en forma complementaria, sobre todo para el desarrollo de la competencia profesional docente (Pavié, 2011) los diversos modelos de formación, el territorio donde esta se desarrolla, de la cultura escolar, de la formación inicial docente, de la formación continua, de la identidad del docente, de los perfiles de egreso del profesor y sus respectivas competencias, de la inserción en la sociedad de la información, del uso eficiente de las nuevas tecnologías, etc[31] (Pavié, 2018, p. 3).

---

[30] "aprenderam conhecimentos e habilidades vinculadas com a profissão que elegeram. Os professores são profissionais em alguma especialidade de conhecimento, mas não foram formados como docentes" (Tradução nossa).

[31] "É um problema complexo, pois estudar a formação de professores implica compreender de forma complementar, especialmente para o desenvolvimento da competência profissional docente (Pavié, 2011), os vários

As autoras e o autor insistem na premissa de *"cambios"*, em que a sociedade se transformou, assim como o trabalho e as ferramentas. Enquanto isso, a formação docente parece insistir em permanecer estática. O espaço docente também repercute no espaço virtualizado, principalmente criado após a pandemia. Muitas foram as *lives* sobre educação que aumentaram quantitativamente o currículo lattes de estudantes e profissionais da educação.

Então, se considerarmos apenas instituições de educação (públicas, privadas ou ONGs) como organizadoras, quantas *lives* você assistiu apenas em 2021? *Live*, em inglês, designa uma transmissão em tempo real (ao vivo) e foi utilizada pela primeira vez numa transmissão de televisão, em 1967, na Inglaterra (BBC, 2022). Sobre o tempo instantâneo (ao vivo), é preciso manter, pelo menos, um sentido para reverberar em um processo educativo transformador. E, diante de tantas opções, o que você fez com as *lives* a que assistiu?

Aqui, neste ensaio, considero o conteúdo (educação) e a plataforma (rede social) para utilizar o termo *live*. Digo isso porque, ao termo (indevido conceitualmente, mas popularmente difundido) *live*, acrescento os *webinários*.

A diferença é que na *live* há interação direta com os espectadores, enquanto os outros processos possuem um interlocutor ou mediador entre quem assiste e quem fala, filtrando a interação. Permito-me essa fuga conceitual pelo fato de o termo já ser algo adaptado: *live – alive streaming*.

No Brasil, o primeiro *alive streaming* pela internet foi realizado em 1996, com Gilberto Gil, ligado a vários fios na sede da Embratel como propaganda da nova tecnologia de comunicação virtual. Ali ele cantava sua música "Pela *internet*" (Segura, 2017). Foi a música que iniciou a multiplicação das *lives* em 2020, no Brasil, como entretenimento popular e para manter a atividade artística durante a pandemia enquanto o distanciamento era promovido por governadores e prefeitos no Brasil.

Sabemos que o entretenimento feito por artistas iniciado de modo amador rapidamente se transformou em eventos produzidos com venda de publicidade. Foi por meio de agências de publicidade e de marketing que conceitos, formatos e propósitos das *lives* são apresentados. Não encontrei muitos textos científicos sobre o tema *lives*. Daí vemos o tratamento diferente entre *lives* realizadas por artistas que buscam interação ao abrir

---

modelos de formação, o território onde se desenvolve, a cultura escolar, a formação inicial de professores, formação continuada, identidade docente, perfis de formação docente e respectivas competências, inserção na sociedade da informação, utilização eficiente das novas tecnologias, etc."

microfone e câmera para conversar diretamente com quem assiste, para a manutenção de seu *status* de influenciador, atingindo grande número de pessoas, mas, principalmente, conquistando e fidelizando público: aumentando o seu "valor". Esse valor pode ser considerado a essência do marketing, o fato de transformar um desejo (vontade) em necessidade (prioridade) para o público.

Assim como eu, tecnóloga em gestão de marketing, as *lives* também migraram para a educação, e fomos nos adaptando (bem verdade que eu já trabalhava em escolas antes da faculdade, mas isso é outro assunto). Em formatos gerais, na educação, a maioria das transmissões são *webinários*, porque

> [...] *webinar* é uma conferência on-line, com a comunicação de via única, o palestrante fala e as pessoas assistem. A interação fica restrita a um *chat*[32] para enviar perguntas. Normalmente utilizado para fins educacionais e profissionais (Kovacs, 2020, n.p.)

Ou seja, uma réplica da sala de aula onde há um emissor e muitos receptores.

ALIVE, DO INGLÊS, MANTER-SE VIVO

Distanciamento e demais prevenções fecharam as escolas e universidades para conter a pandemia de Covid-19. Dessa forma, muito da educação caiu nas redes sociais como forma de manter vínculos e trabalhar o possível dentro do Ensino Remoto de Emergência (ERE[33]). Porém o modelo hierárquico de distanciamento professor-aluno foi mantido. O modelo que o professor utiliza é falar enquanto outros assistem, e alguns poucos podem ter falas retransmitidas pelo mediador ou *chat*.

Certo que a capacitação é imposta pelas secretarias de educação e instituições de ensino, ao propor formação durante a pandemia. Embora a formação continuada seja parte do trabalho, como estabelece a Lei de Diretrizes e Bases, deveríamos dominar as novas tecnologias digitais, e não ser dominados pela tecnologia. Dessa forma, o que fazemos dessa formação pode e, penso eu, deve colaborar na construção do autocuidado.

---

[32] *Chat* é uma ferramenta que permite conversas instantâneas.

[33] Estratégias temporárias para diminuir os impactos sobre a aprendizagem no contexto da pandemia. Segundo a professora Cleoni Fernandez, foi o possível realizado pela rede pública para manter vínculos de afeto com alunos (Painel 3, VIII Seminário Internacional de Políticas Públicas da Educação Básica e Superior e XII Seminário Internacional de Educação Superior, 10/11/2021).

"A saúde é o mais importante", destacava uma publicação de um sindicato de professores da Espanha, discutindo os perigos da sobrecarga de trabalho, já em abril de 2020, quando a Europa enfrentava ainda a primeira onda da Covid-19. A publicação falava das confusões ao tratar "[...] teletrabalho como disponibilidade total", fazendo com que os docentes caíssem na "autoexploração" para tentar atender a todas as demandas que não eram solicitadas no trabalho presencial (USTEA, 2020).

Ainda sobre 2020, um estudo de Almeida e Alves retrata detalhadamente um evento para professores e estudantes de licenciaturas em maio daquele ano, realizado de modo virtual. As autoras discutem, à época, sobre a falta de estrutura das instituições públicas que estavam sem aulas e as instituições privadas que impunham sobrecarga aos seus docentes para não haver perda financeira com a evasão escolar. A análise verifica um alto índice de "zoombies", considerando o termo de Anhtony Silard, que "[...] é um mix de zumbi e *Zoom* – *software* de videoconferência" (Almeida; Alves, 2020, p. 153).

Os "zoombies" são aqueles que ficam majoritariamente com a câmera fechada, mas, mesmo estando visíveis, sua presença se mantém virtual, superficial diante da tela. Para García e Morales (2021), "[...] la actitud que los profesores asumen ante la docencia repercute en la forma en que éstos enseñan y por ende en el aprendizaje de sus estudiantes[34]" (p. 236). Porém, ninguém, a não ser os escritores de ficção, previram tal ocorrência pandêmica que levou a sala de aula para dentro das telas.

Ao tentar suprir carências pedagógicas, as instituições, principalmente as públicas (universidades e institutos federais), propuseram formações das mais diversas e interessantes, em que, ao toque no *smartphone*, estávamos na plateia de grandes educadores, cursistas de instituições de renome no Brasil e onde nossa fluência em idiomas alcançasse. Sem a necessidade de grandes investimentos próprios, o docente pôde ter aulas diretamente com autores de seus livros de cabeceira, descobrir outras epistemes, outras formas de reinventar a docência, reinventar-se.

Seja pela obrigatoriedade de formação continuada, seja pela possibilidade de participação em eventos antes inimagináveis (ou pela distância, ou pelo horário e tempo dispensados, ou por questões financeiras, e tantas outras distintas situações), aqueles que escolheram a educação como profissão enfrentaram a multiplicação de *lives* em pouco mais de um ano de pandemia da Covid-19.

---

[34] "A atitude que os professores assumem diante da docência repercute na forma em que eles ensinam e portanto na aprendizagem de seus estudantes."

Foram e ainda são muitas *lives*, contando apenas as que ofertaram "formação/capacitação", excluindo desta oferta as aulas, as reuniões, as entrevistas, os processos seletivos etc. Continuamos com eventos de formação e atualização de forma híbrida (ocorrendo simultaneamente de forma presencial e virtual) e novas metodologias e especialidades são criadas para atender à demanda, sejam da iniciativa privada ou pública (plataformas de universidade ou Escola Virtual Gov). A agenda on-line (com 24 horas e os fusos horários) não é suficiente para atender às opções que aproximaram ainda mais instituições lusófonas e latino-americanas. Nunca fomos tão multiculturais em nossas formações educativas. Mas o que sobra disso? E ainda: que aprendizados somamos a tantas *lives*?

Tudo é aprendizado. Certo! Mas... você lembra o que pescou na última *live* à que assistiu na sua rede social?

> Embora a interconectividade gere aprendizagens de diversas ordens, também gera ansiedade e cansaço. Estamos conectados 24 horas do dia, 7 dias da semana. O trabalho acadêmico próprio da docência, o trabalho de gestão, as reuniões dos colegiados, trabalhos de extensão universitária, etc., todos eles invadem nossas casas, misturando o tempo de trabalho e o tempo de descanso (Oliveira, 2021, p. 85).

Em uma quarta-feira de novembro, enquanto eu assistia a mais uma de incontáveis *lives*, a professora que proferia a fala, respondendo sobre a carga colocada no trabalho docente, dizia ser sua 27ª e ainda não a última preleção do ano de 2021.

Como a areia escorre das mãos, as *lives* escorrem da memória. E elas são muito interessantes, com suas temáticas, com seus convidados que trazem conhecimentos, experiências, esperanças e ânimo para o trabalho docente. Enquanto isso, a quantidade que por vezes encorpa o currículo desgasta o professor, e "[...] o professor é uma pessoa e necessita de um tempo para si" (Oliveira, 2021, p. 88).

Pessoa que tem em seu entorno a família, seus colegas, que, em conjunto, sofrem o desgaste nas relações sociais e profissionais de um professor sobrecarregado (USTEA, 2020). E o propósito de uma formação deve ser avivar a profissão, com aprendizagens e trocas que renovem ou mantenham o fascínio pela profissão; afinal, creio, ainda, a melhor e, para muitos, a única alternativa de erguer a voz na sociedade que nos enumera, capitaliza e vende é participar do processo educativo.

Quando esse fascinante mundo de descobertas educacionais acumula-se com tantas expectativas da realidade e com todas as tarefas cotidianas, não nos permitimos usufruir desse tempo; o tempo que pontuamos no relógio, na agenda, na nossa vida como se ele fosse determinante do futuro ou do presente. Entretanto, se o tempo é apenas a marcação na agenda, um ponto no tempo, o sentido dele se esvazia. Concordo que o tempo precisa de uma história, pois "[...] a narração dá aroma ao tempo" (Han, 2018, p. 38).

No livro *O aroma do tempo* (2018), Byung-Chul Han provoca o leitor a se demorar com seus pensamentos e a revisitar o tempo vivido; a comparação com odores e aromas que evocam memórias, sentimentos e sentidos de algo vivido, não simplesmente passado. A importância da narração do vivido dá sentido ao tempo. Se pensarmos em significar, para nós, as diversas *lives* vividas mantendo-as vívidas, escrever sobre elas, com elas ou sobre nossas impressões a partir delas, possibilita o exercício de reinvenção.

García e Morales (2021) apresentam como ferramenta reflexiva o *portfólio,* uma pasta sobre a atividade docente para autoavaliação e autoformação. Proponho a escrita de *lives* (conteúdos, teorias, sensações, provocações...) como ferramenta de autoavaliação, autoformação e, acrescento, autocuidado docente.

CONCLUSÕES PARA SE REAVIVAR

Observamos, nesses últimos anos, a multiplicação de *lives*, quando a educação foi forçadamente buscar apoio para também possibilitar a formação inicial e continuada das professoras e dos professores no Brasil. O intuito não é responder como realizar uma formação docente de qualidade por meio das *lives*, mas provocar reflexão sobre a vivência que a pandemia trouxe entre docentes e uso de tecnologia, no caso, as *lives* de formação ofertadas por instituições de educação. Refletir sobre esse tempo – pandêmico, de trabalho remoto, de necessidade de formação, de cansaço – de "falta de tempo" traz a proposta de transformar esse tempo à frente da tela, assistindo às *lives* educacionais, em uma possibilidade de autoformação profissional e autocuidado pessoal.

O professor que se permite sempre ser um estudante, envolvendo-se em espaços formativos virtuais, sabe que a formação não é imutável ou estática, A formação virtual abre espaços para diversas indagações e possibilita aproximar inquietações da vida cotidiana a outras realidades de forma crítica. Esse envolvimento ao gerar indagações críticas, o que pode ser chamado de rebeldia, cria novos possíveis caminhos, nem certos, nem errados, mas aprendizagens do ser docente.

Em tempos de cansaço, escritas para reavivar as *lives* de educação para propor o autocuidado e autoformação ou ter um tempo personalizado. Afinal o ponto central são as impressões acerca de si ao participar de uma *live*, mesmo que assistindo e sem interação com o propositor da ação. É o professor colocar-se como elemento central em uma estrutura apresentada; é fazer da escrita o levante da voz diante do palestrante; é dominar o tempo, desejo antigo da humanidade, pois ressignifica o tempo à sua vontade, é seu tempo.

Convido o leitor a saborear uma experiência de aprendizagem de acordo com você, seus sentidos estimulados para repensar práticas possíveis na educação; a fazer de cada *live* um tempo vivido com sentido. Nesse sentido, convido a sentir o aroma, que precisa ser revivido após inúmeras *lives* de cunho educacional e que têm tamanho significado para a formação docente. E, um convite final a reinventar a docência com a escrita de impressões saboreadas em cada *webinário*.

Não, não é trabalho extra essa escrita, nem sequer tem função acadêmica de uma resenha ou um resumo. Não é revisão ou reviver o aprendizado; é reavivar, animar, torná-lo movimento de inquietação intelectual; um momento seu, um tempo para você rever, complementar, experienciar suas reflexões à sombra do tema, ou, inversamente, o tema sob a sombra de suas reflexões. A ordem alterará a sua conclusão, não pela ordem da sombra, apenas por ser sua. Sua possibilidade de se reavivar: sua escolha profissional, seu momento.

REFERÊNCIAS

ALMEIDA, Beatriz O. de; ALVES, Lynn Rosalina. G. Lives, Educação e Covid-19: estratégias de interação na pandemia. **Interfaces Científicas - Educação**, v. 10, n. 1, p. 149-163. 2020. Disponível em: https://doi.org/10.17564/2316-3828. 2020v10n1p149-163. Acesso em: 25 jun. 2024.

BBC, 100 anos: 10 pessoas, momentos e objetos que marcaram história da empresa. **BBC News Brasil,** 18 out. 2022. Disponível em: https://www.bbc.com/portuguese/geral-63292455. Acesso em: 28 jun. 2024.

DÍAZ-BARRIGA, Ángel. La escuela ausente, la necesidad de replantear su significado. *In:* IISUE, Educación y pandemia. **Una visión académica**. Cidade de México: UNAM, 2020. p. 19-29.

GARCÍA, María Isabel Arbesú; MORALES, Alicia Rivera. Prácticas-reflexivas sobre la docencia en el aula universitaria. *In:* RIIE. **De la Red Iberoamericana de Investigadores en Evaluación de la Docencia Evaluación, desarrollo, innovación y futuro de la docencia universitaria**: de la Red Iberoamericana de Investigadores en Evaluación de la Docencia. 1. ed. Buenos Aires: Editorial FEDUN, 2021. p. 235-247.

HAN, Byung-Chul. **El aroma del tiempo:** un ensayo filosófico sobre el arte de demorar-se. 1. ed., 3 reimp. Buenos Aires: Herder, 2018.

HOOKS, Bell. **Erguer a voz:** pensar como feminista, pensar como negra. Trad. Cátia Bocaiuva Maringolo. São Paulo: Elefante, 2019.

KOVACS, Leandro. **O que é live?** [Transmissão ao vivo]. Tecnoblog. Tb Responde. Internet. 2020. Disponível em: https://tecnoblog.net/responde/o-que-e-live/. Acesso em: 20 jun. 2024.

OLIVEIRA, Valeska Fortes de. La docencia en tiempos de pandemia: el profesor es una persona. *In:* MORALES, Alicia Rivera *et al.* (org.). **Vivir la docencia en tiempos de pandemia:** experiencias en videocharlas de los actores de educación media superior y superior. Cidade do México: Editorial ArQuinza, 2021. p. 83-88.

PAVIÉ, Alex. Formación de profesores y carrera docente en Chile: programas formativos en regiones. **Revista LIDER**, v. 20, n. 32, p 164-176, 2018. Disponível em: https://www.researchgate.net/publication/326271747. Acesso em: 10 jan. 2024.

SEGURA, Mauro. A incrível história por trás da música "Pela internet" de Gilberto Gil. **Blog**. 20 maio 2017. Disponível em: https://www.maurosegura.com.br/pela-internet-gilberto-gil/. Acesso em: 28 jun. 2024.

SOFFNER, Renato. Tecnologia e educação: um diálogo Freire – Papert. **Tópicos Educacionais**, Recife: UFPE, v. 19, n. 1, jan./jun. 2013. Disponível em: https://periodicos.ufpe.br/revistas/topicoseducacionais/article/viewFile/22353/18549. Acesso em: 2 fev. 2024.

TREJO-QUINTANA, Janneth. La falta de acceso y aprovechamiento de los medios y las tecnologías: dos deudas de la educación en México. *In:* IISUE, Educación y pandemia. **Una visión académica**. Cidade do México: UNAM, 2020. p. 122-129.

USTEA Enseñanza (Unión de Sindicatos de Trabajadoras y Trabajadores en Andalucía). **Docente:** la salud es lo más importante, evita la sobrecarga de trabajo. 28 de abril Día Mundial de la Seguridad y la Salud Laboral. Comunicados de USTEA en 28/04/2020. Disponível em: https://educacion.ustea.org/docente-la-salud-es-lo-mas-importante-evita-la-sobrecarga-de-trabajo-28-de-abril-dia-mundial-de-la-seguridad-y-la-salud-laboral/. Acesso em: 20 jun. 2024.

UM DIÁLOGO A PARTIR DAS VIVÊNCIAS NA PANDEMIA DE COVID-19 PARA A CONSTITUIÇÃO DE EXPERIÊNCIAS AUTOFORMATIVAS DOCENTES

Samuel Robaert

INTRODUÇÃO

Este diálogo é sobre docência, uma experiência humana no mundo e, por isso, histórica e marcada por uma longa tradição (Arroyo, 2013). Neste texto, reflito sobre essa docência, a partir das vivências da pandemia de Covid-19, mas também sobre esperança (Freire, 2011), que nos demarca como seres humanos, no mundo e com os outros. É esse imperativo ontológico que torna possível vislumbrar, em meio ao caos e às turbulências da existência, oportunidades de ressignificar algo que já era motivo de contestação, mas que, parece, não pode mais ter o mesmo sentido que vinha tendo até sermos engolfados por essa pandemia.

Em decorrência da pandemia de Covid-19, nossa expectativa de progresso inconteste, derivada ela mesma da ideia cartesiana de um certo triunfalismo científico, foi profundamente abalada por um parasita submicroscópico. A capacidade de replicação do vírus Covid-19 recuperou em nós a compreensão de que a expectativa cartesiana de que a ciência moderna poderia resolver todos os problemas e tornar o futuro infalível e seguro, por meio do domínio da natureza, foi frustrada, apesar do progresso inconteste dela. A abrupta ruptura que se operou nos nossos modos de estar no mundo e com os outros ajudou no retorno à compreensão de nossa falibilidade, algo tão humano em um mundo cada vez mais dominado pelas certezas tecnológicas, que buscam encontrar respostas rápidas, simples e fáceis para todos os problemas, algo muito próximo do ideal cartesiano.

Esse mesmo "mundo tecnológico" apresentou a solução para o "problema" surgido com a educação, pois logo ficou claro que a escola deveria adaptar-se à nova complexidade imposta pela necessidade de isolamento social. As respostas despontaram rapidamente, fazendo com que a instituição escolar se reorganizasse em torno do ensino remoto (ER)[35],

---

[35] Conforme Portaria do MEC n.º 544, de 16 de junho de 2020. Disponível em: https://www.in.gov.br/en/web/dou/-/portaria-n-544-de-16-de-junho-de-2020-261924872. Acesso em: 2 nov. 2024.

ANA CARLA HOLLWEG POWACZUK - DORIS PIRES VARGAS BOLZAN - ESTEFANI BAPTISTELLA - GIANA WEBER DE OLIVEIRA - IZABEL ESPINDOLA BARBOSA - LUCIÉLI DA CONCEIÇÃO LEAL - MARIO VÁSQUEZ ASTUDILLO - RAQUEL SCREMIN - REJANE ZANINI - SAMUEL ROBAERT - SUZEL LIMA DA SILVA - VALESKA FORTES DE OLIVEIRA -(ORG.)

uma modalidade diferente de qualquer prática pedagógica anteriormente experimentada e numa escala jamais vista.

Essas vivências durante o ER, devido à pandemia de Covid-19, produziram diferentes percepções sobre essa modalidade. Percebe-se que há tanto os entusiastas, que argumentam que esse momento terá provocado uma nova experiência da docência, como também os desiludidos e desesperançados com o que aconteceu. Porém, percebe-se que há, certamente, uma reivindicação sobre um processo de ruptura com o que até então estava estabelecido, motivado pela introdução de diversas tecnologias educacionais e a substituição da sala de aula por espaços virtuais de encontro e de práticas pedagógicas.

Pois bem, é essa ideia central que pretendo problematizar. Terão os professores experienciado uma nova forma de docência nesse período, capaz de provocar uma ruptura com a tradição anteriormente experimentada? Aqui, pretendo dialogar sobre a reivindicação de uma possível mudança nas bases sobre as quais a docência está assentada, a partir da compressão que os fundamentos ontológicos e epistemológicos da docência não foram rompidos, de tal modo que o ser da docência está impregnado delas. Apesar dessa impossibilidade de ruptura total e abrupta com a tradição, pretendo dialogar sobre importantes vivências de docência, que precisam ser refletidas, para que venham a se transformar em experiências de autoformação, de modo que possamos, a partir do passado onde temos os pés firmados, ressignificá-lo no presente.

SOBRE DOCÊNCIA, TRADIÇÃO, VIVÊNCIAS E EXPERIÊNCIAS

Tomo a tradição, a partir da hermenêutica filosófica, como algo pelo qual a história e o passado nos chegam e nos falam no presente e cujo modo de ser é linguagem (Gadamer, 2015). Considerando este referencial, retomo a ideia central na qual este texto se ancora, de que não houve uma mudança na tradição docente durante a pandemia, mas que, certamente, colocamos algo de novo em todas as mensagens que nos chegam através de uma história que continua a agir sobre a docência e através da qual nos compreendemos como docentes.

No que me apoio para reivindicar tal asserção? Na constatação de que, apesar de a pandemia ter sido marcada por um grande esforço docente em fazer adaptações necessárias às aulas virtuais, o que operou foi uma mudança metodológica, uma transposição das tradicionais formas de compreensão da docência para outros espaços, marcados por outras formas de encontro e estratégias pedagógicas. Não houve uma mudança no estatuto ontológico da docência, ou seja, naquilo que a fundamenta na constituição de seu fazer, seus propósitos, sua organização e sua compreensão sobre si mesma.

Assim, a sala de aula permaneceu como espaço de organização estrutural da "aula" e, por consequência, da docência, sendo transposta do espaço físico tradicional para a sala virtual, cada um reservado ao seu "quadrado", da mesma forma que na sala de aula tradicional. Ali, permaneceu a postura objetivista, muito próxima ao que Freire denomina de Educação Bancária, caracterizada pela dissertação alheia "[...] à experiência existencial dos educandos" (Freire, 2014, p. 79).

Os estudantes, por sua vez, ao permanecerem com as câmaras fechadas e com uma postura silenciosa, consolidaram "[...] uma presença com ausência diante de câmeras fechadas" (Oliveira, 2021, p. 88, tradução nossa). Assim, a percepção é de que não houve, nas vivências do ER, alguma ruptura com a tradição docente que operava anteriormente. Isso se mostrou quando do retorno à presencialidade, quando a docência passou a assumir as mesmas configurações em que operava anteriormente. Essa constatação corrobora com o entendimento de que as formas de autocompreensão docente permaneceram intocadas, talvez, devido às vivências não terem se constituído em experiências autoformativas, ou seja, de forma a se incorporarem no próprio ser da docência.

Gadamer diferencia os conceitos de vivência e experiência. Para ele, há na vivência "[...] algo inesquecível e insubstituível, basicamente inesgotável para a determinação compreensiva de seu significado" (Gadamer, 2015, p. 113). Uma vivência não é planejada, mas simplesmente acontece, suspendendo "[...] os compromissos sob os quais se encontra a vida costumeira" (Gadamer, 2015, p. 76) e rompendo com a linearidade e previsibilidade da vida. Por isso, vivenciar algo remete a um "quê" de aventura, um "[...] partir rumo ao que é incerto" (Gadamer, 2015, p. 76).

Uma vivência permanece sendo ressignificada e pode assumir um significado duradouro, transformando-se em experiência. É assim que uma vivência nos envolve no sentido de compreender o seu significado. Por isso, as vivências do ER podem vir a se tornar um "[...] momento do próprio processo de vida" (Gadamer, 2015, p. 115), mas, para isso, necessitam ser ressignificadas a ponto de se constituírem em uma experiência de autoformação.

Se guardamos em nós o mestre que tantos foram, "[...] podemos modernizá-lo, mas nunca deixamos de sê-lo" (Arroyo, 2013, p. 17), é porque a tradição na qual nos encontramos continua a reverberar no saber-fazer das docências. Porém, isso de modo algum significa que somos determinados, pois a tradição opera em toda mudança histórica. Apesar de não ser possível romper com ela e sua autoridade, estamos sempre a interpretando e ampliando nosso horizonte de compreensão. Assim, a tradição operante é continuamente ressignificada, o que, por si só, produz mudanças, ainda que dentro de uma tradição. Por isso, a tradição manifestada, principalmente, nas formas de autocompreensão da docência sobre seu fazer pedagógico permaneceu muito presente nas vivências do ER.

Apesar disso, as vivências, ao longo desse período, foram marcadas por questionamentos, que produziram e permanecerão produzindo ressignificações e apontaram para outras formas de compreensão da docência. Porém, isso dependerá muito de como cada um tomará estas vivências para si e, principalmente, da atitude hermenêutica, que é aquela de quem, ao dialogar, está disposto a ouvir o que o outro tem a dizer e, mais, pronto a reconhecer que o outro pode estar certo, enquanto ele, que ouve, pode estar possivelmente equivocado em suas compreensões.

POSSIBILIDADES PARA PENSAR A DOCÊNCIA

As vivências dessa pandemia oportunizaram a ampliação de horizontes sobre o fazer pedagógico. O que teriam essas vivências a ensinar à docência para que esta ressignifique o seu autocompreender, de modo que essas vivências venham a se constituir em experiências de autoformação docentes? Para contribuir com este diálogo, proponho refletir sobre algumas importantes vivências despertadas pelo seminário "Reinventar a Docência nas Redes do Conhecimento", do Programa de Pós-graduação em Educação (PPGE) da Universidade Federal de Santa Maria (UFSM).

Uma grande vivência dessa pandemia foi a retomada da compreensão de nossa condição humana, histórica e finita. Precisamos rememorar que, se somos finitos e falíveis, a ciência, que é um empreendimento humano, também o é. Apesar disso, a ciência moderna, e sua arrogância característica, formou uma imagem social de que ela poderia dar resposta a todos os problemas, produzindo uma expectativa de que ela poderia livrar a humanidade das consequências inevitáveis da historicidade humana.

Desconsidera-se que as verdades da ciência não são absolutas, referindo-se a determinado sentido que lhes é atribuído, a partir de um conjunto de valores, crenças e percepções que são históricas, e que, por isso, só podem ser compreendidas em determinada época. Essa epistemologia, que entende a razão e seu método como superiores a qualquer outra forma de conhecimento, é uma herança cartesiana que também reverbera no ser da docência. Isso se manifesta quando somos levados a acreditar que trabalhamos com conceitos científicos e que estes são verdades estabelecidas, de forma que estamos certos de que ensinamos as verdades, pois elas são científicas.

Esse entendimento também se manifesta na nossa relação com o mundo, nas nossas incapacidades de compreender os impactos que nosso estilo de vida, traduzidos no lixo que produzimos, na água que consumimos e na energia que gastamos. A arrogância da ciência manifesta-se também na nossa relação arrogante com o nosso mundo. De certa forma, a razão e a técnica nos tiraram a visão do todo complexo que a nossa existência integra, levando-nos a acreditar nas potencialidades do indivíduo, em detrimento das ideias de pertença a algo maior e a uma comunidade humana.

Morin (2020) nos fala sobre a necessidade de um humanismo regenerado, que rejeita essa ideia da divinização do homem, expressa no ideal do sucesso do indivíduo. Para ele, esse humanismo reconhece a complexidade humana, marcada por muitas contradições. E, ao reconhecer essa complexidade, também se torna ciente de sua finitude e das fragilidades de pensamento. Da mesma forma, tornam-se mais compreensíveis os grandes prodígios tecnológicos e, ao mesmo tempo, as destruições operadas por essas tecnologias. Morin compreende que "[...] é preciso aliar razão e paixão incessantemente, que a afetividade humana pode conduzir ao amor ou ao ódio, à coragem ou ao medo, que a razão sozinha é gélida e desumana" (Morin, 2020, p. 32). É impactante pensar que algo tão humano, como a razão, que deveria separar-nos de toda a barbárie, possa ser ela mesma o motor condutor para a desumanização de nosso mundo.

Como poderia nossa docência continuar a marcar a história de forma a contribuir com o percurso humano? Certamente, existem muitas respostas para essa pergunta, mas nenhuma delas deixa de se alicerçar em como compreendemos o fazer pedagógico docente. Somos docentes de verdades absolutas, que anulam as experiências de vida? A docência está alicerçada nesse entendimento cartesiano de razão, que nos leva a processos de desumanização? Estaríamos compreendendo a docência de forma alheia aos problemas humanos?

Pois bem, se nessa tradição se assenta o ser da docência, a pandemia nos convoca a ressignificá-la, já que ela tornou evidente que os problemas que temos a enfrentar, como humanidade, requerem uma aproximação muito grande do nosso fazer das experiências de vida dos estudantes. Assim, outra reflexão necessária, despertada pelos diálogos no seminário, é que educar é "[...] antes de mais nada revelar-nos como docentes educadores em nossa condição humana. É nosso ofício. É nossa humana docência" (Arroyo, 2013, p. 67). Assim, precisamos ressignificar o ser de nossa docência como uma docência humana, que, por um imperativo histórico, não pode ficar alheia e descomprometida da vida, das experiências de mundo, tanto dos estudantes como das nossas próprias experiências.

Quando pensamos na docência como uma humana docência, logo nos reportamos a algo que lhe é contraditório, o uso de uma razão artificial, por meio de máquinas e sistemas desenvolvidos para produzir aprendizagem em escala industrial. Essa foi, de certa forma, uma das grandes inovações do ER: a difusão do uso de tecnologias educacionais como forma de substituir as classes tradicionais, as "aulas", a lousa, os laboratórios, os locais de encontro, os "papos de corredores". O encontro físico deu lugar ao encontro virtual, mediado pelas tecnologias.

A ampla difusão desses meios levou muitos a anunciarem que, após a pandemia, à docência haveria de se transformar em outra, numa reivindicação de um processo de ruptura tal que somente pode ser compreendido como uma mudança na tradição da docência, ou seja, nos seus estatutos ontológicos e epistemológicos. Ao longo deste texto, discorremos sobre nossa compreensão acerca dessa impossibilidade, mas, ainda assim, nos questionamos: terá a tecnologia capacidade de proporcionar tal superação da tradição docente?

Pensamos que a pandemia e o longo período de ER mostraram-nos que não e, muito pelo contrário, reafirmaram a importância do fazer pedagógico docente frente às novas tecnologias e, fundamentalmente, a escola, em seu espaço físico, como local de encontro de pessoas, que não pode ser superado de forma alguma pelas salas de aula virtuais. A pandemia mostrou que precisamos é de um fazer pedagógico que tenha como ponto de partida uma "[...] pedagogia do encontro" (Nóvoa, 2021, p. 12).

Sobre a possibilidade de a sala de aula deixar de ser um local de encontro, sendo substituída pelas salas virtuais, Nóvoa (2021, p. 11) percebe que "[...] o digital pode ser útil para manter os laços, mas nunca substituirá o encontro humano", já que "[...] a educação implica um vínculo que transforma, ao mesmo tempo, alunos e professores, e, pela internet ou 'à distância', essa possibilidade fica diminuída".

Foram muito comuns as *lives* formativas em que professores formadores motivaram o uso tecnologias educativas, transparecendo o discurso que o uso delas seria garantidor do envolvimento do estudante em seu processo de autoformação. Porém, precisamos admitir que, se há algo que foi muito bem compreendido nesta pandemia, é que se sentar em frente a um computador não é garantia de engajamento ou de aprendizagem. Nesse sentido, sigo com Gadamer (2000), que afirma: "[...] eu mantenho isso, de que se o que se quer é educar e formar, é de forças humanas que se trata e só através delas conseguiremos sobreviver à tecnologia e aos serviços das máquinas" (Gadamer, 2000, p. 6, tradução nossa). Assim, o educar-se e o formar-se são aspectos humanos, que não podem ser substituídos por máquina ou inteligência artificial alguma.

A principal vivência nessa pandemia que emergiu dos diálogos foi a de que pertencemos a um todo mais complexo e intrincado. A modernidade, ao tentar superar uma visão de mundo na qual o homem estava integrado ao todo da existência, propôs no método científico um distanciamento do homem em relação à natureza, na busca de dominá-la para então conhecê-la, operando o rompimento com a ideia de pertença; como que o ser humano pudesse, por meio da razão, observar o mundo de fora, não estando no mundo. Essa compreensão trouxe consigo a ideia de indivíduo e as "liberdades individuais", tão alardeadas hoje pelos que defendem o direito de não se vacinarem, de forma desconectada de sua condição de pertença a uma coletividade, uma comunidade, uma família.

Essa característica moderna da individualidade, como se pudéssemos compreender o mundo em uma posição neutra, também se manifesta na docência. Mas a pandemia nos convoca também a compreender que partilhamos do envolvimento com a formação de seres humanos com outros tantos professores, ou seja, que a docência é compartilhada, como nos mostrou o professor Antonio Carrillo Avelar (2021), ao se reportar ao trabalho desenvolvido com os povos originários no Sul do México.

A aprendizagem da docência coletiva é um grande desafio que se reflete nas dificuldades de se construir um trabalho profissional coletivo, ou mesmo, de nos compreendermos como partes integrantes dessa docência coletiva. Isso acontece, por exemplo, quando nos colocamos em uma posição de defesa de nossas áreas específicas, de nossos "conteúdos" disciplinares.

A modernidade reduziu nosso papel a de professores de área ou disciplina, ou, ainda, por que não dizer, de "transmissores" de certos conhecimentos tidos como verdades e "ensinados" enquanto tais. De certa forma, é como se a modernidade tivesse limitado e encarcerado a docência, para cada um dentro de seu "quadrado", a tal ponto que "[...] nossa autoimagem está colada aos conteúdos do nosso magistério" (Arroyo, 2013, p. 71), passando eles a serem a razão do "[...] pensar, sentir e ser" (p. 70) das docências.

Essa compreensão do caráter coletivo da docência pode mover-nos dentro da tradição cartesiana, não no sentido de ruptura, algo que certamente não está ao nosso alcance, mas de reinventá-la, de forma que as vivências da pandemia possam passar a constituir experiências de autoformação.

CONCLUSÃO

Ao iniciarmos este diálogo, reportamo-nos à nossa condição ontológica de seres esperançosos. Se o somos, não é por teimosia, nem por definição conceitual, nem sequer por um "estado de espírito" ou personalidade. A esperança é um imperativo existencial humano, independente de raça, gênero, cor, gostos e ideologias. Apoiamo-nos em Morin (2020), que, na autoridade de seu um século de vida, nos fala que devemos deixar a utopia do mundo melhor, para dar lugar à esperança de um mundo melhor. Certamente que esse entendimento tem na sua base o sentido ontológico da esperança como um movimento.

Para Morin, esse abandono da utopia de um mundo melhor para abraçar a esperança de um mundo melhor é possível, se nos voltarmos à nossa própria humanidade. Esse movimento é importante também na docência, pois a utopia carrega em si certa irrealização. Diferente disso, a esperança é vida, é movimento, é uma abertura ao novo, é algo extremamente hermenêutico. Tanto que, para Freire (2011), esperança é verbo, pois verbo é palavra, ação que é puro acontecer.

Nesse sentido, a docência também é ontologicamente esperançosa, pois não é possível ser professor sem acreditar profundamente no outro e, por isso, sem se envolver com o outro, sem ser com o outro, como ficou claro por meio da participação da professora Alicia Rivera Morales no Seminário, que nos auxiliou a compreender o papel esperançoso da docência, e no impacto quase profético desse movimento nas aprendizagens dos estudantes e no trabalho pedagógico dos professores.

Não há mais como desconsiderar que, se pretendemos continuar a contribuir com o percurso humano, precisamos, a partir das vivências dessa pandemia, ressignificar à docência e tentar romper os laços com os quais a modernidade tornou cativas nossas formas de nos compreendermos como professores. A condição fundamental para isso é superar a tão presente dissertação alheia à vida, que faz com que as docências se mostrem totalmente desconectadas das experiências de mundo. Precisamos compreender a nossa docência como finita, que acontece a partir do encontro e como algo que pertence a um todo muito maior, no qual estamos irremediavelmente integrados.

REFERÊNCIAS

ARROYO, Miguel. **Ofício de Mestre:** imagens e autoimagens. 15. ed. Petrópolis, RJ: Vozes, 2013.

BRASIL. Ministério da Educação. **Portaria n. 544, de 17 de junho de 2020**, dispõe sobre a substituição das aulas presenciais por aulas em meios digitais, enquanto durar a situação de pandemia do novo coronavírus - Covid-19. Brasília, DF: Diário Oficial da União, seção 1, página 62, junho de 2020. Disponível em: https://www.in.gov.br/en/web/dou/-/portaria-n-544-de-16-de-junho-de-2020-261924872. Acesso em: 2 nov. 2024.

FREIRE, Paulo. **Pedagogia da Esperança:** um reencontro com a pedagogia do oprimido. 17. ed. São Paulo: Paz e Terra, 2011.

FREIRE, Paulo. **Pedagogia do Oprimido.** 58. ed. São Paulo: Paz e Terra, 2014.

GADAMER, Hans-Georg. **Verdade e Método:** Traços fundamentais de uma hermenêutica filosófica. 15. ed. Tradução de Flávio Paulo Meurer. Petrópolis, RJ: Vozes, 2015.

GADAMER, Hans-Georg. **La educación es educarse**. Barcelona: Paidós, 2000.

GRONDIN, Jean: **Hans-Georg Gadamer**: una biografía. Barcelona: Herder, 2000.

TORRANO, Conrad Vilanou**. Historia de la Educación**. 2013. Disponível em: https://revistas.usal.es/tres/index.php/0212-0267/article/view/10992. Acesso em: 18 jul. 2023.

MORIN, Edgar. **É hora de mudarmos de via:** as lições do coronavírus. Tradução de Ivone Castilho Benedetti. Rio de Janeiro: Bertrand Brasil, 2020.

NÓVOA, António. A pedagogia do encontro. *In:* NÓVOA, António. **Transformar:** doutoramento em educação seminários transdisciplinares e interuniversitários. Lisboa: Instituto de Educação da Universidade de Lisboa, 2021. p. 78-92.

OLIVEIRA, Valeska Fortes de. La docencia en tiempos de pandemia: el profesor es una persona. *In:* MORALES, Alicia Rivera; RONDENIL, Martín de los Heros; MONDRAGÓN, Alma Rosa Hernández; AVELAR, Antonio Carrillo (org.). **Vivir la docencia en tiempos de pandemia. Experiencias en viodecharlas de los actores de educación media superior y superior**. Cidade do México: Editorial Arquinza, 2021. Disponível em: https://play.google.com/books/reader?id=a-8cLEAAAQBAJ&pg=GBS.PT1.w.0.0.0.2&hl=pt. Acesso em: 16 maio 2024.

DESAFIO DE REINVENÇÃO DA DOCÊNCIA E SUA RELAÇÃO COM A VULNERABILIDADE DOCENTE

Luiza Paul Gehrke

INTRODUÇÃO

Ao final do ano de 2019, os noticiários alertaram mundialmente. Em seguida, março de 2020, inicia-se um novo ciclo na vida dos brasileiros. As primeiras paralisações começaram a serem feitas pelo vírus coronavírus (Covid-19). Esta variante foi detectada a primeira vez no Brasil, até então desconhecida. Imaginava-se que seria pontual, de, no máximo, poucos dias de duração, mas, com o avanço do vírus, ser tornou excepcional, conforme afirma Santos (2020, p. 5):

> [...] a ideia de crise permanente é um oximoro, já que, no sentido etimológico, a crise é, por natureza, excepcional e passageira, e constitui a oportunidade para ser superada e dar origem a um melhor estado de coisas. Por outro lado, quando a crise é passageira, ela deve ser explicada pelos factores que a provocam.

Logo vieram as paralisações, restrições e adaptações às novas formas de viver, sem contato físico, máscaras, álcool, mortes... Tanto na vida pessoal quanto na profissional, foram necessárias mudanças, que hoje, quatro anos depois, se colhe os frutos, principalmente dentro das escolas.

O distanciamento social decorrente da pandemia do vírus Covid-19 provocou a necessidade de repensar e readequar os modos de pensar e organizar o trabalho docente nas instituições de ensino. Nesta perspectiva, o desafio da reinvenção da docência pode ser indicado como um movimento presente ao longo do período pandêmico.

Um dos principais destaques dentro das escolas é o ensino remoto, que veio para manter o vínculo entre professor e aluno, evidenciando a necessidade do olhar atento nos contextos vulneráveis, visando a campanhas e ao apoio de uma rede colaborativa (psicólogos, docentes e escolas).

Além disso, é presente também, em diferentes espaços institucionais e em estudos da atualidade, a situação de mal-estar e adoecimento docente que tem tensionado as transformações nos modos de fazer a docência em tempos pandêmicos e pós-pandêmicos.

Assim, os desafios do trabalho docente em tempos de pandemia tiveram seus aspectos positivos e negativos, causando uma vulnerabilidade docente, permitindo que, com esta escrita, se destaque possíveis reinvenções e esperanças depositadas nos tempos atuais, fazendo com que a docência se torne mais fortificada.

O objetivo desta escrita é demonstrar os desafios do trabalho docente em tempos de pandemia, seus aspectos positivos e negativos e a vulnerabilidade docente e as reinvenções. Neste sentido, evidencia-se a relação entre a reinvenção e as condições de vulnerabilidade docente, destacando o fortalecimento do coletivo como chave para impulsionar as transformações que se fazem necessárias ao trabalho docente. Assim, questiono-me: quais são os desafios do trabalho docente em tempos pandêmicos? É possível vulnerabilidade na docência? A reinvenção e superação são possíveis na docência e após a vulnerabilidade docente?

DESAFIOS DO TRABALHO DOCENTE EM TEMPOS PANDÊMICOS

Desde o ano de 2020, com o início da pandemia, foi possível perceber os desafios encontrados dentro de sala de aula e para as equipes gestoras de escolas, desafios esses que impactaram negativamente e positivamente. Destaco como um dos grandes desafios a adoção do ensino remoto emergencial.

O ensino remoto se deu para a possível continuidade das atividades escolares, para que não se perdesse o vínculo entre professor e aluno, escola e aluno e família e contexto escolar. Esse ensino teve como objetivo, também, fornecer um acolhimento para famílias que se sentiram afetadas pela pandemia. Evidenciaram-se, ainda, outras formas de atendimento às demandas dos estudantes, como as campanhas de doação de alimentos realizadas nas escolas e a oferta de conversas com professores e psicólogos, para que as famílias não se sentissem tão desvinculadas e desamparadas durante esse período crítico.

> Como se vê, por definição, o ensino remoto não pode se equivaler ao ensino presencial, sendo admitido apenas como exceção; e se diferencia da Educação a Distância porque também não preenche os requisitos definidos para

> essa modalidade. No entanto, mesmo para funcionar como substituto do ensino presencial certas condições precisam ser preenchidas tais como: a) o acesso de todos os alunos ao ambiente virtual propiciado pela aparelhagem representada por computadores, celulares e similares; b) considerando que alunos e professores devam estar confinados nas suas residências, estas deverão estar todas equipadas com acesso à internet; c) é preciso que todos os estudantes preencham os requisitos mínimos para acompanharem, como proveito, o ensino remoto [...] (Saviani, 2020, p. 5-6).

Um dos principais desafios do ensino remoto aos professores foi a forma instantânea pela qual este foi instaurado: uma experiência de trabalho ainda não vivida e que precisou ser acolhida pela docência. Esse acolhimento do ensino remoto trouxe inúmeros desafios aos professores, que tiveram que se adaptar à nova modalidade de trabalho que teve mudança em todo o mundo (globalmente).

Os professores tiveram de trocar o espaço da sala de aula pela videoconferência, a aproximação física pela digital, sendo, então, um dos principais desafios para eles, sendo o *home office* o mais conceituado nos últimos tempos.

O celular pessoal e as redes sociais viraram ferramentas de trabalho; a vida pessoal e a casa (cozinha/sala/quarto) viraram o novo espaço pedagógico; o investimento em termos de orçamento mensal (luz) redobrou; a jornada de trabalho ampliou-se; e o espaço docente invadiu como nunca o espaço privado da vida do professor. As tecnologias se tornaram uma das principais ferramentas de trabalho, mas com um uso inicial restrito pela falta de formações. Desta forma, a pandemia coloca em evidência dificuldades e fragilidades que não eram tão intensamente evidenciadas dentro das escolas e salas de aula.

Os impactos ainda se dão pela desvalorização da classe dos professores, que fica vulnerável e exposto por ter sua imagem e seu contato ao dispor de toda sociedade escolar, perdendo sua privacidade diária e tendo que se sujeitar aos conflitos impostos diariamente.

Diante disso, muitos relatos e situações de adoecimento e mal-estar docente foram emergindo. Contraditoriamente, os professores também tiveram de ouvir comentários da comunidade em geral, tais como "trabalhar de casa é mais fácil e confortável", que se tornaram uma calamidade para a docência, pois as demandas dos professores em frente à tela de computador, notebook e celular não eram mostradas nem questionadas. Assim, Douglas, citado por França *et al.* (2002 *apud* Janczura, 2012, p. 304), em sua teoria,

> [...] mostra como o julgamento moral está envolvido com a percepção de risco em nossa sociedade, visto que a percepção não é algo natural e que as instituições sociais o usam para controlar o comportamento humana, reforçar normas e melhor coordenar as instituições.

A partir desse contexto escolar de uma rede municipal, é possível perceber a vulnerabilidade docente instaurada no período pandêmico. Foram diversas demandas, desde organizar materiais de aulas para serem apresentadas por telas, envio de atividades aos alunos, descrição de relatórios de acompanhamentos, até a impossibilidade e/ou dificuldade de acompanhar efetivamente as aprendizagens de muitas das crianças para as quais o trabalho se dirigia. A ausência do contato com as crianças, ou seja, a falta do contato físico, foi algo intensamente vivido e manifestado pelos professores. Tais situações são intensificadas quando não se dispõe de suportes e pontos de apoio necessários para esse momento pandêmico.

A VULNERABILIDADE DA DOCÊNCIA

A vulnerabilidade social é um termo que, na sociedade nesse período pandêmico, se destacou, principalmente dentro das escolas, tanto para os alunos e familiares quanto para os docentes. É um termo que não indica uma conceituação definida. De acordo com o autor Castel (1998), a expressão evoca "[...] um espaço social de instabilidade, de turbulências, povoado de indivíduos em situação precária em sua relação com o trabalho e frágeis em sua inserção relacional" (Castel, 1998, p. 26 *apud* Costa, 2018, p. 12).

Já para a autora Janczura (2012, p. 302):

> [...] existe uma relação entre risco e vulnerabilidade: "a vulnerabilidade opera apenas quando o risco está presente; sem risco, vulnerabilidade não tem efeito" (p.28). A palavra vulnerável origina-se do verbo latim vulnerare, que significa ferir, penetrar. Por essas raízes etimológicas, vulnerabilidade é um termo geralmente usado na referência de predisposição a desordens ou de susceptibilidade ao estresse.

A desordem e a turbulência foram dimensões que acompanharam a exigência do trabalho remoto aos professores, que veio acompanhado da necessidade de reinvenção dos modos de fazer e pensar a docência, o que, para muitos professores, foi vivido como uma situação com frágeis condições de reorganizar seu trabalho, do ponto de vista emocional, financeiro e pedagógico, remetendo-nos à condição de vulnerabilidade – aqui entendida como a fragilização da capacidade material, psicológica e/ou simbólica dos professores para enfrentar e superar os desafios com que se defrontam cotidianamente, em especial, no que se refere à concretização efetiva do trabalho docente (Janczura, 2012; Carneiro; Veiga, 2004 *apud* Powaczuck, 2022, p. 10).

Para a efetividade do trabalho na docência, são necessárias condições básicas, como as elencadas na citação anterior, "[...] material, psicológica e/ou simbólica". Só assim, os professores conseguirão superar os desafios da docência e desempenharão um trabalho de qualidade e excelência, para que as crianças e os adolescentes também sejam bem mediados no seu desenvolvimento e na sua aprendizagem.

Diante desse cenário e das condições básicas para o trabalho docente, os autores Carneiro e Veiga (2004 *apud* Janczura, 2012, p. 304) afirmam e destacam um novo conceito de vulnerabilidade:

> Como exposição a riscos e baixa capacidade material, simbólica e comportamental de famílias e pessoas para enfrentar e superar os desafios com que se defrontam. Portanto, os riscos estão associados, por um lado, com situações próprias do ciclo de vida das pessoas e, por outro, com condições das famílias, da comunidade e do ambiente em que as pessoas se desenvolvem.

Dessa maneira, é possível perceber o quão importante são as condições docentes, sendo que os professores deveriam ser assessorados antecipadamente para que não cheguem nesse estado vulnerável.

A docência se encontra em constante construção e se caracteriza pela produção dos modos de aprender e se fazer professor (Bolzan, 2015). Esse processo apresenta alguns dos desafios já mencionadas para a docência durante esse tempo, assim, tecendo caminhos para a vulnerabilidade na docência, tendo vínculo, logo, com o conceito de resiliência, pelo fato da capacidade de um indivíduo lidar com os seus problemas, se adaptar às mudanças, superar e resistir aos obstáculos postos. Assim, a vulnerabilidade e a resiliência têm relação na docência.

> O termo resiliência deriva do verbo latino resilio (re+salio), indicando —voltar, saltando, retirar-se sobre si mesmo,

reduzir-se (TAVARES; ALBUQUERQUE, 1998). Tal definição, ao ser transposta ao campo da formação de professores, compreende o distanciamento de uma situação a fim de refletir, reconhecer e tomar consciência dos elementos que a compõe para, logo, retornar à atividade docente, a partir de uma postura distinta e flexível sobre o ser professor (Souza; Bolzan, 2016, p. 95).

Assim sendo, Janczura (2012, p. 305) apresenta o conceito da vulnerabilidade no contexto da resiliência e destaca que:

> A vulnerabilidade aparece também nas análises do conceito de resiliência. No contexto dos estudos sobre resiliência, a vulnerabilidade é um conceito utilizado para definir as susceptibilidades psicológicas individuais que potencializam os efeitos dos estressores e impedem que o indivíduo responda de forma satisfatória ao estresse.

Nesse ínterim, a vulnerabilidade docente se deu como um estresse acumulado, por demandas em abundância e responsabilidades acima do que o docente enfrentava antes. Os docentes se tornaram resilientes, trazendo uma superação e reinvenção de dentro de si.

> [...] a resiliência docente é que impulsiona a superação dos conflitos, favorecendo a criação de algo novo a partir da reorganização das trajetórias pessoal e profissional é movimento que poderá culminar na autonomia docente (Bolzan, 2009, 74).

Diante disso, foi notório, no ensino remoto, o quanto a ajuda de uns com os outros ocorreu durante esse período. A solidariedade e a empatia uns com os outros constituíram uma rede fortalecedora, e isso só se deu a partir da reinvenção da docência.

A COLETIVIDADE COMO FORÇA DA REINVENÇÃO E SUPERAÇÃO DA VULNERABILIDADE DOCENTE

A rede fortalecedora encontrou uma motivação no trabalho em conjunto. O fortalecimento e a cooperação entre os docentes trouxeram a forma de superar a vulnerabilidade docente, podendo movimentar os atos e a efetividade em seu trabalho. A partir dos desafios postos, que esses professores tiveram de enfrentar nesse período pandêmico e pós-pandêmico, foi possível perceber o processo de se reinventar, que foi tão necessário.

Gerou-se na pandemia a necessidade de compartilhamento, para uma suposta sobrevivência. Para isso, precisa-se do outro. Assim, foi construída uma rede colaborativa que tende a e poderá ser mantida entre os docentes, pois tiveram que pensar e trabalhar juntos, tornando o ato de colaborar/cooperar positivo na docência. As trocas e escutas, durante reuniões e conversas, foram positivamente construídas em grupos, nas quais foram gerados muitos ensinamentos e aprendizagens, sendo ações importantes para a contribuição na educação e na rede colaborativa escolar, trazendo laços de fortalecimento e empoderamento para esse profissional que se encontrou em um contexto vulnerável na docência, trazendo uma superação e reinvenção.

O reencontro e a reinvenção entre pares e entre a sociedade e o convívio tornam-se um novo desafio a ser lançado a quem ficou tanto tempo afastado e entre telas, assim como o desafio da reinvenção. Assim sendo, espera-se que possamos juntos, em sociedade, tornar as possibilidades positivas, com compreensão, empatia, solidariedade e esperança de dias melhores. Ainda pagaremos um preço alto pela nossa falta/ausência, mas que fique pelo menos a lição. Que, com a reinvenção da docência, junto à reinvenção e superação da vulnerabilidade docente, se apresente a esperança por dias melhores na docência, como ressalta Powaczuk (2022, p. 11):

> A esperança é que os sinais evidenciados possam de fato potencializar a revolução cotidianidade docente. A esperança referida como um sentimento de força que impulsionam a confiança e as escolhas individuais e coletivas, acerca de condições desejáveis a emergência do protagonismo docente, as quais não podem prescindir do trabalho coletivo e colaborativo que são as dimensões valorativas da profissão docente. Como bem diz Heller (2002, p. 42): "você salta quando diz: bom, isso é o que vou fazer e assumo a responsabilidade por fazê-lo".

Desse modo, a educação precisou e precisa ser reconectada, replanejada e repensada. Com a esperança, é possível, neste "novo normal", que, juntos, possamos continuar transformando a educação, com ação, inspiração, superação, sensibilização, concretização, informação, mediação e reinvenção.

REFERÊNCIAS

BOLZAN, Doris. Pires Vargas. **Pesquisa em educação [livro eletrônico]:** inquietações e desafios Londrina: Eduel, 2015.

BOLZAN, Doris Pires Vargas. **Formação de professores:** compartilhando e reconstruindo conhecimentos. 2. ed. Porto Alegre: Mediação, 2009.

COSTA, Marco Aurélio; SANTOS, Maria Paula Gomes; MARGUTI, Bárbara Oliveira; PIRANI, Nikolas de Camargo; PINTO, Carlos Vinícius da Silva; CURI, Rodrigo Luis Comini; RIBEIRO, Clarisse Coutinho; ALBUQUERQUE, Clayton Gurgel. **Vulnerabilidade social no Brasil:** conceitos, métodos e primeiros resultados para municípios e regiões metropolitanas brasileiras. Brasília: IPEA, 2018. Disponível em: https://www.ipea.gov.br/portal/index.php?option=com_content&view=article&id=32296. Acesso em: 5 fev. 2022.

HELLER, Ágnes; FEHÉR, Ferenc. **A Condição política pós-moderna.** 2. ed. Rio de Janeiro: Civilização Brasileira, 2002.

JANCZURA, Rosane. Risco ou vulnerabilidade social? **Textos e Contextos,** Porto Alegre, v. 11, n. 2, p. 301-308, ago./dez. 2012.

POWACZUK, Ana Carla Hollweg. **Movimentos da professoralidade a tessitura da docência:** contextos emergentes. Relatório de projeto. 2022.

POWACZUK, Ana Carla Hollweg. **Movimentos da professoralidade:** a tessitura da docência universitária. 2012. Tese (Doutorado em Educação) – Universidade Federal de Santa Maria, Santa Maria, 2012.

SANTOS, Boaventura de Sousa. **A Cruel Pedagogia do Vírus.** Coimbra: Edições Almedina, 2020. Disponível em: https://www.abennacional.org.br/site/wp-content/uploads/2020/04/Livro_Boaventura.pdf. Acesso em: 22 fev. 2023.

SAVIANI, Dermeval. Crise estrutural, conjuntura nacional, coronavírus e educação – o desmonte da educação nacional. **Revista Exitus,** Santarém, v. 10, p. 1-25, 2020. Disponível em: http://www.ufopa.edu.br/portaldeperiodicos/index.php/revistaexitus/article/view/146. Acesso em:19 jul.2023.

SOUSA, Carolina Silva. Resiliência na educação superior. *In:* ISAIA, Silvia de Aguiar; BOLZAN, Doris Pires Vargas. (org.). **Pedagogia Universitária e Desenvolvimento Profissional Docente.** Porto Alegre: EDIPUCRS, 2009. p. 65-99.

SOUZA, Karina Silva Molon; BOLZAN, Doris Pires Vargas. **A aprendizagem docente e a inclusão de cotistas B em novos contextos na universidade.** 2016. Tese (Doutorado em Educação) – Universidade Federal de Santa Maria, Santa Maria, 2016.

REINVENTAR A DOCÊNCIA: A GESTÃO EM REDE EM TERRITÓRIO DE VULNERABILIDADE SOCIAL

Luciéli da Conceição Leal

INTRODUÇÃO

O presente ensaio tem o objetivo de refletir sobre a reinvenção da docência na gestão escolar em território de vulnerabilidade social. Ser docente em uma escola de território de vulnerabilidade social traz-me o desafio de repensar os saberes docentes, as necessidades e suas especificidades que não me deixam acomodar num fazer repetitivo em diversas situações, por mais semelhantes que pareçam.

A gestão escolar, numa perspectiva de rede entre as escolas que compõem o território de vulnerabilidade social, é uma possibilidade para que a docência possa reinventar-se, tendo como elementos a docência coletiva e colaborativa, o acolhimento das vulnerabilidades do território, propiciando espaços de escuta a todos, além da integração do saber social ao saber sistematizado. Segundo Santos (1996 *apud* Cusati; Santos; Avelar, 2021, p. 1124), entende-se por território os espaços de produção de relacionamento; produto da dinâmica social em que os sujeitos sociais são enfatizados. A gestão escolar, por ocupar lugar de centralidade, tem a possibilidade de se reinventar no formato da gestão em rede, aqui destacando que essa gestão escolar em rede é realizada por uma docência gestora.

Um espaço eminente de desafios ocupado pela docência é a gestão escolar. Ser docente e ocupar o lugar de fala de gestor escolar, de ter proposições que reinventem a docência de um lugar de liderança e de visionar possibilidades de emancipação a partir dessa prática, são os maiores desafios. Desenvolver uma docência gestora em uma instituição pública implica, além dos saberes técnicos, um conhecimento e entendimento do contexto no qual a escola está localizada, de conhecer a comunidade e de como se constituiu este território. Além disso, o território de vulnerabilidade social traz elementos ainda mais significativos para a gestão escolar pensar o modelo a desenvolver e direcionar esforços diferentes para além de se empenhar apenas nos saberes sistematizados, elementos esses que podem qualificar a educação ofertada. Daí emerge a questão central: como reinventar a docência da/na gestão escolar em territórios de vulnerabilidade social, território que se constituiu com desigualdade e exclusão, da zona da pobreza que surge a partir disso e da soma desses fatores que é a vulnerabilidade social destes sujeitos? Considerando a diferença entre desigualdade e exclusão, a desigualdade perpassa as questões de renda, emprego e econômicas e a exclusão de cunho sociocultural, simbólica e moral (Véras, 2010).

O objetivo que permeia este ensaio é o de construir essa perspectiva em rede, argumentando sobre a forma de ser docente coletiva e colaborativamente, de acolher as vulnerabilidades do território, propiciando espaços de escuta a todos, além de integrar o saber social ao saber sistematizado. A seguir, desenvolvo cada um desses argumentos como forma de construir essa perspectiva como possibilidade de reinventar a docência da/na gestão escolar.

A GESTÃO EM REDE: TECENDO AS CONEXÕES DA GESTÃO ESCOLAR

Reinventar a docência da/na gestão escolar é um contexto emergente porque impacta a educação e sua qualidade para todos. Adotar como premissa uma gestão em rede é provar da fortaleza que se tem em um trabalho colaborativo e coletivo no território de vulnerabilidade social, da potência que o fazer junto representa na comunidade e o quanto isso fortalece o pertencimento dos sujeitos sociais no processo educacional.

GESTÃO EM REDE: COLETIVA E COLABORATIVA

Uma gestão em rede pressupõe que seja de responsabilidade de variadas instituições e profissionais o trabalho educacional em determinado território, e que esses assumam o caráter de conexão, coletividade e colaboração. Pontualmente, a gestão escolar assume papel fundamental nesta rede devido à sua função macro no funcionamento, na organização, no planejamento e na condução das ações escolares, assim como o diretor é o responsável máximo do desenvolvimento da escola (Costa, 2022).

Considerando que, no mesmo território de vulnerabilidade social, as escolas que atendem estudantes de famílias com desigualdades de acesso à cultura, de entorno de violências e condições socioeconômicas de pobreza ou extrema pobreza, e que esses indicadores externos influenciam os fazeres dentro da escola, um trabalho coletivo e colaborativo se faz necessário e essencial.

Assim, as características do território devem ser consideradas para que se realize um trabalho efetivo de mudança por meio da educação. Uma forma potente de possibilidade para mudanças almejadas, para que haja transformações em prol de igualdade e equidade, é o fazer junto, de unir esforços e projetos. Assim, a coletividade ocupa o lugar principal, demonstrando a força do coletivo e a força comunitária (Costa, 2022), caracterizando a perspectiva em Rede. É na força do coletivo que a superação das desigualdades de um território de vulnerabilidade social acontecerá.

Para isso, remeto-me novamente a Costa (2022), quando cita a motivação de acreditar que, para as mudanças acontecerem de forma coletiva, também devem partir da motivação interna, de "sonhador com um mundo que pinga o coração na razão", acreditar no poder transformador da educação e ter atitude para isso, produzir sua existência para que aconteça, por meio da subjetividade da docência, investir nas pessoas e colocar-se como "sente pensante".

O que é a rede se não composta por pessoas? Não há investimento maior do que nas relações interpessoais, como forma de fortalecer as ações para que aconteçam de forma colaborativa.

A reflexão e a mudança em que acredito fazem-se no coletivo, envolvendo a ideia de territórios nesses processos reflexivos. Passa-se a estranhar o óbvio, ou seja, desnaturalizar a invisibilidade das necessidades dos gestores das escolas em territórios em vulnerabilidade social. Nossas necessidades como gestores não podem estar mascaradas por falas de "sempre foi assim". Não podemos naturalizá-las, mas, sim, buscar possibilidades para tornar visível os reais enfrentamentos de nossa atuação de estar junto para pensar, tomar consciência das problemáticas vividas e entender a capacidade de agente transformador nos territórios.

Uma gestão em rede sustenta elementos com relevância do território de vulnerabilidade social para que as escolas trabalhem entre elas e possam fortalecer-se. Concordo com Nascimento e Powaczuk (2019), quando enfatizam que o trabalho com comunidades vulneráveis se apresenta como um convite para renovar as práticas de educação, por meio do trabalho colaborativo e rigoroso, na direção de ampliar, do plano individual e pedagógico para o plano das políticas públicas, direcionado a superar os obstáculos materiais, culturais e políticos que mantêm as comunidades vulneráveis.

GESTÃO EM REDE: ESPAÇO DE ACOLHIMENTO DAS VULNERABILIDADES

Braslavsky (2006), no documento da Unesco, "Diez factores para una Educación de Calidad para Todos en el Siglo XXI"[36], traz a gestão escolar como um elemento de qualidade, assim como afirma Morales (2022), reconhecendo que a gestão escolar é um elemento central, mas ressalta que os diretores ocupam espaços pouco reconhecidos diante da liderança que exercem. A partir desta liderança, crer em educação de qualidade para todos e apoiar e empoderar seus professores frente aos enfrentamentos em seus contextos indica investir em uma constante reinvenção da docência.

Romper com as perspectivas sociais dos professores sobre os alunos, assumir a responsabilidade social da escola, nutrir expectativas reais, pensar o micro entorno e na restauração das capacidades institucionais são fatores que determinam qualidade em escolas de contextos de vulnerabilidade social.

Quando penso em educação de qualidade para todos no contexto de vulnerabilidade social e em todos esses fatores e elementos, reforço a centralidade decisória da gestão escolar. Reafirmo, assim, a aposta potente que é a gestão em rede, neste ponto, com a ideia de essa rede ser um lugar de acolhimento das vulnerabilidades das gestões que a compõem, de ser um espaço seguro. É a constatação de que as dificuldades, os anseios e os desafios das gestões são semelhantes no território ao qual pertencem. A tomada de decisão coletiva e colaborativa, em um espaço de acolhimento seguro, diante aos enfrentamentos das gestões, fortalece a rede e qualifica a educação desenvolvida.

Cabe aqui distinguir a vulnerabilidade do ser e a vulnerabilidade social. Vulnerabilidade podemos pensar que todos têm a partir das suas necessidades não atendidas. A vulnerabilidade social do território em questão atinge as pessoas dessa comunidade em suas necessidades mais extremas, de suas necessidades e seus direitos não assegurados, gerados, principalmente, pelas condições socioeconômicas de pobreza ou extrema pobreza.

---

[36] Tradução para o português: Dez fatores para uma Educação de qualidade para todos no século XXI.

Estamos falando de um território que se constituiu com desigualdade e exclusão, da zona da pobreza que surge a partir disso e da soma desses fatores, que é a vulnerabilidade social desses sujeitos. Considerando a diferença entre desigualdade e exclusão, a desigualdade perpassa as questões de renda, emprego e econômicas e a exclusão de cunho sociocultural, simbólica e moral. Não podemos deter-nos apenas no conceito da geografia que considera vulneráveis apenas aqueles que residem expostos a riscos ambientes, mas também os que estão expostos às desigualdades e exclusões. O território também se caracteriza pela soma das vulnerabilidades ambientais e sociais.

Morin (2021) nos sustenta acerca de uma concepção sistêmica e considera impossível conhecer o todo sem conhecer as partes, como um dos sete princípios para um pensamento que une. Concepção essa que podemos comparar novamente às escolas no território de vulnerabilidade social com uma visão isolada e ao modo solitário do trabalho de cada gestão.

Almejar uma mudança para uma gestão em rede implica o avanço do que vem sendo tratado de forma reduzida e simples àquilo que é complexo (originário de *complexus*), daquilo que é tecido junto. Necessitamos tecer essa rede entre as gestões das escolas e, assim, ampliar a visão da totalidade do território no qual estamos inseridos.

É com o olhar para essa vulnerabilidade social que uma rede de gestores de diferentes escolas do território deve constituir-se, de forma coletiva, colaborativa e acolhedora.

GESTÃO EM REDE: SABER SOCIAL INTEGRADO AO SABER SISTEMATIZADO

Avellar (2022) traz a proposta da sala de aula invertida. Uma das possibilidades é que, nesse formato, a autonomia dos estudantes seja estimulada. Além disso, com o trabalho colaborativo, a articulação dos saberes sociais articulados com os saberes sistematizados toma maior relevância. Qual é o sentido social e a utilidade sobre aquilo que se constrói conhecimento? Ou o que os saberes sociais influenciam na construção dos saberes sistematizados?

Há algum tempo, li a história de um garoto que era "zero na escola e 10 na rua". Para além de uma prática de avaliação tradicional, o "zero" significa que os saberes sistematizados ou os conteúdos programados não haviam sido alcançados, porém, na "rua", em suas vivências, o 10 era evidente. O contexto vulnerável, da rua, da sinaleira, da matemática para vender balas, da resolução de problemas de quantas mais preciso vender para chegar ao valor do pão, está no 10 da rua e não representa o zero da escola, porque esse saber de fora não está articulado com saber de dentro.

Que relação isso tem com uma gestão em rede? O território de vulnerabilidade social está tomado por saberes sociais desarticulados dos saberes sistematizados. Ou posso dizer que o currículo da rua, de fora, está sendo desprezado na construção dos saberes de dentro, sistematizados, do currículo oficial. O 10 da rua vai além da venda das balas, mas traz elementos deste território que indicam as condições de vulnerabilidade desse estudante, da família e a importância de se realizar um trabalho cada vez mais próximo. A gestão escolar deve colocar-se nesse lugar de responsabilidade do planejamento de estratégias, projetos e ações realizáveis. Espera-se que o trabalho em rede caracterize um 10 na vida, e não haja a separação de dentro e fora, do que se é na escola e fora dela.

Se a transformação social também depende dessa escola e de uma gestão escolar democrática, e essa ainda está em processo de aperfeiçoamento, na gestão da escola pública, é essencial considerar o contexto social no qual está inserida, de tal modo que seja real a superação das condições existentes, das relações dominadoras, do autoritarismo e subordinação que os grupos que a escola pública abrange. Para que a escola cumpra seu papel social, que, segundo Paro (2016), é o papel consistente de socialização da cultura e o de democratização da sociedade, deve retomar a pressão sobre o Estado, de uma educação pública e de qualidade para todos. A escola pública de qualidade para todos precisa pensar a quem serve essa qualidade, quem são os sujeitos a quem almejamos essa qualidade. Estamos falando de um público que, ao mesmo tempo que precisa ter a apropriação dos saberes, necessita buscar seus direitos, busca essa que se fortalece na coletividade.

CONCLUSÃO

Com a questão central de como reinventar a docência da/na gestão escolar em territórios de vulnerabilidade social, a gestão escolar numa perspectiva de rede entre as escolas que compõem o território de vulnerabilidade social é uma aposta potente para manifestar a força do trabalho coletivo e colaborativo, de qualificar a educação ofertada e um indicativo de transformações que combatam ou minimizem as desigualdades desse território.

É por meio da gestão em rede que se constitui uma docência de forma coletiva e colaborativa, observando a relevância das especificidades do território de vulnerabilidade social e, a partir disso, construindo espaços de acolhimento e a interligação entre os saberes sociais e sistematizados.

A partir desses argumentos, a projeção é que, de fato, ocorra a efetivação e o fortalecimento dessa rede que timidamente já tece sua conexão nesse território, e que as implicações dessa gestão em rede impulsionem a constituição de novas redes em outros diferentes territórios.

A gestão em rede pressupõe implicações diretas no desenvolvimento e na aprendizagem dos estudantes. O fim de todo trabalho é impactar os estudantes, seja em mudanças diárias, seja em motivação para projetar condições que superem as desigualdades produzidas pelo contexto de vulnerabilidade social. O investimento é de ruptura das invisibilidades, dos ciclos reprodutivos de violência e da falta de oportunidades.

Quando cito a educação de qualidade para todos no contexto de vulnerabilidade social e em todos esses fatores e elementos, reforço a centralidade decisória da gestão escolar. Reafirmo, assim, a aposta potente que é a gestão em rede e num lugar de acolhimento das vulnerabilidades das gestões que a compõem, um espaço de partilha das dificuldades e dos anseios, os quais acredito serem semelhantes no território ao qual pertencem. A tomada de decisão coletiva e colaborativa, em um espaço de acolhimento, diante aos enfrentamentos das gestões, fortalece a rede e qualifica a educação desenvolvida.

A gestão escolar, ocupando esse lugar de centralidade, tem a possibilidade de se reinventar no formato da gestão em rede. Para ampliar o diálogo, posteriormente, alguns novos questionamentos surgem: o que, ou quem, qual agência precisa também se reinventar ou se constituir em rede para qualificar o processo educacional escolar? Reinventar a docência em rede é uma inovação necessária apenas para a gestão escolar?

Acredito que a reinvenção da docência da/na gestão escolar na perspectiva em rede entre escolas de território de vulnerabilidade social impulsionará a constituição de outras diferentes redes e novas reinvenções docentes.

REFERÊNCIAS

AVELAR, Antonio Carrillo. La formación para la interculturalidad, a través del emprendimiento freiriano y el aprendizaje basado en tareas: una experiencia de aula. **Seminário Reinventar a Docência nas redes de conhecimento,** 5 Versão, Universidade Federal de Santa Maria [Live], 12 maio 2022. Disponível em: https://drive.google.com/file/d/1X5b7wp111YLDjtektX1jmbvO0MvlSosS/view?usp=s Haring. Acesso em: 8 mar. 2024.

BRASLAVSKY, Cecilia. **Diez factores para una Educación de Calidad para Todos en el Siglo XXI**, 2006. Disponível em: https://www.redalyc.org/pdf/551/55140206.pdf. Acesso em: 12 maio 2023.

COSTA, Dautarin da. A experiência como ministro da Educação Nacional e Ensino Superior em Guiné Bissau. **Seminário Reinventar a Docência nas redes de conhecimento**. 5 Versão, Universidade Federal de Santa Maria [Live], 02 jun. 2022. Disponível em: https://drive.google.com/file/d/1MNt_8BrQFIZkGZ9rB0X-81pVdrB6D4Upb/view?usp =sharing. Acesso em: 8 mar. 2024.

CUSATI, Iracema Campos; SANTOS, Neide Elisa Portes dos; AVELAR, Antonio Carrillo. Cidades educadoras, territórios educativos e desenvolvimento profissional docente: entre prescrições e singularidades. **Intersaberes**, [S. l.], v. 16, n. 39, p. 1115-1134, set./dez. 2021.

MORALES, Alicia Rivera. La experiencia de la formación de profesores en México. **Seminário Reinventar a Docência nas redes de conhecimento.** 5 Versão, Universidade Federal de Santa Maria [Live], 23 jun. 2022. Disponível em: https://drive.google.com/file/d/1X0yhDC37dIfTjVUnTmlGbfiWLEtVkhKA/view?usp=sharing. Acesso em: 9 mar. 2024.

MORIN, Edgar. **A cabeça bem-feita:** repensar a reforma, reformar o pensamento. Tradução Eloá Jacobina. 26. ed. Rio de Janeiro: Bertrand Brasil, 2021.

NASCIMENTO, Valmer Santos.; POWACZUK, Ana Carla Hollweg. Vulnerabilidade e contextos emergentes: desafios para o processo de ensino-aprendizagem. *In*: XII SEMINÁRIO INTERNACIONAL DE EDUCAÇÃO SUPERIOR, 12., Santa Maria. VII SEMINÁRIO INTERNACIONAL DE POLÍTICAS PÚBLICAS DA EDUCAÇÃO BÁSICA E SUPERIOR, 7., Santa Maria. **Anais** [...]. Santa Maria, 2019.

PARO, Vitor Henrique. **Gestão Democrática da escola pública**. 4. ed. São Paulo: Cortez, 2016.

VÉRAS, Maura Pardini Bicudo. Cidade, vulnerabilidade e território. **Ponto-e-vírgula**, [S. l.], n. 7, p. 32-48, 2010.

AVALIAÇÃO MOTIVADORA: UM ENSAIO PARA O RETORNO A PRESENCIALIDADE ESCOLAR

Luana Cassol Bortolin

INTRODUÇÃO

Na escola tradicional, avaliar é sinônimo de quantificar e medir. O ato de avaliar exige ética em função de tomadas de decisões frente às aprendizagens dos alunos, das atribuições e das notas, e consciência docente de que a avaliação marca biografias. O objetivo deste ensaio é defender a avaliação motivadora, pois estimula o desenvolvimento contínuo do estudante, partindo do pressuposto de que todos podem aprender, apesar das dificuldades. Neste sentido, o objetivo não é defender a simples promoção em massa sem critérios, mas um ato avaliador intrínseco ao ensino, em que se avalia para aprender mais e melhor.

A pandemia da Covid-19 assolou inúmeras facetas da sociedade. Outros comportamentos, perdas e a iminência de morte colocaram em xeque muitas concepções rígidas sobre vários aspectos da vida. Nesse caso, a escola foi atingida por essas circunstâncias. Ou seja, o ensino emergencial remoto, a falta de acesso e preparo às tecnologias e a não presencialidade emergiram em outros modos de ensino e em defasagens. Desse modo, o contexto de retorno dos estudantes à presencialidade na educação básica demonstra lacunas nas aprendizagens, as quais não devem ser ignoradas. É preciso reinventar a docência com uma reflexão contínua sobre a prática, os modos de ensino e de avaliação no contexto da pandemia, principalmente no retorno à presencialidade, para que os estudantes aprendam, se sintam capazes e se percebam como protagonistas. Essa reinvenção requer que o professor assuma o papel de agente de transformação, e não um ator reprodutivo (Muñoz; Araya, 2020).

Se o retorno à presencialidade pede-nos um olhar atento às necessidades estudantis com avaliações diagnósticas sobre o real nível de desenvolvimento dos alunos, esta é a hora de repensar qual a concepção de avaliação mobiliza nossa prática docente: devemos avaliar para punir e classificar ou para motivar as aprendizagens?

Hoje não se sustenta o delírio de que teremos o controle sobre o destino estudantil apenas porque ele não alcançou a melhor nota. Pois é nesse delírio sistemático por controle que o sentido e o gosto pela aprendizagem perdem-se por parte dos estudantes. Ao invés disso, carecemos de uma educação que reconheça a singularidade e o potencial criador que há em cada aluno, pois o período de pandemia deixou marcas e lacunas no desenvolvimento. Então, o retorno escolar não pode deixar ainda mais estigmas nas suas biografias.

Este ensaio se desenvolve na seguinte sequência: no primeiro subtítulo, faz-se um resgate histórico da evolução do conceito de avaliação; logo, discorre-se sobre a necessidade de uma avaliação formativa, principalmente no retorno à presencialidade escolar; finaliza-se com a discussão sobre a avaliação amorosa e motivadora, partindo de autores como Luckesi (2014) e Muñoz e Araya (2020).

AVALIAÇÃO: REFLEXÕES TEÓRICAS E EVOLUÇÃO DO CONCEITO

A avaliação educacional foi influenciada pelas inúmeras transformações das concepções pedagógicas ao longo do tempo. Transcorreram desde discussões como testes, medida, atribuições de juízos quantitativos ou qualitativos até as mais contemporâneas sobre avaliação formativa.

Quadro 1 – Evolução do conceito de avaliação

Períodos	Avaliação entendida como
Até 1920	Medida
1930 a 1940	Consecução dos objetivos
1970	Avaliação da mudança ocorrida no aluno
1980	Quantitativa/qualitativa
1990	Formativa/diferenciada/integradora
2005	Sistêmica/integrada ao ensino e a aprendizagem

Fonte: adaptado de Arredondo, Diago e Dolinski (2013)

A concepção de *avaliação como medida* situa-se no final do século XIX e baseou-se na psicologia comportamental de Skinner, cujo instrumento avaliativo era a aplicação de testes com o objetivo de medir a aprendizagem. Já a avaliação como *consecução dos objetivos* deu-se entre 1930 e 1940, baseada em Tyler: a educação era destinada a produzir mudanças nas condutas dos alunos. Em 1970, auge da taxonomia de Benjamin Bloom, avaliava-se partindo dos objetivos educacionais. Ao longo do tempo, iniciaram também as discussões entre os paradigmas qualitativos e quantitativos de avaliação (Arredondo; Diago; Dolinski, 2013).

Ao analisar o quadro sobre a evolução do conceito de avaliação, a perspectiva formativa é relativamente recente, se comparada à história da pedagogia. Para Luckesi (2014), por exemplo, no Brasil, a avaliação, quando considerada sinônimo de medidas e exames, é herança desde o século XVI, com a chegada dos jesuítas à colônia portuguesa. Na pedagogia tradicional jesuítica, priorizava-se a memorização, o professor era detentor do saber, e o aluno passivo era o depositário do conhecimento.

Esse viés de ensino e aprendizagem tradicional foi questionado ao longo da história, mas, segundo Villas Boas (2009), existem ainda vestígios do histórico tradicional e/ou tecnicista na escola brasileira, que influenciam atitudes e visões na docência sobre avaliação como medida e classificação. Não podemos, no retorno à presencialidade, abrigar-nos numa concepção de avaliação seletiva e não inclusiva, mobilizada por castigos ou prêmios como formas de provocar ou acelerar as aprendizagens. Porém, na perspectiva formativa, há que considerar a avaliação um processo dinâmico, aberto e contextualizado que se envolve num período e considera a singularidade e o potencial criativo de cada estudante.

A ideia de avaliação que embasa este ensaio para reinvenção da docência é a que demonstra o interesse no acompanhamento dos alunos, em que o docente se aproxima de uma dada realidade com a intenção em transformá-la, sendo o processo avaliativo: diagnóstico, formativo e somativo. Está ancorada também nas discussões, principalmente no Brasil, com Luckesi (2014) e Hoffmann (2009), que sinalizam a avaliação formativa e mediadora

OLHAR E PRÁTICA POSITIVA: AVALIAÇÃO PARA APRENDIZAGEM

Durante a pandemia, surgiram discussões sobre avaliação contínua dos estudantes. Como professores, não conseguimos promover as aprendizagens de um "ano normal", pois nos faltaram recursos tecnológicos e preparo para eles, insegurança sanitária, uma carga-horária exorbitante em *home office*. E, aos estudantes, não foram garantidas as condições necessárias e plenas para aprender por falta de acesso às tecnologias e interação com o professor e os colegas. Então, a retenção do aluno não é a garantia para recuperação da aprendizagem. Se partimos do pressuposto da avaliação formativa e sabemos que aprender é um processo dinâmico ao longo da vida, não há motivo para reprovação e ainda marcar biografias com o suposto fracasso escolar que essa retenção vem a provocar.

Villas Boas (2009) ainda sinaliza que há no Brasil uma naturalização histórica do fracasso escolar, em que a escola aceita determinados perfis de estudantes que continuam reprovando sem aprender nada, o que aumenta também os índices de evasão. E, nesse momento de retorno à presencialidade, é imprescindível o combate à cultura do fracasso. Segundo Díaz-Barriga (2020), a pandemia abriu brecha para refletir sobre o sentido e a estrutura escolar na sociedade:

> Na minha opinião, uma oportunidade muito importante para abrir uma reflexão sólida sobre o que significa a escola como um espaço perdido, um tema que poderia ser interpretado de dois ângulos: por um lado, a perda dos alunos em seu espaço de encontro, espaço de troca e a socialização, e por outro, a perda de direção da educação, que está presa no formalismo de currículo, aprendizagem, eficiência e avaliação; a escola que esqueceu que sua tarefa é educar e formar (Díaz-Barriga, 2020, p. 25, tradução minha).

Para lembrar a tarefa da escola como educar e formar, partindo dessa reflexão, precisamos repensar, como professores, qual o sentido da reprovação e da aprovação na escola. É necessário percebermos práticas centenárias e virar a escola do avesso para estar a favor do desenvolvimento das crianças e dos jovens. O que convida, segundo Villas Boas (2009), a nós, professores, a competência do bem ensinar e a reflexão sobre por que reprovar, ou melhor, por que avaliar? A avaliação não pode mais estar atrelada à nota final, ao poder único do docente, ao delírio do controle, mas ao processo de aprendizagem, à promoção das aprendizagens. São poucas as estratégias vistas para essa finalidade. Para Luckesi (2014), a ideia de castigo surge porque há a crença de que o estudante não está conforme "o padrão", e, por consequência, no aluno nasce o sentimento de culpa. Para a sociedade conservadora, a culpa serve como instrumento de poder, pois, com ela, se tira a liberdade de pensar e de criar. Coincide, assim, com a pobreza de autonomia e emancipação.

É urgente repensarmos a concepção de avaliação atrelada sempre como aprovação ou reprovação para que essa seja atribuída à aprendizagem contínua. Ainda autores como Muñoz e Araya (2020) questionam sobre o necessário, porém difícil, desprendimento *do poder* que a avaliação permite aos docentes:

> Aqui está todo o poder que se baseiam os educadores, em seus julgamentos avaliativos, nas decisões que eles tomam, com base nas evidências que coletam. Nesse contexto, é possível compartilhar esse poder que a avaliação dá? Querem os professores perder algum desse poder? Ou colocado de forma positiva: Os professores estão dispostos a compartilhá-lo com seus alunos? Para um olhar para o futuro, é possível professores e alunos caminharem por vales para chegarem ao topo juntos? (Ríos; Araya, 2020, p. 72, tradução minha).

Essa reflexão permite perceber como o ato avaliativo e as tomadas de decisões finais pelo professor são carregadas de poder e controle sobre o outro. Há, ainda, no imaginário brasileiro, a crença de que "professor bom é o que reprova", como mais uma marca que a sociedade inflige ao professor e à escola. Muitas dessas premissas que permeiam a sociedade circulam e perpetuam por não serem entendidas, e a avaliação está no vocabulário acadêmico, mas nem sempre atinge seu verdadeiro objetivo ou se torna práxis. Essas estratégias de poder e crenças precisam ser repensadas na concepção de avaliação, para que "[...] professores e alunos caminhem pelos vales para chegarem ao topo juntos" (Muñoz; Araya, 2020, p. 71).

Deste modo, avaliar a aprendizagem requer avaliar concomitantemente o ensino oferecido, ou seja, a reflexão sobre e na prática educativa. Morales (2015) sinaliza algumas estratégias como a autoavaliação, a coavaliação, hetero-avaliação:

> Assim entendida, a avaliação obriga o avaliado a se confrontar (autoavaliação), com os outros (pares, avaliadores, por coavaliação ou heteroavaliação), com as instituições e com a sociedade como um todo, de tal forma que a avaliação contribui para a melhoria do ensino e da gestão. Para tanto, são necessários procedimentos de registro que suportem a multiplicidade de visões e interpretações, bem como uma importante conversa entre acadêmicos e pesquisadores (Morales, 2015, p. 2, tradução minha).

Essas estratégias deslocam o ato avaliativo como único do professor. Porém, não existe avaliação formativa sem devolutivas do docente – informação sobre a distância entre o nível atual e o nível de referência para o aluno. Na devolutiva está a raiz do acompanhamento, onde o estudante fica a par das potencialidades e das fraquezas do seu desempenho, aspectos de sucesso podem ser vistos e os aspectos insatisfatórios podem ser modificados e melhorados sem repreensão. Mas é só o bom senso do docente que auxiliará nos registros e nas observações, para que o aluno se sinta motivado e orientado para aprender a aprender. Assim, "Devemos buscar estratégias para descentralizar o ato de avaliador pelo professor e transformá-lo em um compromisso sustentado na confiança e compromisso ético" (Muñoz; Araya, 2020, p. 72, tradução minha).

Deste modo, a avaliação formativa convida para um olhar positivo sobre o estudante, de um modo também motivador, pois lhe favorece o envolvimento no seu processo de aprendizagem e fortalece a confiança de que pode aprender. Avaliar é prática contextualizada e precisa diagnosticar o momento da vida do aluno que está assolado pela crise pandêmica na educação, na qual essa deixou lacunas em suas aprendizagens difíceis de contornar, mas não impossíveis. Mas ainda Diaz-Barriga (2020) nos fala que a falta da escola é a oportunidade para mudá-la:

> A escola e o currículo podem aproveitar a pandemia para mudar, trabalhar para o que eles sempre tentaram fazer: vincular a realidade a escola. Não é mais simples do que o que está sendo feito, mas é significativo. Vamos pegar a palavra de desaprender para aprender com outro significado (Diaz-Barriga, 2020, p. 29, tradução minha).

Enfim, reinventar a docência requer desprender do delírio pelo controle para resgatar o sentido do formar, o sentido do ensinar, do avaliar e do aprender. Notas, exames, grades, estigmas do "bom e mau aluno" fazem parte do poder desse sistema falho e delirante que jamais vai modelar sujeitos em constante formação e vir a ser. Isso significa deslocar o ato de avaliar como mecanismo de medo para um coadjuvante do aprender com significado. Se a pandemia deixou muitas dificuldades na vida dos nossos estudantes, quais outras marcas queremos deixar em suas biografias?

AVALIAÇÃO MOTIVADORA, PRAZER EM APRENDER!

O retorno escolar está marcado por desafios e defasagens, mas como podemos fortalecer a confiança e a autoestima de nossos alunos que ficaram mais de um ano sem ir à escola? Se recorrermos à concepção avaliativa como medida e classificação, teremos como acolher e amparar nossos estudantes neste momento delicado? Para Muñoz e Araya (2020, p. 71, tradução minha), a perspectiva classificatória empobrece a missão ética e política da educação porque "[...] se tende a valorizar só um tipo de aprendizagem sobre outros como se fossem excludentes".

Luckesi (2014) nos fala da avaliação como um ato amoroso, de modo que as falhas não sejam expostas a ameaças e intimidações, nem que tudo esteja perdido, pois todos possuem capacidades de aprender. O ato de avaliar, uma vez a serviço do desenvolvimento, implica uma disposição para o acolhimento, mesmo que a realidade seja insatisfatória. Acolher é o ponto de partida para o ato amoroso da avaliação. "Para isso, não é necessário nem ameaça, nem castigo, mas sim acolhimento e confrontação amorosa" (Luckesi, 2005, p. 33).

Esse olhar amoroso e afetivo não significa passividade, mas o reconhecimento das falhas, para que possam ser melhoradas, em que se aprimore o trabalho pedagógico e o erro do aluno seja considerado fonte de informação diagnóstica, e não falta passível de repreensão. Esse papel requer do professor não um ator reprodutivo, mas um agente transformador, pois ele faz o diagnóstico de uma realidade para melhorar (Muñoz; Araya, 2020).

Por meio da avaliação, podemos perceber as singularidades de cada aprender, propor outros desafios e ativar a curiosidade dos estudantes:

> É necessária uma avaliação para a aprendizagem, uma avaliação essencialmente educacional, que contribua para gerar curiosidade e motivação permanente no aluno, em espaços escolares que lhes dão a possibilidade de viver e praticar, que será o seu comportamento futuro na sociedade (Muñoz; Araya, 2020, p. 72, tradução minha.)

Segundo Cosenza e Guerra (2014), os processos motivacionais são regulados pelo circuito dopaminérgico, que tem origem no mesencéfalo do nosso cérebro. Segundo a neurociência, a motivação é uma atividade cerebral que envolve aspectos internos (fome, dor, desejo) e externos (oportunidades, ameaças, recompensas) e possui uma função importante para nossa aprendizagem, pois agimos com entusiasmo e tendemos a buscar aquilo que nos dá prazer. Daí a importância em considerar a interação entre os processos cognitivos e emocionais e a ambiência prazerosa para aprendizagem. A motivação é um impulso que leva à ação e está associada ao interesse. Como surge da interação entre os fatores internos (pessoais) e externos (ambientais), podemos entender aqui que a devolutiva positiva e acolhedora do docente serve como uma alavanca para o envolvimento na aprendizagem, principalmente nesse momento em que a pandemia trabalhou com uma lupa de aumento das nossas fragilidades em relação aos vários aspectos da vida.

Devolutivas apenas na forma de notas com números, por exemplo, geram comparação entre colegas, e o estudante não fica sabendo do seu real processo. Assim, os comentários envolvem mais os alunos nas tarefas, pois focalizam e direcionam àquilo que precisa ainda ser feito e, assim, encorajam os estudantes. "É importante que o aluno possa buscar seu caminho de aprender e demonstrar como aprendeu. Não é uma busca solitária, angustiante e sofrida e desinteressante. Seu caminhar tem a presença constante do professor, como orientador e encorajador" (Villas Boas, 2009, p. 26).

Tornar a aprendizagem prazerosa requer apreciar as produções dos alunos e manter o respeito pela sua pessoa. Isso significa também avaliar não somente por critérios, mas a condição de vida do aluno: o esforço por ele desprendido e o contexto que se encontra no tempo.

Se a escola não levar em conta atualmente o contexto de pandemia e as inúmeras vivências dos estudantes fora da escola, será a avaliação desencorajadora, e aprender será desinteressante. Para Both (2011, p. 54), avaliar é perceber o valor das potencialidades latentes: "[...] fazer com que o ser humano reconheça suas potencialidades, mesmo que se encontre em condições desfavoráveis". O fracasso escolar é marcado pelas desigualdades sociais e não se encontra em qualquer público. As desigualdades foram intensificadas pela pandemia, logo precisam ser consideradas no processo avaliativo sob pena de mantermos a exclusão comum nas instituições escolares.

CONCLUSÃO

Este ensaio teve como objetivo discorrer sobre a avaliação no momento de retorno à presencialidade escolar. Para reinventar a docência, é preciso despir do velho delírio controlador para estarmos a favor de uma educação (do latim *educere*) que conduza, "mova para fora". A pandemia abriu espaço para pensarmos sobre o sentido da educação, da formação, então, estamos a favor de uma educação excludente, classificatória ou emancipatória?

Logo, com o retorno à presencialidade na educação básica, considerar os aspectos socioemocionais é tão importante quanto os cognitivos – numa perspectiva de formação integral, ambos são inseparáveis. As fragilidades socioafetivas e os prejuízos deixados com a pandemia e o isolamento social afetam de modo global o desenvolvimento das crianças e dos jovens. Assim, estabelecidos os vínculos afetivos entre docente e aluno, as mediações das aprendizagens são mais significativas. Demo (2004) também fala sobre "o cuidar" da aprendizagem do aluno com afinco e persistência e enfatiza que o cuidado está a serviço de uma educação movente e emancipatória. Nessa mesma ótica, a amorosidade, para Freire (1987), significa reconhecer o outro como sujeito, e não um objeto, um sujeito em processo de aprendizagem constante, em que haja empatia e abertura para o diálogo, além de estimulação para que o outro possa ser mais

A fotografia de uma escola (Figura 1) vem a dialogar para finalizar este ensaio, pois foi feita no início da pandemia em 2020. O objetivo não é defender a pichação – como um ato invasivo e transgressor –, considerada ilegal. O objetivo é atentar ao que não nos é dito e explícito no espaço escolar, mas está implícito e se revela em vidros quebrados, gritos, alaridos e escritas pelos muros.

Figura 1 – O afeto é revolucionário

Fonte: arquivo pessoal da autora (2020)

A imagem mostra uma escola aparentemente impoluta, onde a estética *do quadrado* está em tudo. Eis que surge uma frase que polui e sangra em vermelho: "O afeto é revolucionário". Sim, temos sintomas de uma educação cansada, fruto da burocracia, dos enquadramentos, grades, números, notas, cortes de verbas. Em meio a isso, perde-se o sentido do formar, o sentido do avaliar, o afeto.

Essa fotografia mostra que, nos "borrões", esvai aquilo que não queremos ver ou não paramos para pensar, mas de alguma forma escapa, grita, mancha o muro, a margem do caderno e a linha do quadrado que deveria ser perfeito, mas não é... Quem sabe um convite para ver os erros por outras lentes e assumirmos que não temos controle? Assim, a avaliação ganha outro sentido, e a educação também.

REFERÊNCIAS

BOTH, Ivo José. **Avaliação "voz da consciência" da aprendizagem**. Curitiba: Intersaberes, 2011.

COSENZA, Ramon M.; GUERRA, Leonor. **Neurociência e educação**: como o cérebro aprende. Porto Alegre: Artmed, 2014.

DEMO, Pedro. **Ser professor é cuidar que o aluno aprenda**. Porto Alegre: Mediação, 2004.

DIAGO, Jesus Cabrerizo; ARREDONDO, Santiago Castillo; DOLINSKY, Sandra Martha. **Avaliação educacional e promoção escolar**. São Paulo: Editora Unesp, 2013.

DÍAZ-BARRIGA, Angel. La escuela ausente, la necesidad de replantar su significado. *In:* DÍAZ-BARRIGA, Angel. *et al.* **Educación y pandemia**: una visión académica. México: Unam, 2020. p. 19-29. Disponível em: https://www.iisue. unam.mx/investigacion/textos/educacion_pandemia.pdf. Acesso em: 5 ago. 2024.

FREIRE, Paulo. **Pedagogia do oprimido**.17. ed. São Paulo: Paz e Terra, 1987.

GARCÍA, Maria; MORALES, Alicia. Prácticas-reflexivas sobre la docência en sala de aula universitária. *In:* RIIED. **De la Red Iberoamericana de Investigadores em Evaluación, desarrollo, innovación y futuro de la docência universitária**. 1. ed. Buenos Aires: Editorial FEDUN, 2021. p. 212-235. Disponível em: http://riied.ens.uabc.mx/wp-content/uploads/2021/05/Evaluacion-desarrollo-innovacion-y-futuro-de-la-docencia-universitaria-RIIED1.pdf. Acesso em: 5 ago. 2024.

LUCKESI, Cipriano Carlos. **Avaliação da aprendizagem escolar**: estudos e proposições. São Paulo: Cortez, 2014.

LUCKESI, Cipriano Carlos. **Avaliação da aprendizagem na escola**: reelaborando conceitos e criando a prática. 2. ed. Salvador: Malabares Comunicações e Eventos, 2005.

MORALES, Alicia. **¿Cómo transitar de una concepción distinta de evaluación a la acción evaluativa?**. Pearsons Blue Skies, 2015. Disponível em: http://latam.pearsonblueskies.com/2014/como-transitar-de-una-concepcion-distinta-de-e-valuacion-a-la-accion-evaluativa/ Acesso em: 27 jan. 2022.

MUNÕZ, Daniel Ríos; ARAYA, David Herrera. La evaluación como estrategia formativa y transformadora del aprendizaje del estudiante. *In:* CARVALHO, Alonso Bezerra de; BROCANELLI, Claudio Roberto; SANTOS, Genivaldo de Souza (org.). **Pensamento latino-americano**: Por uma ética situada. Marília: Editora Cultura Acadêmica, 2020. p. 67-78. Disponível em: https://ebooks.marilia.unesp.br/index.php/lab_editorial/catalog/download/170/920/1587?inline=1. Acesso em: 5 ago. 2024.

VILLAS BOAS, Maria Benigna de Freitas. **Virando a escola do avesso por meio da avaliação**. Campinas: Papirus Editora, 2009.

POLÍTICAS PÚBLICAS EDUCACIONAIS: UM OLHAR PARA AS ATIVIDADES DE ESTÁGIO CURRICULAR SUPERVISIONADO NO PERÍODO DA PANDEMIA DA COVID-19

Lílian Branco

INTRODUÇÃO

O presente ensaio investiga sobre os estágios curriculares supervisionados do curso de Pedagogia-Licenciatura da UFSM, ofertado em regime remoto no período da pandemia da Covid-19. A discussão proposta decorre do projeto de tese[37] que tem como problema de pesquisa: *Como a pandemia da Covid-19 interferiu nas práxis pedagógicas desenvolvidas nos estágios curriculares dos estudantes dos cursos de Pedagogia-Licenciatura presenciais da Universidade Federal de Santa Maria?* Assim, o objetivo é analisar como a pandemia da Covid-19 interferiu nas práxis pedagógicas desenvolvidas nos estágios curriculares dos estudantes dos cursos de Pedagogia-Licenciatura presenciais da UFSM.

Com base nisso, problematiza-se, neste ensaio, se o desenvolvimento do estágio realizado por meio do ensino remoto possibilitou o desenvolvimento da práxis docente, no período da pandemia da Covid-19. Para tanto, buscou-se apresentar inicialmente as políticas públicas educacionais em tempos de pandemia na educação básica, como uma forma de compreender a reorganização dos processos formativos que envolvem o campo do estágio e as adaptações relacionados ao estágio curricular supervisionado dos cursos presenciais de Pedagogia-Licenciatura da UFSM.

Na sequência, apresentam-se as adaptações e a oferta de disciplinas de estágio curricular supervisionado, desenvolvidas por meio do Regime de Exercícios Domiciliares Especiais (Rede) no curso de Pedagogia-Licenciatura. Por fim, problematiza-se a importância da realização do estágio curricular supervisionado para a formação da práxis pedagógica, dos

---

[37] Estudo vinculado ao Programa de Pós-Graduação em Educação (PPGE), na Universidade Federal de Santa Maria (UFSM), na linha de pesquisa "Políticas públicas educacionais, práticas educativas e suas interfaces", do curso de doutorado em Educação.

estudantes em formação inicial, tendo como premissa a importância dessa consciência da prática pedagógica, construída a partir das experiências com o campo de trabalho.

Diante disso, justifica-se a importância de discutirmos sobre as vivências e os enfrentamentos da educação no período da pandemia da Covid-19, considerando que não afetou apenas os estudantes do curso presencial de Pedagogia-Licenciatura da UFSM em fase de realização do estágio curricular supervisionado, mas todos os docentes, sejam eles atuante da educação básica ou do ensino superior.

Nesse sentido, destaca-se a necessidade do oferecimento institucional de políticas públicas educacionais que promovam a formação continuada docente, para além do currículo do curso de formação inicial. Considera-se que a pandemia da Covid-19, impactou significativamente o processo de ensino e aprendizagem dos estudantes em formação, e isso precisa ser analisado de modo a identificar as possíveis fragilidades formativas dos egressos, buscando atender a uma necessidade histórica, política e social de formação docente.

Tem-se como expectativa contribuir com o desenvolvimento de novas políticas de formação, capazes de minimizar os impactos na formação e no desenvolvimento profissional dos egressos dos cursos presenciais de Pedagogia-Licenciatura da UFSM.

POLÍTICAS PÚBLICAS EDUCACIONAIS EM TEMPOS DE PANDEMIA

Esta parte tem como objetivo identificar as políticas públicas educacionais propostas pelo Conselho Nacional de Educação e Ministério de Educação, com o objetivo de atender às demandas emergentes provocadas pela pandemia da Covid-19.

Na análise proposta, cabe retomar alguns marcos importantes desse período, que dependeram das ações do governo para o seu funcionamento durante a pandemia da Covid-19, apresentando uma "nova realidade" que afetou a todos. Considera-se como início o mês de março de 2020, conforme o Decreto-lei n.º 6/2020a, que reconhece a ocorrência do estado de calamidade pública no país.

Desse modo, reforça-se a necessidade de distanciamento social conforme a orientação da Organização Mundial de Saúde (OMS). Devido a isso, ocorreu o fechamento das escolas e, consequentemente, a suspensão das aulas presenciais. Assim, foram surgindo, por parte do Conselho Nacional de Educação, com a colaboração do Ministério da Educação, os primeiros pareceres e resoluções para o enfrentamento da pandemia da Covid-19.

O Parecer CNE/CP n,º 5/2020 apresenta recomendações para todos os níveis de ensino. Para educação infantil, a orientação para creche e pré-escola foi que os gestores buscassem uma aproximação virtual dos professores com as famílias, a fim de estabelecer e estreitar vínculos, bem como propor atividades às crianças e aos pais e responsáveis (Parecer CNE/CP n.º 5/2020d).

A categoria participação e envolvimento dos pais e responsáveis no processo de ensino e aprendizagem, já definido pela art. 205 da Constituição Federal de 1988, é reforçada pelo Parecer 05/2020 (Parecer CNE/CP n.º 5/2020d), sobre a importância da família e orientação da escola para o enfrentamento da pandemia da Covid-19.

Ainda, segundo o Parecer CNE/CP n.º 5/2020, para o ensino fundamental-anos iniciais, sugeriu-se que as instituições de ensino orientassem as famílias, quanto às atividades, buscando estabelecer uma rotina diária de estudos. As atividades deveriam seguir um "roteiro" prático e estruturado para que as famílias pudessem orientar na resolução das atividades das crianças (Parecer CNE/CP n.º 5/2020d).

Para o ensino fundamental-anos finais e ensino médio, é retirado esse roteiro de atividades, sugerindo a distribuição de vídeos educativos e explicativos. Aqui, a supervisão de um adulto refere-se mais ao acompanhamento da realização das atividades, ou seja, planejamento, prazos, horários de aula on-line, por considerar que, nessa fase, os estudantes têm mais autonomia (Parecer CNE/CP n.º 5/2020d).

Na educação especial, a orientação que se deu foi que, junto das atividades, deveria ser assegurado um atendimento especializado, com a parceria de professores e profissionais especializados, para a adequação dos materiais, estudos individualizados, orientação e apoio necessário aos pais e responsáveis (Parecer CNE/CP n.º 5/2020d).

Para o ensino técnico, foi aprovada a realização das práticas de estágio de forma remota, assim como no ensino superior. Ainda se sugeriu a criação de condições para realização de atividades não presenciais, para ambos os níveis de ensino (Parecer CNE/CP n.º 5/2020d).

Quanto à educação de jovens e adultos (EJA), a recomendação se deu na direção de prezar pela harmonia na relação entre o trabalho e a rotina de estudos. Já as escolas de educação indígena, quilombola e do campo poderiam ofertar parte das aulas nas comunidades e parte em estudos dirigidos (Parecer CNE/CP n.º 5/2020d).

Ainda, orientou-se sobre a reorganização do calendário escolar do sistema educacional municipal, estadual e federal, bem como a garantia de um processo avaliativo equilibrado, considerando as diferentes situações enfrentadas pelos estudantes nesse contexto da pandemia da Covid-19, tendo como foco o atendimento aos objetivos de aprendizagem, a construção de competências e habilidades do processo formativo, buscando, assim, evitar o aumento da reprovação escolar (Parecer CNE/CP n.º 5/2020d).

A alteração do calendário também é apresentada na Medida Provisória n.º 934/2020, que estabelece normas excepcionais para o ano letivo da educação básica e do ensino superior (Medida Provisória n.º 934/2020c), dispensando o número mínimo de dias, em caráter de excepcionalidade, conforme consta na LDB n.º 9.394/96, art. 31, inciso II (Lei n.º 9.394/1996).

Essa questão do calendário escolar, também é tratado no Parecer CNE/CP nº 9/2020, em que previu a reorganização do calendário e da possibilidade de cômputo de atividades não presenciais para fins de cumprimento da carga horária mínima anual (Parecer CNE/CP nº 9/2020e).

Diante disso, é possível entender as alterações em relação ao campo e às práticas de estágio supervisionado do curso de Pedagogia-Licenciatura, que, para isso, se basearam nas orientações previstas na Portaria do MEC n.º 1038/2020, que altera as Portarias do MEC n.º 544/2020 (Portaria n.º 544/2020f), n.º 1030/2020 (Portaria n.º 1030/2020g) e n.º 1038 (Portaria n.º 1038/2020h), e dispõe:

> Art. 2º Os recursos educacionais digitais, tecnologias de informação e comunicação ou outros meios convencionais poderão ser utilizados em caráter excepcional, para integralização da carga horária das atividades pedagógicas, no cumprimento das medidas para enfrentamento da pandemia de Covid-19 estabelecidas em protocolos de biossegurança (Portaria n.º 1038/2020h).

Nessa perspectiva, as práticas pedagógicas realizadas pelos professores no período da pandemia do Covid-19 foram planejadas utilizando-se dos recursos digitais para continuidade das aulas e integralização da carga horária, contemplando todos os níveis de ensino.

No entanto, foi instituída a Lei n.º 14.040/2020, que estabeleceu normas educacionais excepcionais para o período da pandemia da Covid-19 (Lei n.º 14.040/2020b). Sobre as normas excepcionais, pode-se considerar as práticas e os estágios do ensino superior, que, de acordo com a Resolução CNE/CP n.º 2/2020, art. 6º, inciso V, as universidades deverão:

> [...] adotar atividades não presenciais de etapas de práticas e estágios, resguardando aquelas de imprescindível presencialidade, enviando à Secretaria de Regulação e Supervisão da Educação Superior (SERES) ou ao órgão de regulação do sistema de ensino ao qual a IES está vinculada, os cursos, disciplinas, etapas, metodologias adotadas, recursos de infraestrutura tecnológica disponíveis às interações práticas ou laboratoriais a distância (Resolução n.º 2/2020i).

Nessa perspectiva, o conjunto de normativas e regulações apresentadas permite evidenciar o quanto o período pandêmico afetou a realidade educacional, de todos os níveis de ensino, independentemente do âmbito educacional, seja ele público ou privado, o que nos faz repensar sobre o campo de realização do estágio em busca de novas estratégias formativas para realização da práxis docente no período da pandemia da Covid-19. Na sequência, será apresentado sobre as políticas voltadas ao estágio supervisionado adotadas pela UFSM no referido período.

ESTÁGIO CURRICULAR SUPERVISIONADO DOS CURSOS PRESENCIAIS DE PEDAGOGIA-LICENCIATURA DA UFSM NO PERÍODO DA PANDEMIA DA COVID-19

O curso de Pedagogia-Licenciatura da UFSM tem sua diretriz curricular homologada pelo CNE, baseado na Resolução CNE/CP n.º 1/2006 (Resolução n.º 1/2006) e na Resolução CNE/CP n.º 2/2015 (Resolução n.º 2/2015). O Projeto Político Pedagógico do curso institui as seguintes normas de estágio: as atividades de estágio supervisionado ocorrerão no 5º, 6º, 8º e 9º semestre, preferencialmente na cidade de Santa Maria, em instituições de educação infantil e anos iniciais do ensino fundamental, credenciadas pelo CE/UFSM.

No entanto, no período de pandemia da Covid-19, o Plano de Estágios e Práticas/Rede considera a publicação da Resolução n.º 42/2021/UFSM, que autoriza a continuidade das ações do ensino no 1º semestre de 2021 por intermédio do Rede, conforme arts. 2º e 3ª da Portaria do MEC n.º 1.030/2020, que:

> Dispõe sobre o retorno às aulas presenciais e sobre caráter excepcional de utilização de recursos educacionais digitais para integralização da carga horária das atividades pedagógicas enquanto durar a situação de pandemia do novo coronavírus – Covid-19 (Plano de Estágio e Práticas, UFSM, 2020, p. 1).

E dos arts. 2º e 3º da Portaria do MEC n.º 1038/2020, que:

> Altera a Portaria MEC nº 544, de 16 de junho de 2020, que dispõe sobre a substituição das aulas presenciais por aulas em meio digitais, enquanto durar a situação de pandemia do novo coronavírus – Covid-19, e a Portaria MEC nº 1.030, de 1/ 12/2020, que dispõe sobre o retorno às aulas presenciais e sobre caráter excepcional de utilização de recursos educacionais digitais para integralização da carga horária das atividades pedagógicas, enquanto durar a situação de pandemia do novo coronavírus – Covid-19 (Plano de Estágio e Práticas, UFSM, 2020, p. 1).

A partir da redação anterior, o plano de estágio passou a vigorar com os seguintes adendos, prorrogando-se os efeitos do Plano de Estágios e Práticas em Educação Infantil apensado ao projeto pedagógico de curso de Licenciatura em Pedagogia diurno (Plano de Estágio e Práticas, UFSM, 2020).

> Caracterização do estágio: devido ao ensino híbrido ser uma realidade nas instituições de educação infantil, torna-se possível realizar parte do estágio de forma presencial e outra parte através de atividades remotas com as crianças. É possível, também, que o estágio seja realizado totalmente de forma presencial, visto o retorno de atendimento de algumas instituições, e também é possível realizar o estágio através das atividades remotas, junto às instituições que seguiram nesse formato de atendimento (Plano de Estágio e Práticas, UFSM, 2020).

O Plano de Estágios e Práticas em Educação Infantil considera que os acadêmicos estagiários se encontram em suas cidades. Com isso, é pos-

DOCÊNCIA(S) NAS REDES DE CONHECIMENTOS: REINVENÇÕES EM CONTEXTOS EMERGENTES

sível organizar experiências formativas de planejamento, organização e implementação de atividades com as crianças na escola e de forma remota, em encontros individuais e coletivos. Assim, está em consonância com o que propõe a rede pública estadual do Rio Grande do Sul. E isso também se aplica aos demais estágios curriculares supervisionados ofertados pela UFSM no período da pandemia da Covid-19.

PRÁXIS PEDAGÓGICA

A realização do estágio curricular supervisionado é fundamental para o desenvolvimento da práxis pedagógica. O que se entende por práxis pedagógica? O que está atrelado a esse campo investigativo? Quais as relações estabelecidas entre teoria e prática, ou conhecimento e realidade? Considera-se práxis a consciência da prática pedagógica, que se desenvolve a partir da atividade humana em situações e experiências vividas no campo de trabalho. Todavia, a práxis "[...] vai sendo construída pouco a pouco, sobre a base das interpretações das situações em que se vê envolvido em suas escolas e salas de aula e, do resultado das decisões que adota" (Santomé Torres, 1991, p. 13).

A compreensão da nossa práxis possibilita repensar nossas crenças e nossos valores, assim como a influência que isso exerce na nossa prática cotidiana, evidenciada nas nossas atitudes. Também se pode considerar que ela é resultado de um processo que une teoria e ação prática, construída no contexto escolar com os sujeitos ali envolvidos. No entanto, para Sánchez Vásquez (1977), a práxis também é realizada para atingir determinados resultados.

O resultado da práxis relaciona-se com a historicidade da práxis pedagógica, pois, segundo Ezpeleta e Rockwell (1989), professores e alunos, como sujeitos que incorporam e objetivam práticas e saberes em diferentes momentos e contextos da vida, são depositários de uma história acumulada.

Esses saberes acumulados, construídos com o tempo e desenvolvidos na relação teoria e prática, possibilitam a construção de novos conhecimentos, a partir do pensar e fazer a práxis, ou de uma ação atenta e reflexiva docente. Assim, a práxis também é saber, porque a intervenção e ação docente dependem desses saberes, que emergem do campo teórico e das necessidades do cotidiano.

Com base nessas questões, pode-se ressaltar que a práxis nunca será a mesma, o que implica considerar os saberes construídos no decorrer da trajetória. E isso é muito dinâmico, de acordo com os interesses e as necessidades de determinado momento, para a resolução de problemas do cotidiano. Foi possível identificar essas questões no período da pandemia da Covid-19, que nos provocou como docente e nos fez reinventar a docência, especificamente no que tange às práticas formativas realizadas no estágio curricular supervisionado. Diante disso, é necessário analisar o impacto na educação e docência dos estudantes do curso de Pedagogia-Licenciatura, considerando a prática formativa realizada no período pandêmico.

CONCLUSÃO

A realização do estágio curricular supervisionado pelos estudantes dos cursos presenciais de Pedagogia-Licenciatura da UFSM, por meio do Rede, no período da pandemia da Covid-19, apontou que a utilização das tecnologias digitais deixou de ser apenas um suporte ou apoio ao processo de ensino e aprendizagem de carácter facultativo. Ao contrário disso, passaram a exigir a construção de *competências* específicas, tanto por parte do docente, quanto do estudante, para atuar nesse cenário.

A pandemia da Covid-19 modificou o papel dos envolvidos, sendo preciso um planejamento diferenciado por parte do professor, tornando-se fundamental conhecer o sujeito que ali se encontrava e sua realidade escolar, a fim de mobilizar estratégias de interações com a utilização das tecnologias, pois, devido ao afastamento físico, as relações se tornaram singulares.

Diante disso, evidencia-se o quanto a docência precisa reinventar-se e propor novos começos. Esse movimento na educação é urgente, e a pandemia nos mostrou isso, que esse "reinventar" exigiu de nós, educadores, "alguns" sacrifícios para garantir esse direito com qualidade, considerando que a educação é um direito humano, um bem público, que deve ser respeitado e oportunizado a todos. Isso nos aponta a pensar em práticas mais inclusivas e que valorizem as questões sociais enfrentadas pelos estudantes, pois, caso elas não sejam percebidas, podem ser consideradas como barreiras ou fatores limitantes no processo de aprendizagem dos estudantes.

Cabe destacar que o caminho percorrido até o momento da escrita deste ensaio levou a uma reflexão sobre o campo de pesquisa e do público a ser investigado na pesquisa de tese do doutorado em Educação. No primeiro momento, a preocupação era com os professores em formação, no sentido de identificar possíveis fragilidades nesse caminho formativo, bem como as competências necessárias para a prática pedagógica no período de realização do estágio curricular supervisionado.

Porém, diante da experiência como professora supervisora de estágio do curso de Pedagogia-Licenciatura, senti a necessidade de repensar a importância de socializar as nossas experiências formativas, envolvendo os demais profissionais envolvidos com a orientação e supervisão do estágio curricular supervisionado, identificando o quanto é preciso dar vez e voz aos que também enfrentaram certa insegurança e incerteza em relação à realização dos estágios no período pandêmico. Isso nos faz refletir sobre os importantes aprendizados que a pandemia da Covid-19 nos proporcionou como profissionais da educação, para além da construção de competências digitais. Espera-se que, a partir dessa experiência, possamos reinventar a docência, com propostas mais inclusivas e humanizadas da educação.

Diante do exposto, enfatiza-se a necessidade de apoiar o desenvolvimento profissional, em formação inicial e continuada, buscando o fortalecimento do grupo, assim como o oferecimento de novas formações conforme a necessidade docente. No entanto, precisamos estar dispostos a aprender, a compartilhar e a contribuir com o crescimento do outro, e isso faz parte do nosso processo evolutivo como seres humanos comprometidos com a educação.

REFERÊNCIAS

BRASIL. **Constituição da República Federativa do Brasil de 1988**. 1988. Disponível em: https://www.planalto.gov.br/ccivil_03/constituicao/constituicao. htm. Acesso em: 10 jun. 2022.

BRASIL. **Decreto-lei n.º 6/2020 do Congresso Nacional**. 2020a. Disponível em: http://www.planalto.gov.br/ccivil_03/portaria/DLG6-2020.htm. Acesso em: 5 nov. 2020.

EZPELETA, Justa; ROCKWELL, Elsie. **Pesquisa participante**. São Paulo: Cortez, 1989.

BRASIL. **Lei n.º 9.394/1996**. 1996. Disponível em: http://www.planalto.gov.br/ccivil_03/leis/l9394.htm. Acesso em: 5 nov. 2022.

BRASIL. **Lei n.º 14.040/2020**. 2020b. Disponível em: http://www.planalto.gov.br/ccivil_03/_ato2019-2022/2020/lei/l14040.htm. Acesso em: 5 nov. 2022.

BRASIL. **Medida Provisória n.º 934/2020**. 2020c. Disponível em: https://www2.camara.leg.br/legin/fed/medpro/2020/medidaprovisoria-934-1-abril-2020-789920-publicacaooriginal-160236-pe.html. Acesso em: 4 nov. 2022.

BRASIL. **Parecer CNE/CP n.º 5/2020 do Ministério da Educação**. 2020d. Disponível em: http://portal.mec.gov.br/component/content/article/33371-cne-conselho-nacional-de-educacao/85201-parecer-cp-2020. Acesso em: 10 ago. 2022.

BRASIL. **Parecer CNE/CP n.º 9/2020**. 2020e. Disponível em: http://portal.mec.gov.br/index.php?option=com_docman&view=download&alias=147041-pcp-009-20&category_slug=junho-2020-pdf&Itemid=30192. Acesso em: 3 nov. 2022.

BRASIL. **Portaria MEC n.º 544/2020 do Ministério da Educação**. 2020f. Disponível em: https://www.in.gov.br/en/web/dou/-/portaria-n-544-de-16-de-junho-de-2020-261924872. Acesso em: 5 nov. 2022.

BRASIL. **Portaria n.º 1030/2020 do Ministério da Educação**. 2020g. Disponível em: https://www.in.gov.br/en/web/dou/-/portaria-n-1.030-de-1-de-dezembro-de-2020-291532789. Acesso em: 5 nov. 2022.

BRASIL. **Portaria n.º 1038/2020 do Ministério da Educação**. 2020h. Altera a Portaria MEC. Disponível em: https://www.in.gov.br/en/web/dou/-/portaria-mec-n-1.038-de-7-de-dezembro-de-2020-292694534. Acesso em: 9 ago. 2022.

BRASIL. **Resolução n.º 2/2002 do Conselho Nacional de Educação**. Conselho Pleno. 2002. Disponível em: https://xn--graduao-2wa9a.ufrj.br/images/_PR-1/Ensino-DEN/Licenciatura/lic-res2-2002.pdf. Acesso em: 2 nov. 2022.

BRASIL. **Resolução n.º 1/2006 do Conselho Nacional de Educação**. Conselho Pleno. 2006. Diário Oficial da União, Brasília, DF, 16 maio 2006.

BRASIL. **Resolução CNE/CP n.º 2/2015**. Conselho Nacional de Educação. Conselho Pleno. Disponível em: http://portal.mec.gov.br/index.php?option=com_docman&view=download&alias=136731-rcp002-15-1&category_slug=dezembro-2019-pdf&Itemid=30192. Acesso em: 8 ago. 2022.

BRASIL. **Resolução CNE/CP n.º 2/2020 do Conselho Nacional de Educação.** Conselho Pleno. 2020i. Disponível em: http://portal.mec.gov.br/docman/dezembro-2020-pdf/167141-rcp002-20/file. Acesso em: 2 nov. 2022.

SÁNCHEZ VÁSQUEZ, Adolfo. **Filosofia da práxis.** Rio de Janeiro: Paz e Terra, 1977.

SANTOMÉ TORRES, Jurjo. **Sociedad, cultura y educación.** Madri: Morata, 1991.

UFSM – Universidade Federal de Santa Maria. **Plano de Estágios/Práticas/REDE.** Santa Maria, RS: UFSM, 2020. Disponível em: https://www.ufsm.br/cursos/graduacao/santa-maria/pedagogia/projeto-pedagogico. Acesso em: 10 ago. 2022.

[RE]INVENTAR A FORMAÇÃO DE PROFESSORES: PERSPECTIVAS EM CONTEXTOS EMERGENTES

Juliana Vaz Paiva

INTRODUÇÃO

A ressignificação do conhecimento local e global, bem como as mudanças em todos os contextos, são elementos muito presentes na sociedade em que se vive. Essas mudanças – em sua maioria, velozes – fazem parte da natureza do século atual e provêm da evolução de hoje de uma maneira muito importante. Entretanto, o convite para repensar o modo de viver chegou à humanidade. Em verdade, convite é algo que pode ser recusado, e a Covid-19, que ainda hoje se vivencia mundialmente – mesmo de forma mais branda –, não oferece essa opção.

O contexto emergente pandêmico intimou a humanidade não só a repensar seu modo de viver, mas a resgatar a condição humana e a cidadania e a compreender o mundo com sua vasta diversidade de realidades. É um momento emergente de transformação e [re]invenção em todos os contextos – especialmente no que se refere à educação, pois é o que permite o ser humano se construir, reconstruir, transformar e evoluir, a partir do reconhecimento da complexidade de sua existência e do que a envolve.

As complexas mudanças vivenciadas no cotidiano da população mundial interferem na educação em todos seus níveis e modalidades. O ensino, antes presencial, precisou ser urgentemente desenvolvido de forma remota, causando diversos desafios e dificuldades – seja pela ressignificação de tempos e espaços, seja por limitações de conhecimento e/ou acesso às necessárias tecnologias digitais. Neste sentido, pondera-se sobre perspectivas curriculares em contexto emergente vivenciado na garantia de educação de qualidade, um direito de todos.

De grande relevância e imbricada à qualidade da educação, a formação de professores reflete-se e é reflexo na/da conjuntura política que a envolve, considerando que as políticas públicas educacionais têm um papel fundamental na qualidade, na organização, no desenvolvimento, na transformação e [re]invenção dos currículos dos cursos de formação de professores, fazendo-se necessários estudos, reflexões e análises científicas relacionadas aos temas.

Assim, o presente ensaio objetiva: apresentar perspectivas de [re] invenção de formação de professores em contextos emergentes, a partir da tese de que a [re]invenção dos currículos dos cursos de formação de professores convergem ao trabalho com a diversidade e à consciência da formação permanente em busca de qualidade educacional – tanto na formação dos futuros docentes como daqueles estudantes da educação básica que estão/estarão a recebê-los. Organizado a partir de Anguiano (2014) e Gamboa (1997), tem como base conceitos e reflexões essenciais à problemática – brevemente tratados – sobre políticas públicas educacionais; currículo; qualidade educacional e formação de professores.

As indagações mobilizadoras deste trabalho derivam da participação no Seminário "Reinventar a docência nas redes de conhecimentos", cursado durante o segundo semestre de 2021 no Programa de Pós-Graduação em Educação (PPGE) da Universidade Federal de Santa Maria (UFSM), bem como do projeto de tese desenvolvido desde o último semestre de 2021 no referido PPG, que versa sobre o(s) impacto(s) das políticas públicas educacionais nos currículos dos cursos de formação de professores das etapas iniciais da Educação Básica – no Brasil e na Espanha –, sob a ótica dos estágios supervisionados obrigatórios.

POLÍTICAS PÚBLICAS EDUCACIONAIS, QUALIDADE E CURRÍCULO

O debate sobre políticas públicas é um movimento que vem ganhando força com o passar dos anos devido às novas legislações nacionais que são elaboradas. Por essa demanda ser cada vez mais relevante, faz-se necessário destacar que as políticas públicas trabalham com macrocontextos. A partir disso, surgem os demais grupos de políticas, sendo a política pública educacional um deles. Sendo assim:

> [..] é possível compreender como políticas públicas as ações que nascem do contexto social, mas que passam pela esfera estatal como uma decisão de intervenção pública numa realidade social, que seja para fazer investimentos ou para uma mera regulamentação administrativa (Boneti, 2018, p. 18).

Nesse contexto, entende-se que as políticas públicas são criadas para suprir algumas lacunas que, ao longo do tempo, emergem da sociedade. Assim, passam por [re]estruturações que podem ser pequenas ou grandes, dependendo da dinâmica da organização social ao longo do tempo, mais ou menos complexa. Esses novos desenhos sociais, imbricados com as inúmeras mudanças do perfil populacional, acabam por fazer necessário um replanejamento das políticas públicas, que atendam às novas necessidades. Desta forma, tratar de políticas públicas é abordar a construção dessas inúmeras variáveis.

Como as políticas públicas constituem um conjunto de objetivos e ações elaboradas e implementadas de acordo com cada governo, Chrispino (2016) esclarece que o conceito de política pública é polissêmico e amplo, isto é:

> O conceito de políticas públicas não surge por si mesmo ou por fatores endógenos. Ele é delimitado pelas múltiplas possibilidades de conexão de ações que contribuem para fazer dela a política pública, o centro de equilíbrio dessas forças sociais diferentes (Chrispino, 2016, p. 17).

Entende-se o conceito de política pública educacional a partir de Akkari (2011), como sendo um conjunto de articulações e decisões planejadas pelos atores, com a intenção de orientar a sociedade em relação ao seu direito de usufruir as ações instituídas. Visa a assegurar a adequação entre as necessidades sociais de educação e os serviços prestados pelos sistemas educacionais.

Na perspectiva do mesmo autor, torna-se necessário entender a participação dos organismos internacionais – como OCDE e Banco Mundial – na formulação das políticas públicas educacionais, considerando que sua participação nas análises do cenário das políticas públicas torna-se determinante à implantação das ações educativas no contexto da educação superior no mundo (Akkari, 2011).

Nesse sentido, muitos debates sobre as políticas públicas são para elevar a qualidade da educação no Brasil, porém o que se vê, muitas vezes, são discursos longe da realidade educacional, ou seja, discursos voltados para a teoria, que não vem ao encontro da prática. Sendo assim, a qualidade também é um processo que envolve as fragilidades do ensino, com diferentes concepções, processos, contextos e ações, levando em consideração a coletividade, o diálogo, as experiências e reflexões, as diferentes áreas de contexto, bem como as trajetórias e caminhos. Desse modo:

> Qualidade significa melhorar a vida das pessoas, de todas as pessoas. Na educação, a qualidade está ligada diretamente ao bem-viver de todas as nossas comunidades, a partir da comunidade escolar. A qualidade na educação não pode ser boa se a qualidade do professor, do aluno, da comunidade é ruim. Não podemos separar qualidade da educação da qualidade como um todo, como se fosse possível ser de qualidade ao entrar na escola e piorar a qualidade ao sair dela (Gadotti, 2010, p. 7).

Pressuposto de qualidade como indicador simbólico, o objetivo da "educação de qualidade" é que o estudante aprenda e seja aprovado. Caso não ocorra, os índices de avaliação baixam, o que leva a uma qualidade da educação "mascarada", pois instrumentos de avaliações externas orientam práticas e documentos que balizam a educação. Nesta perspectiva, corrobora-se com Morosini (2014, p. 399), quando identifica a existência de três ideais de qualidade da educação superior:

> Numa fase inicial identificamos três tipos ideais de qualidade da educação superior: qualidade isomórfica, qualidade da especificidade e qualidade da equidade. Predomina claramente a qualidade isomórfica – de modelo único, universal, passando da avaliação qualidade *per se* e, após, para a garantia de qualidade, com a instauração de todo um aparato de agências reguladoras burocráticas.

O cenário contextualizado induz à constante busca por metas a serem alcançadas quantitativamente. Diretamente ligado às políticas públicas educacionais e à qualidade no que se refere aos cursos de formação de professores, encontra-se o currículo, documento de identidade que conduz as experiências de aprendizagem e/ou construção de saberes e fazeres a serem vivenciadas pelos docentes e discentes.

Compreende-se o currículo não apenas como veículo de conteúdos a serem transmitidos e absorvidos passivamente, mas "[...] um terreno de produção e de política cultural, no qual os materiais existentes funcionam como matéria-prima de criação, recriação e, sobretudo, de contestação e transgressão" (Moreira; Silva, 2002, p. 28).

Corrobora-se com Apple (1982) sob a ótica curricular de uma dimensão mais abrangente e complexa – em especial, quando se trata de formação inicial de professores, uma vez que sua organização acarreta opções sociais e ideológicas conscientes e inconscientes. Portanto, faz-se tarefa

DOCÊNCIA(S) NAS REDES DE CONHECIMENTOS: REINVENÇÕES EM CONTEXTOS EMERGENTES

primordial relacionar esses princípios de seleção e organização do conhecimento ao campo das leis e dos regulamentos que estabelecem o que, como e quando tem de ser ensinado e avaliado.

FORMAÇÃO DE PROFESSORES

No que concerne à formação de professores, considera-se de suma importância os estudos de autores como Nóvoa (1997), Imbernón (2010) e Garcia (1997), uma vez que suas discussões convergem a um conceito de desenvolvimento profissional docente, a partir de concepção de profissional da educação, e, assim, sugerem evolução e continuidade rompendo com a tradicional justaposição entre formação inicial e continuada.

Assim, faz-se mister refletir a partir das considerações de Nóvoa (1997), quando pensa a formação de professores não só para "formar", mas para "se formar", apresentando, além da perspectiva da centralidade da dimensão acadêmica, as perspectivas profissional, pessoal e de organização a partir do contexto escolar. Corrobora-se com Imbernón (2010), que afirma que a formação de professores necessita preparar os futuros docentes com uma bagagem sólida em níveis científicos, culturais, contextuais e psicopedagógicos, que lhes permita assumir a tarefa educativa em toda sua complexidade, com apoio teórico e com a responsabilidade social e política oportuna.

Dessa maneira, pode-se entender a docência como:

> [...] un objeto que genera en torno de sí acciones diversas donde múltiples elementos se expresan en su configuracióin cidiendo sobre aspectos distintos. El docente desarrolla su práctica en un contexto determinado, en una sociedad concreta, no se es profesor de una vez y para siempre. La sociedad cambia, se modifican las condiciones de trabajo, se multiplican las tareas, se establecen vínculos o distancia con los estudiantes; se atienden procesos de gestión, administrativos entre otros (García; Morales, 2021, p. 235).

Por isso, é necessário compreender a subjetividade do professor em formação, aliado aos estudos/pesquisas educacionais, permitindo o entendimento sobre os sentidos que os docentes em formação atribuem às suas práticas e trajetórias formativas como tarefa complexa.

Questões igualmente importantes são abordadas por Nova (2018): o baixo prestígio acadêmico e profissional, bem como a baixa remuneração profissão docente, quando comparada a outras. Esses fatores estão diretamente imbricados às preocupações que países membros da Organização para a Cooperação e Desenvolvimento Econômico (OCDE) vivenciam:

> En específico debemos señalar además que más de la mitad de países OCDE manifiestan problemas de oferta de profesores de calidad, especialmente en áreas de alta demanda. Tanto así que existe una preocupación por las tendencias de largo plazo en cuanto a la composición del profesorado (pocas personas exitosas y pocos hombres)[38] (Nova, 2018, p. 169).

O autor ainda trata dos problemas da carreira docente como organizados em quatro pontos, sendo eles:

> a) Dificultad atracción y retención buenos docentes. b) Disociación entre carrera y desarrollo profesional. c) Dificultad en generación de consensos para evaluación del desempeño. d) Tensión entre remuneraciones comunes y diferenciadas[39] (Nova, 2018, p. 170).

No mesmo sentido, em sua escrita *Formação de professores e profissão docente: Velhos e novos desafios*, Amélia Lopes (2019) traz contribuições acerca de pesquisas, em âmbito nacional e internacional, que tratam de currículo e formação de professores. Um importante apontamento é feito a partir de pesquisa entre Austrália, Canadá, Finlândia e Singapura – por serem países com bons sistemas de formação/desenvolvimento profissional dos professores. A autora, ao analisar a pesquisa de Darling-Hammond, realizada no ano de 2017, identifica estratégias promissoras para a melhoria do processo de ensino-aprendizagem dos professores, dentre as quais se destacam:

> Estabelecer modelos de indução que apoiam os professores principiantes – através de supervisão competente, do planejamento em colaboração e da redução do tempo de ensino – de forma a permitir a frequência de seminários de formação contínua e a construção refletida de um repertó-

---

[38] "Em particular, é também de referir que mais de metade dos países da OCDE manifestam problemas de oferta de professores de qualidade, especialmente em áreas de elevada demanda. Tanto assim é que há preocupações quanto às tendências a longo prazo da composição do professorado (poucas pessoas exitosas e poucos homens)." (Tradução nossa).

[39] "a) Dificuldade em atrair e reter bons professores. b) Dissociação entre carreira e desenvolvimento profissional. c) Dificuldade em gerar consenso para a avaliação do desempenho. d) Tensão entre salários comuns e diferenciados." (Tradução nossa).

> rio de práticas; Apoiar o desenvolvimento profissional dos professores de forma quotidiana, capacitando os professores para aprenderem uns com os outros – nas universidades, nas escolas e entre as escolas e as universidades; Construir uma capacidade profissional alargada através de estratégias regionais e nacionais de partilha alargada da pesquisa e das boas práticas (Lopes, 2019, p. 13).

A partir dos itens trazidos, entende-se a emergência do paradigma do professor reflexivo (Garcia; Morales, 2021) na formação de professores, em que a reflexão é gerada em e sobre a prática, e esse processo reflexivo corrobora para a melhoria do ensino. A proposta teórica de professor reflexivo, na verdade, permite que o docente aprenda na ação, desenvolvendo a reflexão do que se dá durante suas práticas.

Essa perspectiva implica a consciência de seus conhecimentos e permite pensar sobre os conhecimentos vividos e experienciais. Assim, compreende-se também como meio de transpor práticas docentes originárias apenas de experiência pessoal e, na maioria das vezes, reproduzidas sem reflexões mais complexas – porque, antes de chegar aos cursos de formação de professores, provavelmente todos frequentaram a escola e tiveram contato com outros professores.

Dessa forma, considera-se o trabalho com a diversidade e a consciência da formação permanente em busca de qualidade educacional, elementos essenciais nos currículos dos cursos de formação de professores, compreendendo o papel das políticas públicas educacionais nas organizações e desenvolvimento deles.

Destaca-se a interação entre universidade e espaços de educação básica como preponderante possibilitadora de reflexões, análises, amadurecimento e maior consciência sobre a docência nos espaços de educação básica, no processo de formação de professores. Contar com o compartilhamento de docência, estudos, interações e orientações seguras, humanas e sensíveis no constante processo de auto(trans)formação docente, como suporte teórico-prático e articulador no desenvolvimento profissional é artifício enriquecedor para professores(as) que atuam nas escolas e aqueles(as) que se preparam para isso.

CONSIDERAÇÕES FINAIS

Ao fim da elaboração deste ensaio, que objetivou apresentar perspectivas de [re]invenção de formação de professores em contextos emergentes, bem como das atividades propostas pelo seminário "Reinventar a docência nas redes de conhecimentos" – compreendendo as colaborações dos(as) professores(as) convidados e professores(as) organizadores da potente disciplina, defende-se a tese de que a [re]invenção dos currículos dos cursos de formação de professores converge ao trabalho com a diversidade e à consciência da formação permanente em busca de qualidade educacional – tanto na formação dos futuros docentes como daqueles estudantes da educação básica que estão/estarão a recebê-los.

Entende-se que, para a compreensão dos percursos inerentes à formação da docência, faz-se mister o olhar atento e sensível, que busque compreender os contextos históricos, sociais, políticos, econômicos e emergentes que os envolvem, principalmente como cada sujeito ator desses currículos tomará para si cada um desses processos – um modo singular de percorrer o caminho, a rota de vida do grupo que vivencia o currículo (Goodson, 1995).

Como implicação da tese defendida, destaca-se que a própria pandemia da Covid-19, contexto emergente de âmbito global, gerou conjuntos de questionamentos e dúvidas que, aos poucos, foram se transformando em respostas e questionamentos subsequentes, dentro de cada instituição de formação de professores, ou seja, dentro de docentes e futuros docentes que as constituem. O quanto aspectos como docência, currículo, ensino, aprendizagem, planejamento e avaliação – rotineiramente "dominados" – foram motivos de desafios e [re]invenções, demonstrando a capacidade intrínseca ao ser humano – ou, pelo menos, o esforço –, para que se dessem mudanças inevitáveis ao contexto vivenciado mundialmente.

A conjuntura pandêmica revelou ambientes que sempre existiram e tiveram de ser olhados de outra forma – dentro e fora de cada um. Foi motivo da criação e [re]invenção de tantos outros contextos, lógicas e relações no que diz respeito à formação de professores, seus atores e estudos. Inicialmente, houve a marcante necessidade de compreensão do que se estava vivendo e a consequente reorganização de espaços e tempos. O impacto nas pesquisas que vinham sendo desenvolvidas e tiveram de enfrentar um contexto pandêmico, atentando ao essencial e emergencial foi inevitável. Sem dúvidas, o formato on-line – e, a meu ver, a expansão de fronteiras entre nós habitantes de um mesmo planeta com realidades tão díspares e ao mesmo tempo tão semelhantes – reverbera(rá) em nossos percursos formativos.

Por todas as reflexões construídas ao longo dos estudos, observam-se caminhos para a formação de professores com cada vez mais consciência de seu inacabamento e inacabamento do próximo, que buscam formação e autoavaliação – conscientes – permanentes, pois a formação, especialmente de um professor, é um processo contínuo de [des]construção e [re]construção, e esse é o movimento próprio da Pedagogia.

REFERÊNCIAS

AKKARI. Abdeljalil. **Internacionalização das políticas educacionais.** Petrópolis/RJ: Vozes, 2011.

ANGUIANO, María Luz *et al.* **Manual básico para la escritura de ensayos.** Estudios y propuestas de lenguaje y educación. Primera edición, México: Fundación SM de Ediciones México/ A.C. Instituto de Evaluación y Asesoramiento IDEA, 2014.

APPLE, Michael Whitman. **Ideologia e Currículo.** Tradução: Carlos Eduardo Ferreira Carvalho. São Paulo: Brasiliense, 1982.

BONETI, Lindomar Wessler. **Políticas Públicas por dentro.** 4. ed. rev. Ijuí: Ed. Unijuí, 2018.

CHRISPINO, Álvaro. **Introdução ao estudo das políticas públicas:** uma visão interdisciplinar e contextualizada. Rio de Janeiro: FGV Editora, 2016.

GADOTTI, Moacir. **Qualidade na educação:** uma nova abordagem. São Paulo: Editora e Livraria Instituto Paulo Freire, 2010.

GAMBOA, Yolanda. **Guía para la escritura del ensayo.** [*S. l.*]: Florida Atlantic University, 1997.

GARCIA, Carlos Marcelo. Formação de professores: Novas perspectivas baseadas na investigação sobre o pensamento do professor. *In:* NÓVOA, António (coord.). **Os professores e sua formação.** 3. ed. Lisboa: Dom Quixote, 1997. p. 51-76.

GARCÍA, Maria Isabel; MORALES, Alicia Rivera. Prácticas-reflexivas sobre la docencia en el aula universitaria. *In:* RIIED. **De la Red Iberoamericana de Investigadores en Evaluación de la Docencia Evaluación, desarrollo, innovación y futuro de la docencia universitária.** 1. ed. Buenos Aires: Editorial FEDUN, 2021. p. 235-247.

GOODSON, Ivor. **Currículo:** teoria e história. Petrópolis: Vozes, 1995.

IMBERNÓN, Francisco. **Formação continuada de professores**. Porto Alegre: Artmed, 2010.

LOPES, Amélia. **Formação de professores e profissão docente:** velhos e novos desafios. 2019. Disponível em: https://hdl.handle.net/10216/122525. Acesso em: 3 fev. 2022.

MOREIRA, Antônio Flávio; SILVA, Tomaz Tadeu da. **Currículo, cultura e sociedade**. São Paulo: Cortez, 2002.

MOROSINI, Marília Costa. Qualidade da educação superior e contextos emergentes. **Avaliação: Revista da Avaliação da Educação Superior,** Campinas, v. 19, n. 2, p. 385- 405, 2014. Disponível em: https://www.scielo.br/j/aval/a/qZF-8Fpz8MjgWHNdC38frh5Q/abstract/?lang=pt#. Acesso em: 3 fev. 2022.

NOVA, Alex Pavié. Formación de profesores y carrera docente en chile: programas formativos en regiones. **Revista LIDER,** [*S. l.*], v. 20, n. 32, p. 164-176, 2018.

NÓVOA, António. Formar professores como profissionais reflexivos. *In:* NÓVOA, António. (coord.). **Os professores e sua formação**. 3. ed. Lisboa: Dom Quixote, 1997. p. 77-91.

AS AMBIÊNCIAS FORMATIVAS COLABORATIVAS VIRTUAIS: REINVENÇÃO DA DOCÊNCIA NA EDUCAÇÃO BÁSICA

Débora Pinheiro Pereira

INTRODUÇÃO

O contexto social brasileiro, ao ser impactado pela pandemia da Covid-19, tornou evidente a necessidade de mudança no modo de atuação do professor da educação básica. Assim, os docentes foram desafiados a se reinventar, reorganizar rotinas, reestruturar diferentes espaços, tempos e a encontrar alternativas de modo a dar continuidade ao trabalho pedagógico, especialmente nos anos de 2020 e 2021, em que as aulas presenciais foram suspensas. Diante disso, surgiram questionamentos, desafios e inseguranças acerca das possibilidades e alternativas para o trabalho pedagógico no cenário incerto, especialmente no que tange à garantia de condições mínimas para as aprendizagens dos estudantes.

Frente a isso, inúmeros eventos virtuais, em diferentes âmbitos, foram promovidos. De modo especial, pode-se evidenciar as demandas de formação vinculadas às redes municipais de ensino, as quais tiveram que promover suporte e orientação aos professores, capazes de garantir que o trabalho pedagógico nas instituições fosse (re)pensado, organizado e desenvolvido, a fim de atender às exigências impostas.

Diante disso, neste ensaio, discorre-se sobre as ambiências formativas colaborativas virtuais promovidas no período de 2020 e 2021 e sua relação com a reinvenção da docência. Argumento na defesa de políticas de formação que sejam capazes de sustentar os professores em suas demandas, promovendo o protagonismo.

Para tanto, pautou-se nas experiências promovidas a partir de uma política de formação continuada desenvolvida no município de Santa Maria, localizado na região central do Rio Grande do Sul, pela Secretaria Municipal de Educação, desde o ano de 2019. A proposta se refere ao Programa Municipal de Letramento e Alfabetização – "Tecendo saberes, construindo conhecimentos" (PROMLA), que compõe uma das iniciativas de formação continuada da Política Pública Municipal Conexão de Saberes. Voltou-se para professores da pré-escola e do ensino fundamental I (1º ao 5º ano), a qual, no ano de 2020 e 2021, foi reformulado para o formato virtual, constituindo-se em uma experiência inovadora no município, ao promover um conjunto de ações formativas, em formato virtual, direcionada a dar suporte aos professores diante da complexidade de organização de uma nova modalidade de trabalho que foi o ensino remoto na educação básica.

Neste ensaio, há a caracterização do programa e seus delineamentos nos anos de 2020 e 2021, argumentando para dimensões que considero sustentar políticas de formação capazes de impulsionar a reinvenção da docência, as quais se respaldam em espaços de compartilhamento colaborativos que fomentem o protagonismo dos professores. Por fim, destaca-se a relevância da ação proposta, em especial acerca das ambiências formativas colaborativas em formato virtuais, as quais se constituíram num suporte importante aos professores, no período pandêmico, bem como evidenciar novas possibilidades de gerar encontros e compartilhamento de experiências da rede.

AS AMBIÊNCIAS FORMATIVAS VIRTUAIS: REDES DE COMPARTILHAMENTO E COLABORAÇÃO ENTRE PROFESSORES

O Promla, no decorrer dos anos de 2020 e 2021, foi se desenvolvendo ao longo do período de pandemia, a partir de experimentações da mantenedora em encontrar as possibilidades concretas de viabilizar o atendimento das demandas formativas do seu quadro de professores, por meio de ambiências formativas virtuais. Conforme Iop (2020, n.p.), o Promla tem como objetivos:

> Contribuir para a qualificação dos processos formativos docentes fomentando a socialização dos saberes, a ressignificação dos fazeres e o protagonismo docente; Fomentar a reflexão sobre a prática, com vistas a reconfigurar, ampliar e criar práticas pedagógicas inovadoras, criativas e sustentáveis nos processos de ensino e aprendizagem; Impulsionar o desenvolvimento de práticas pedagógicas diferenciadas pautadas nos seguintes princípios: Compromisso com a Educação Integral, no desenvolvimento de competências, na diversidade e inclusão, foco na aprendizagem e cultura digital.

Pode-se evidenciar como princípios do programa a organização, a avaliação do trabalho pedagógico e a coletividade, a partir do fomento das interações entre os professores como elementos fundamentais para a qualificação do trabalho desses.

Compreende-se que essa perspectiva de construção compartilhada, da colaboração e do diálogo revela-se como demarcador das experiências de êxito de formação, pois permite que os professores repensem sobre suas ações em sala de aula e, por conseguinte, (re)planejem propostas viáveis para seu trabalho pedagógico, visando a práticas inovadoras, criativas nos processos de ensino e aprendizagem. Contudo, destaca-se o grande desafio constituído ao ter de ser desenvolvido todo em formato virtual.

O fomento às discussões acerca das temáticas emergentes no trabalho docente foi sendo paulatinamente construído, procurando instaurar ambiências formativas colaborativas virtuais. Dessa forma, a organização de diferentes espaços, para que os professores compartilhassem suas vivências, os desafios, as incertezas e as angústias enfrentadas no cotidiano da escola, foi um grande desafio instaurado às diferentes redes de ensino de forma a possibilitar aos professores a reflexão e (re)construção de caminhos possíveis para a docência. Nesse sentido, concordo com Santos (2015, p. 38), quando afirma que:

> As ambiências formativas são situações de aprendizagem cocriadas nos espaços tempos híbridos em que se articulam os ambientes físicos e digitais (sala de aula presencial, ambientes virtuais de aprendizagem e redes sociais). Uma ambiência formativa é o complexo enredamento onde se dinamizam diversas possibilidades de produção intelectual, de invenção, de constituição de rastros onde um coletivo assume, explicita e reinventa seu processo de formação.

Nessa lógica, importa considerar que a formação continuada pressupõe a promoção de uma prática reflexiva e de valorização profissional e pessoal do educador, propiciando, entre vários aspectos, a interação entre pares e a colaboração, de forma a qualificar os processos formativos e melhorar do ensino e da aprendizagem na educação básica. Desse modo, primeiramente, a organização do Promla, em 2019, foi pensada da seguinte forma:

> Os encontros de formação terão como estratégias a organização de encontros formativos teórico-práticos que versarão sobre a temática principal: Metodologias ativas e a ludi-

cidade no processo de ensino e aprendizagem, sendo que as ações dos programas e projetos desenvolvidos na Rede Municipal de Ensino (RME) estarão inseridas na dinâmica dos encontros. A formação inicia com encontros presenciais (mensais) e difunde-se para o espaço virtual por meio da plataforma moodle ou outra plataforma a ser definida pelos envolvidos no processo. Ampliar a formação a partir da plataforma digital tem como objetivo oferecer um ambiente de pesquisa e de troca de experiências entre os professores da RME (Prefeitura Municipal de Santa Maria, 2019, p. 33).

Para tanto, incluíram as formações presenciais no horário de trabalho do docente, as turmas de formação foram organizadas respeitando essa particularidade e ofertaram tanto turmas no período da manhã quanto à tarde. Dessa maneira, foram organizados grupos específicos pelos segmentos, para tratar as especificidades de cada modalidade, separando a rede urbana e a do campo.

Por conseguinte, a partir do contexto pandêmico, para qualificar as práticas educativas na rede municipal, atender as demandas e necessidades dos professores, o Promla, ao ser impulsionado a novos direcionamentos, fomentou espaços potentes de formação colaborativa na modalidade virtual. As ambiências formativas colaborativas virtuais são outros espaços de encontros, conforme Valentini e Soares (2010, p. 15):

> Entendemos que um ambiente virtual de aprendizagem é um espaço social, constituindo-se de interações cognitivo-sociais sobre, ou em torno, de um objeto de conhecimento: um lugar na Web, "cenários onde as pessoas interagem", mediadas pela linguagem da hipermídia, cujos fluxos de comunicação entre os interagentes são possibilitados pela interface gráfica. O fundamental não é a interface em si mesma, mas o que os interagentes fazem com essa interface. Nesse sentido, o plano pedagógico que sustenta a configuração do ambiente é fundamental para que o ambiente possa ser um espaço onde os interagentes se construam como elementos ativos, coautores do processo de aprendizagem.

Tal empreendimento remete às ações de interformação, em que os sujeitos participam de atividades conjuntas, em um sistema de colaboração (Marcelo Garcia, 1999). Nessa perspectiva, as redes de compartilhamento e colaboração constituem-se como espaços de aprendizagem e apoio por meio da difusão dos conhecimentos, das práticas pedagógicas, auxiliando na resolução das diversas facetas e demandas emergentes do trabalho docente, pois, para Imbernón (2009, p. 60), "[...] a colaboração é um processo que pode ajudar a entender a complexidade do trabalho educativo e dar melhores respostas às situações problemáticas da prática".

Nesse sentido, é importante ter, nas ambiências formativas virtuais, os momentos de fala, escuta, trocas, colaboração, compartilhamento, de poderem desabafar suas angústias e seus anseios, principalmente sobre o protagonismo docente, para promover práticas mais significativas. Assim, compreendo que, ao se centrar em um trabalho colaborativo, este auxiliará nas demandas emergentes que se apresentam nos diferentes contextos escolares e que representam desafios aos professores.

Uma ação importante do referido programa, que considero potencializador das discussões, foi a organização dos professores em pequenos grupos contemplando a figura de um professor da rede, que assumiu o papel de articulador das discussões promovidas nos pequenos grupos e a organização de temáticas tratadas em grandes plenárias.

Para tanto, os professores dos anos iniciais do município, no ano de 2021, foram divididos em sete grupos, contando com a mediação de sete professores articuladores da rede municipal de ensino, para desenvolverem o processo formativo de forma virtual.

> No contexto do PROMLA, emerge o papel do professor Articulador, o qual tem por função auxiliar o docente na reflexão sobre a prática e ressignificação dos conhecimentos a partir de vivências formativas que conduzam ao desenvolvimento de uma práxis pedagógica mais crítica reflexiva e comprometida com a melhoria do ensino e aprendizagem. Cabe salientar que ao assumir o desafio de tornar-se um professor Articulador, o profissional compromete-se também, com sua autoformação, a qual além do desenvolvimento de conhecimentos formais envolve a sensibilidade, a formação humana integral, ou seja, "o cuidado de quem cuida" (Prefeitura Municipal de Santa Maria, 2021, p. 7-8).

Observa-se que as articuladoras têm papel fundamental para que a formação continuada possa qualificar ainda mais a prática da docência, ao mediarem uma discussão e problematização que seja realmente o que os professores sentem como necessidade. Assim, os encontros de formação ocorreram mensalmente, sendo denominados como a "Parada da Rede", via plataformas on-line.

ANA CARLA HOLLWEG POWACZUK - DORIS PIRES VARGAS BOLZAN - ESTEFANI BAPTISTELLA - GIANA WEBER DE OLIVEIRA - IZABEL ESPINDOLA BARBOSA - LUCIÉLI DA CONCEIÇÃO LEAL - MARIO VÁSQUEZ ASTUDILLO - RAQUEL SCREMIN - REJANE ZANINI - SAMUEL ROBAERT - SUZEL LIMA DA SILVA - VALESKA FORTES DE OLIVEIRA - (ORG.)

Compreende-se que as políticas de formação continuada precisam ser pensadas a partir do reconhecimento de que a formação deve considerar as demandas cotidianas dos professores. Concordo com Nóvoa (2009, p. 17), quando ressalta a importância de "[...] passar a formação de professores para dentro da profissão", tornando os docentes sujeitos do processo formativo, o que, em meu entendimento, apresenta como elemento-chave a escuta acerca das demandas formativas dos professores.

Dessa maneira, de acordo com Rosa, Pessoa e Leal (2015, p. 85) pode-se evidenciar a necessidade de que as políticas públicas:

> Sejam desenvolvidas de modo a respeitar o professor, investir para que ele possa agregar conhecimentos em seu cotidiano e garantir melhores condições de trabalho, de vida e de formação inicial e continuada, se quisermos que as escolas públicas garantam a qualidade da educação que tanto defendemos.

Assim sendo, as políticas públicas de formação precisam, em suas propostas, ter o professor como agente ativo de sua prática educativa, abrindo espaços de discussão e compartilhamento, de modo que os docentes criem sentido sobre suas ações. Nesse movimento de produzir sentido sobre o que experimentam nas experiências de formação, o docente é levado a pensar, refletir, criticar, construir e reconstruir suas experiências, por meio de processos individuais e coletivos, de acordo com suas experiências e seu contexto. De acordo com Bolzan (2016, p. 116), "[...] o processo de produção de sentido implica relações inter e intrapessoais mediadas pelo contexto, de tal modo que a construção do sentido é particular para cada sujeito".

Tais premissas direcionam a necessidade de considerar as singularidades de cada um dos percursos docentes, a partir dos interesses e necessidades próprios na busca de diferentes processos formativos que favoreçam a prática docente, ou seja, são as ações desenvolvidas pelos professores em suas relações interpessoais (Marcelo Garcia, 1999).

No contexto de formação de professores, sabe-se que há a necessidade de espaços que fomentem, mediante uma dinâmica intencional, uma postura reflexiva dos docentes acerca de seus saberes e fazeres pedagógicos. Compreende-se que é preciso um movimento colaborativo de pensar a prática de forma investigativa e de constante atualização para a construção do conhecimento, a fim de promover espaços formativos capazes de qualificar o trabalho docente, por meio do compartilhamento de experiências.

Entende-se, então, o compartilhamento e a colaboração como dispositivos de aprendizagem, uma vez que contribuem para a reflexão do trabalho pedagógico e para o desenvolvimento profissional docente.

CONCLUSÃO

As ambiências formativas virtuais nascem como alternativa para o enfrentamento das situações geradas pela pandemia aos professores, pois exigiu que diferentes espaços fossem repensados e reorganizados, a fim de atender às exigências do novo momento que foi instaurado de modo rápido e imediato nas rotinas e vidas de milhões de pessoas, como a quarentena, o uso de máscaras, de álcool em gel e o distanciamento físico e social. Assim, evidencia-se a reconfiguração das políticas, em específico o Promla, que realizou seus encontros de forma virtual para auxiliar o seu quadro de professores. Desse modo, considera-se relevante destacar a importante iniciativa da Secretaria de Município da Educação de Santa Maria/RS, em protagonizar uma política de formação que se dispôs a atender às demandas formativas da sua comunidade, buscando a articulação e a garantia de tempos e espaços para que professores, em sua coletividade, pensassem permanentemente sobre seu fazer pedagógico e renovassem seu compromisso cotidiano com a aprendizagem de todos os estudantes.

As premissas que sustentam o trabalho são importantes quando trazem a ideia do desenvolvimento profissional docente, do protagonismo dos professores, da colaboração, do compartilhamento de saberes e fazeres pedagógicos. Além disso, incluíram as formações virtuais no horário de trabalho do docente, nos dias de Parada da Rede. Nesta perspectiva, salienta-se que articular os tempos e os espaços de formação com os tempos e os espaços de trabalho torna-se essencial para a qualificação do trabalho pedagógico. Dessa maneira, por meio das ambiências formativas virtuais, aconteceram encontros, que contribuíram para a colaboração, a reflexão e o compartilhamento de experiências dos docentes, sendo um dispositivo fundamental para a reinvenção docente.

Nesse ínterim, é preciso conceber a formação como um direito e um espaço de problematização, reflexão, compartilhamento, construção de saberes. Além disso, a formação precisa acolher, escutar os docentes, dar conta das necessidades deles, das questões do cotidiano da sala de aula, reconhecendo a diversidade de cada uma, articulando a teoria e a prática e considerando os saberes dos professores.

Desse modo, pode-se evidenciar que os espaços virtuais se constituem como mais uma possibilidade de formação de professores. O uso das tecnologias digitais, ao admitir a realização de atividades síncronas e assíncronas, permite diversificar os espaços formativos, favorecendo o acesso a qualquer momento e em múltiplos lugares. Tal circunstância potencializa as interlocuções entre os professores da própria rede, bem como com agentes externos, tendo em vista que permite superar barreiras territoriais.

Contudo, é importante ressaltar que as formações a partir de ambiências virtuais não podem prescindir ou substituir a presencialidade, tão necessária aos processos interativos que ocorrem, especialmente, considerando que o trabalho docente se constitui das relações que são estabelecidas por meio do contato direto com as pessoas face a face, com a colaboração e a construção conjunta de conhecimentos. O ambiente virtual pode até facilitar o contato com pessoas de diferentes lugares, mas não substitui a vivência, a interação pessoal e não é suficiente para atender às diversas demandas dos professores, pois essas tecnologias têm seus limites.

REFERÊNCIAS

BOLZAN, Doris Pires Vargas. **Aprendizagem da docência:** processos formativos de estudantes e formadores da educação superior. Projeto de pesquisa Interinstitucional e integrado. CNPq/PPGE/CE/UFSM, 2016.

IMBERNÓN, Francisco. **Formação permanente do professorado**: novas tendências. São Paulo: Cortez, 2009.

IOP, Maria Cristina Rigão. **Conexão de Sabres/PROMLA**. Santa Maria, 2020. Disponível em: https://promlasm.wixsite.com/website/sobre. Acesso em: 8 fev. 2022.

MARCELO GARCIA, Carlos. **Formação de professores: para uma mudança educativa.** Colecção Ciências da Educação. Barcelona, 1999. Disponível em: https://www.researchgate.net/profile/Carlos-Marcelo/publication/233966703_Formacao_de_Professores_Para_uma_Mudanca_Educativa/links/00b7d52273d4773680000000/Formacao-de-Professores-Para-uma-Mudanca-Educativa.pdf. Acesso em: 26 out. 2023.

NÓVOA, António. **Professores**: imagens do futuro presente. Lisboa: Educa, 2009.

PREFEITURA MUNICIPAL DE SANTA MARIA. **Conexão de Saberes**: Política Municipal de enfrentamento à distorção idade – ano, repetência e evasão escolar. 2019. 39 p.

PREFEITURA MUNICIPAL DE SANTA MARIA. **Programa Municipal de Letramento e Alfabetização**: tecendo saberes, construindo conhecimentos. Brasília, DF: Marina – Artes Gráficas e Editora, 2021.

ROSA, Ester Calland de Souza; PESSOA, Ana Claúdia Rodrigues Gonçalves; LEAL, Telma Ferraz. Pacto Nacional pela Alfabetização na Idade Certa - Um olhar sobre o processo e para o que ainda nos desafia. *In:* **Pacto Nacional pela Alfabetização na Idade Certa. Integrando Saberes.** Caderno 10/ Ministério da Educação. Secretaria de Educação Básica. Diretoria de Apoio à Gestão Educacional. Brasília: MEC: SEB, 2015, p. 81-93. Disponível em: https://piraquara.pr.gov.br/aprefeitura/secretariaseorgaos/educacao/uploadAddress/Caderno_10_INT_SAB_120[3684].pdf. Acesso em: 8 fev. 2022.

SANTOS, Rosemary. **Formação de Formadores e Educação Superior na cibercultura**: itinerâncias de Grupos de Pesquisa no Facebook. 2015. 183 f. Tese (Doutorado em Educação) – Faculdade de Educação, Universidade do Estado do Rio de Janeiro, Rio de Janeiro, 2015.

VALENTINI, Carla Beatris; SOARES, Eliana Maria do Sacramento. **Aprendizagem em ambientes virtuais**: compartilhando ideias e construindo cenários. Caxias do Sul, RS: EDUCs, 2010. Disponível em: http://www.ucs.br/etc/revistas/index.php/aprendizagem-ambientes-virtuais/issue/view/37/showToc. Acesso em: 15 fev. 2022.

REFLEXÕES SOBRE O PROGRAMA MOSAICO DE SABERES DA ESCOLA DO CAMPO NO CONTEXTO DE "CIDADE EDUCADORA"

Isadora Raddatz Tonetto

INTRODUÇÃO

Reinventar a docência, incentivar uma maior aprendizagem do aluno e fomentar a formação continuada dos professores são desafios que necessitam de atenção. Neste contexto, em meados da década de 1990, surge um debate muito grande sobre as cidades educadoras e sua contribuição para a sociedade, com intuito de fomentar iniciativas que possibilitem oportunidades de desenvolvimento e formação a todos.

Neste sentido, reinventando a docência, como alternativa à formação além do ambiente escolar, relacionando-se aos ideais propostos pelo contexto de "Cidade Educadora", que significa ir além de suas funções tradicionais de ordem econômica, social, política e de prestação de serviços, a cidade deve buscar uma função educadora, assumindo responsabilidade na formação e no desenvolvimento de todos seus habitantes, iniciando pelas crianças e pelos jovens.

O Programa Municipal Mosaico de Saberes do Campo (Promsac) é uma iniciativa que visa à formação contínua para além do âmbito escolar, fomentando a socialização dos saberes e fazeres vividos pelos sujeitos que vivem no e do campo.

Como questionamento do presente ensaio, busca-se analisar a importância do Programa Mosaico de Saberes do Campo de Santa Maria/RS diante dos objetivos do movimento "Cidade educadora". Considerando as influências positivas exercidas pelo Programa Mosaico de Saberes do Campo, defendo a tese de que este programa tem seus objetivos alinhados com as ideias de Cidade Educadora.

O objetivo consiste em identificar o funcionamento do Promsac e sua contribuição à promoção dos preceitos de Cidade Educadora. Tendo em vista que o programa se encaixa nos compromissos firmados pelas cidades para a garantia da distinção "educadora"[40], ou seja, as cidades com tal distinção firmam compromissos educacionais, pedagógicos e sustentáveis, devendo promover ações e projetos com esses diferenciais, com objetivo permanente de aprender, partilhar e enriquecer a vida dos seus habitantes

Quem outorga essa distinção é a Associação Internacional de Cidades Educadoras, a qual estabelece princípios e objetivos que devem ser seguidos, somados à aprovação da Câmara Municipal, com a decisão de integrar e com a participação nos canais de troca de experiências e o pagamento de uma anuidade.

Desta forma, este ensaio será distribuído em dois subtítulos, abordando o tema pelas seguintes perspectivas: inicialmente, será relacionado ao tema "Cidade Educadora" fundamentando-se nos estudos e nas aulas do Prof. Luis Alfredo Gutiérrez Castillo e no conteúdo apresentado pelos professores integrantes da disciplina "Reinventando à Docência"; posteriormente, será apresentado o "Programa mosaico dos Saberes", objeto de pesquisa da dissertação da presente autora.

CIDADES EDUCADORAS

A educação contribui para a emancipação do indivíduo e é o caminho para uma sociedade mais justa, para o exercício da cidadania e o despertar uma consciência crítica. As práticas pedagógicas devem buscar a humanização, e o diálogo é uma das partes mais importantes do processo educativo para que a criança reconheça seu papel no mundo (Freire, 1996, p. 106-107).

Por esse ângulo, a escola deve assumir responsabilidade na criação e no desenvolvimento de ações concretas que possibilitem a aquisição de conhecimentos e que permitam ao aluno compreender de forma mais ampla seu ambiente e sua relação com ele. Sua importância é unânime, pois os saberes culturais, trazidos em sala de aula, "[...] demarcam um território e não podem ser dissipados" (Lemos, 2013, p. 24), e terá influência em toda a sociedade em todos os segmentos.

---

[40] Salienta-se que o Instituto Federal Farroupilha (IFFar), desde o início do ano de 2021, busca a integração da cidade de Santa Maria à Associação Internacional das Cidades Educadoras (aice), mobilizando o poder público, as principais entidades e a população para se engajarem em uma educação sustentável e inclusiva. Estão sendo feitas adaptações conforme solicitadas pela Associação. O "Programa Cidades Educadoras do Iffar" orienta e prepara os Municípios para a busca do selo "Educadora"; além de Santa Maria, os municípios de Jaguari, Mata, Nova Esperança do Sul, São Francisco de Assis, São Pedro do Sul e São Vicente do Sul possuem sede do Instituto e integram o Programa (IFFAR, 2023).

Visando a garantir um futuro melhor, no ano de 1994, foi fundada a "Associação Internacional das Cidades Educadoras (Aice), uma "[...] associação sem fins lucrativos constituída como uma estrutura permanente de colaboração entre governos locais que se comprometem a reger-se pelos princípios inscritos na Carta das Cidades Educadoras" (AICE, 2020, p. 3), sendo que qualquer governo que se comprometa em seguir os objetivos educacionais idealizados pode tornar-se membro.

Como característica de uma Cidade Educadora, pode-se destacar o compromisso da Cidade Educadora em:

> [...] desenvolver a sua função educadora em paralelo com as tradicionais econômica, social, política e de prestação de serviços, com o olhar posto na formação, promoção e desenvolvimento de todas as pessoas" atendendo as necessidades desde que "não impliquem a destruição do território ou favoreçam a desigualdade entre as pessoas (AICE, 2020, p. 3-4).

A cidade é onde o cidadão vive, estuda, trabalha e cria raízes, sendo, assim, parte essencial no processo educativo (Cusati; Santos; Carrillo, 2021, p. 1127). Atualmente, 472 cidades são membros e possuem o título "Cidades Educadoras", distribuídas em 30 países, por todos os continentes. No Brasil, 28 cidades[41] estão no restrito rol. Ainda, no ano de 2021, começaram as tratativas do Instituto Farroupilha junto da Aice, para incluir a cidade de Santa Maria como Cidade Educadora, que aguarda adaptações aos objetivos.

As cidades de todos os países devem agir dentro de sua dimensão local, visando à consolidação de uma "plena cidadania democrática" universal, onde a educação e os valores transmitidos serão capazes de traçar um rumo democrático e a promoção dos direitos humanos (AICE, 2020).

Para que se concretize a inclusão, deve existir a aprovação da adesão pela Aice, e a cidade precisa concordar com os princípios estabelecidos, participar dos canais de troca e discussão da Associação, realizar a troca de experiências e o pagamento de uma anuidade. Ainda, o Município deve promover uma gestão em rede, comprometendo-se em seguir o preâm-

---

[41] Conforme a Associação Internacional das Cidades Educadoras, as seguintes cidades brasileiras integram a associação: Camargo, Carazinho, Concórdia, Curitiba, Gramado, Guaporé, Guarulhos, Horizonte, Marau, Mauá, Monte Horebe, Nova Petrópolis, Palmeira, Passo Fundo, Porto Alegre, Raúl Soares, Santiago, Santo André, Santos, São Bernardo do Campo, São Carlos, São Gabriel, São José dos Campos, São Paulo, Sarandi, Soledade, e, Vitoria de Santo Antão (AICE).

bulo e os 20 princípios propostos pela associação, visando à construção de uma cidade que eduque ao longo da vida (AICE, 2020).

O documento "Carta às Cidades Educadoras", que traz os princípios norteadores da Associação, demonstra em seu preâmbulo a idealização de um projeto educativo, cultural e formativo, visando ao desenvolvimento igualitário de toda a comunidade. Destaca-se o direito à Cidade Educadora, o compromisso da cidade com a educação e a contribuição da comunidade que habita, ao contribuir e se sentir reconhecido por sua identidade cultural (AICE, 2020).

Ainda, é relatado que o direito à Cidade Educadora baseia-se na educação inclusiva ao longo da vida; na política educativa ampla; na diversidade e na não discriminação; no acesso à cultura; e no diálogo intergeracional. Já o compromisso exigido da cidade caracteriza-se por: conhecimento do território; acesso à informação; governança e participação dos cidadãos; acompanhamento e melhoria contínua; identidade da cidade; espaço público habitável; adequação dos equipamentos e serviços municipais; e a promoção da sustentabilidade (AICE, 2020).

Também, é exigido da Cidade Educadora os seguintes requisitos: promoção da saúde; formação de agentes educativos; orientação e inserção laboral inclusiva; inclusão e coesão social; corresponsabilidade contra as desigualdades; promoção do associativismo e do voluntariado; e educação para uma cidadania democrática global (AICE, 2020).

O direito a uma Cidade Educadora deve ser uma garantia relevante dos princípios de igualdade entre todas as pessoas, de justiça social e de equilíbrio territorial. Antonio Carrillo afirma que os debates que surgem em relação ao tema das cidades educadoras são essenciais para entender os futuros desafios da educação (Carrillo, 2021).

Além disso, a conectividade com as demais cidades integrantes permite uma troca de experiências, um diálogo nacional e internacional sobre os temas mais pertinentes à educação, sendo uma base para ações e políticas voltadas à educação. Também exerce uma maior visibilidade para os projetos locais (Carrillo, 2021).

Centrada no amor pela educação e em uma abordagem apaixonada e inovadora para o ensino, reinventar a docência envolve o compromisso de todos. Por isso, torna-se necessária a criação de programas e ferramentas que despertem nos alunos o interesse educacional e, na sociedade, a promoção da educação. A Cidade Educadora é um direito de todos.

PROGRAMA MOSAICO DOS SABERES DA ESCOLA DO CAMPO

Paulo Freire evidencia que os sentimentos e emoções são ingredientes fundamentais ao educador na construção do saber. Este deve proporcionar experiências capazes de estimular e desenvolver os educandos (Freire, 1996, p. 90-96). Neste sentido, visando a (re)construir possíveis concepções sobre docência e saberes, o Promsac constitui uma ferramenta que possibilita um ensino por meio da criação de memórias, saberes e do desenvolvimento de humanidades.

O Promsac surge como uma iniciativa que visa à formação contínua que expande o âmbito escolar, fomentando a socialização dos saberes e fazeres vividos, indo ao encontro do intercâmbio de ideias e dos objetivos idealizados pelo movimento "Cidades Educadoras", que elenca a educação como ferramenta de transformação social, além do ambiente da sala de aula, integrando e valorizando ações que vão ao encontro de experiências educacionais.

O referido Programa é uma iniciativa do Município de Santa Maria, que, no ano de 2020, por meio da Lei Municipal n.º 6.448, de 06 de janeiro, foi instituído como política pública da escola do campo. Tornou-se um projeto voltado à educação básica municipal que visa à formação continuada, para além dos horizontes da escola, com socialização dos saberes compartilhados pelos sujeitos que vivem no e do campo.

O projeto se constitui por dois grandes eixos: o de formação continuada específica, para docentes que atuam nas escolas do campo, especificamente 10 escolas na zona rural de Santa Maria; e o turismo rural pedagógico, com visitas pedagógicas aos parceiros, que engloba todos os alunos da rede municipal de ensino da zona urbana e rural. Tem como objetivo buscar o desenvolvimento sustentável, a valorização e o respeito à diversidade no campo (Santa Maria, 2020).

Como uma estratégia pedagógica, é possível o envolvimento de alunos, professores, funcionários e toda a comunidade escolar no que se refere aos três pilares do programa: desenvolvimento social sustentável; valorização e respeito à diversidade do campo; e identidade, empreendedorismo e cidadania[42] (Araújo, 2017).

---

[42] Ainda como complemento ao contexto Cidade Educadora, a Universidade Federal de Santa Maria também tem discutido tais questões na busca de reconhecimento da distinção da Unesco, no projeto Geoparques, coordenado pela Pró-reitoria de Extensão da UFSM, sobre o conceito de "geoeducação", com as pautas do Objetivos de Desenvolvimento Sustentável (ODS) 2020-2030.

Tais saberes são tradicionais, e sua transmissão é realizada pela família local. Estudá-los é a oportunidade de aprender vivências, tradições e histórias que vão além da formação escolar e são capazes de qualificar as práticas docentes e discentes no que concerne ao processo de aprendizagem, a permanência do aluno na escola e a inserção das famílias no ambiente escolar formal, possibilitando uma política de formação municipal. Ocorre, então, a participação de alunos, professores e familiares em um ambiente externo, conforme os ideais das cidades educadoras.

Os sujeitos envolvidos possuem conhecimentos tradicionais que vão além da formação escolar ou acadêmica, contribuem com as práticas docentes e discentes no que concerne ao processo de ensino-aprendizagem, possibilitando um olhar mais atento para as especificidades oriundas da região e a zona rural, um exemplo de reinvenção da docência (Santa Maria, 2020).

Ainda, conforme o "compromisso da cidade" trazido pelas "cidades educadoras", a cidade deve preservar sua identidade, valorizar seus costumes, estimular a participação cidadã no projeto educador, que permitam o crescimento individual e coletivo.

A "Cidade Educadora" se compromete em transmitir valores educacionais além da sala de aula, podendo "oferecer aos seus habitantes a possibilidade de ocuparem um lugar na sociedade, dar-lhes-á os conselhos necessários à sua orientação pessoal e profissional", de encontro do Programa Mosaico dos Saberes da Escola do Campo (AICE, 2020, p. 20).

Diante do exposto, os saberes desenvolvidos no Programa adentram as práticas curriculares, tornando-se uma possibilidade no processo de ensino-aprendizagem dos alunos das escolas rurais de Santa Maria e fortalecendo a educação como um todo, inclusive nos objetivos idealizados pela "Cidade Educadora", em promover a educação na cidade, reconhecer os locais e agentes educativos e fomentar os vínculos de solidariedade e de aprendizagem.

CONCLUSÃO

Faz-se necessária a valorização da educação, sobretudo dos alunos e professores que compartilham esse ambiente, relacionando-os com suas famílias, para que o conhecimento trazido ao longo das gerações seja difundido e valorizado, trazendo ainda mais "amorosidade" ao processo de ensino (Freire, 1996, p. 40).

É necessário (re)construir a docência no cenário educacional. Somado a tais preocupações e como possível alternativa aos problemas sociais e culturais, surge, em meados da década de 1990, um debate muito grande sobre as cidades educadoras, cidades que se comprometem em ir além das funções tradicionais. Elas atendem às necessidades educacionais, pedagógicas e sustentáveis, cuja contribuição para a sociedade tem o intuito de fomentar iniciativas que possibilitem oportunidades de desenvolvimento e formação a todos.

Promover a inclusão, reduzir as desigualdades e expandir o conhecimento além da sala de aula são as principais contribuições de uma Cidade Educadora à comunidade.

A Cidade Educadora é uma ferramenta de transformação social que, por meio da educação, possibilita o comprometimento da gestão pública e dos atores sociais na promoção da educação, consequentemente, na transformação de toda realidade, firmando um compromisso permanente com a formação de seus integrantes. Também o Programa Mosaico dos Saberes da Escola do Campo inclui-se nos serviços e objetivos idealizados pela Cidade Educadora, como uma ferramenta de transmissão de conhecimentos, valores e atitudes além do ambiente escolar.

Para tanto, as práticas curriculares expressam, nos conteúdos de aprendizagem, que sociedade e que sujeitos queremos formar (Lemos, 2013, p. 28); compreendem a particularidade dos saberes e vão além do aprendizado em sala de aula.

Estratégias municipais e programas locais relacionados à educação são essenciais para o desenvolvimento da cidadania. Por meio de estratégias pedagógicas, é possível a abordagem dos mais diferentes desafios, da mesma forma que é possível solucionar as questões que envolvem o desenvolvimento social, econômico e político, essencial para o bem-estar de todos.

A reinvenção da docência relaciona-se ao tema, pois, além de estratégias pedagógicas, há necessidade de outras docências com outras pautas, outros temas e outros projetos que possam se conectar com a perspectiva do Programa Mosaico de Saberes, na participação de um projeto coletivo que é a distinção de Cidade Educadora.

A educação pode mudar o futuro, e a conectividade proporcionada pelo Cidades Educadoras pode garantir a transmissão de processos educacionais efetivos e uma educação de qualidade. Sendo assim, trabalhar questões locais relacionadas à cultura, à história e ao meio ambiente possibilita o debate de assuntos essenciais para a formação de saberes, além de contribuir para a formação de atores sociais comprometidos com sua realidade. Tais assuntos se refletem no senso crítico e na transformação do indivíduo e da sociedade.

Por ser um tema e um desafio, analisar o contexto do Programa Mosaico de Saberes do Campo perante o movimento de Cidades Educadoras pode contribuir para a introdução de um debate mais profundo sobre a importância de o Município de Santa Maria ingressar na Associação Internacional de Cidades Educadoras.

REFERÊNCIAS

AICE – Associação Internacional de Cidades Educadoras. **Carta das Cidades Educadoras.** 2020. Disponível em: https://www.edcities.org/wp-content/uploads/2020/11/PT_Carta.pdf Acesso em: 10 out. 2022.

ARAÚJO, Maurício. Projeto da Secretaria de Educação busca o desenvolvimento sustentável, valorização e respeito à diversidade do campo. **Superintendência de Comunicação Prefeitura Municipal de Santa Maria,** 16 ago. 2017. Disponível em: http://www.santamaria.rs.gov.br/index.php?secao=noticias&id=15513. Acesso em: 20 abr. 2024.

ANGUIANO, Maria Luz *et al.* **Manual básico para la escritura de ensayos.** Estudios y propuestas de lenguaje y educación. Primera edición, México. Fundación SM de Ediciones México/A.C. Instituto de Evaluación y Asesoramiento IDEA, 2014.

BERNAL, Alex Barroso; MARTINS, Adriana de Magalhães Chaves (org.). **Programa de Educação Ambiental e Agricultura Familiar:** Caderno conceitual do PEAAF. Brasília: Ministério do Meio Ambiente, 2015.

BRASIL. **Lei n.º 9.394, de 20 de dezembro de 1996.** Estabelece as diretrizes e bases da educação nacional. Disponível em: http://www.planalto.gov.br/ccivil_03/leis/l9394.htm. Acesso em: 10 abr. 2024.

CARRILLO, Antonio. **La formación para la interculturalidad, a través del emprendimiento freiriano y el aprendizaje basado en tareas:** una experiencia de aula. 4 nov. 2021. Disponível em: https://drive.google.com/drive/u/1/folders/1Q74698gDvO7WIO3PnrZhB5EPw7A5. Acesso em: 10 abr. 2024.

CUSATI, Iracema Campos; SANTOS, Neide Elisa Portes dos; CARRILLO, Antonio. Ciudades educadoras, territorios educacionales y desarrollo profesional docente: entre prescripciones y singularidades. **Revista Intersaberes**, v. 16, n. 39, p. 1115-1134, set./dez. 2021. Disponível em: https://www.revistasuninter.com/intersaberes/index.php/revista/issue/view/111. Acesso em: 20 abr. 2024.

FREIRE, Paulo. **Pedagogia da Autonomia:** saberes necessários à prática pedagógica. São Paulo: Paz e Terra, 1996.

IFFAR – Instituto Federal Farroupilha. **IFFar apresenta projeto Cidade Educadora na Câmara de Vereadores de Santa Maria.** Assessoria de Comunicação. 2 mar. 2023. Disponível em: https://www.iffarroupilha.edu.br/ultimas-noticias/item/29946-iffar-apresenta-projeto-cidade-educadora-na-c%C3%A2mara-de-vereadores-de-santa-maria. Acesso em: 5 abr. 2024.

LEMOS, Girleide Tôrres. **Os saberes dos povos campesinos tratados nas práticas curriculares de escolas localizadas no território rural de Caruaru-PE.** 2013. 183 f. Dissertação (Mestrado em Educação) – Programa de Pós-graduação em Educação, Universidade Federal de Pernambuco, Recife, 2013. Disponível em: https://repositorio.ufpe.br/handle/123456789/13060. Acesso em: 5 abr. 2024.

SANTA MARIA. Secretaria do Município de Educação. **Programa Municipal Mosaico de Saberes do Campo.** 2020. Disponível em: https://www.santamaria.rs.gov.br/smed/661-programa-municipal-mosaico-de-saberes-do-campo. Acesso em: 10 abr. 2024.

REINVENTAR A DOCÊNCIA POR MEIO DAS METODOLOGIAS ATIVAS

Eduarda Oliveira

INTRODUÇÃO

Reinventar a docência é um desejo e uma necessidade de muitos professores em atuação que objetivam melhorar a qualidade e a efetividade das suas práticas pedagógicas. No entanto, há uma barreira que dificulta enxergar além das margens do ensino tradicional. Torna-se difícil pensar "fora da caixa" quando crescemos em um único modelo de ensino que não espera que os alunos assumam um papel protagonista na sua aprendizagem.

Passamos demasiado tempo numa concepção behaviorista, em que o objetivo não era guiar os estudantes a um pensamento crítico sobre a nossa sociedade e tampouco transformar informação em conhecimento, mas preparar os estudantes para reproduzirem informações e aprovarem em avaliações. Ainda que muitas concepções de ensino tenham vindo depois dessa, percebo o quanto isso continua a influenciar as práticas dos professores. Em vista disso, é necessário acompanhar a evolução da sociedade e entender que as demandas educativas também estão diferentes. Portanto, precisamos refletir sobre nossa prática pedagógica para encontrar estratégias e metodologias que privilegiem nossos estudantes e possam atribuir-lhes um papel diferente e ativo.

Não cabe mais entender os estudantes pelo princípio da "tábula rasa" (Rama, 1984), em que eles são meros receptores de informações transmitidas pelos professores e têm o dever de absorvê-las e até decorá-las para realizar as provas avaliativas. Nessa perspectiva, o professor tem uma função central no processo de ensino e detém todo o conhecimento, enquanto o aluno assume um papel passivo, como se nada pudesse agregar às aulas e ao grupo.

Posto isso, aponto as metodologias ativas como um possível recurso para superar a educação bancária, que restringe o aluno no seu processo educativo a um papel passivo. Segundo Bacich e Moran (2018, p. 4),

> As metodologias ativas dão ênfase ao papel protagonista do estudante, ao seu envolvimento direto, participativo e reflexivo em todas as etapas do processo, experimentando, desenhando, criando, com orientação do professor.

Com o uso delas em sala de aula, o estudante assume uma maior autonomia e responsabilidade sob sua própria aprendizagem, atribuindo mais significado aos conteúdos abordados, visto que, por meio do apoio das tecnologias, dispomos de recursos que possibilitam uma renovação do modelo de ensino, em que o estudante recebe novas funções que serão fundamentais para o desenvolvimento das aulas.

Nessa perspectiva, também é objetivo refletir sobre os papéis assumidos por professores e estudantes na abordagem tradicional e sob o prisma das metodologias ativas, que atribuem mais destaque às tecnologias digitais no ensino e na aprendizagem e ao estudante, além de discutir sobre a educação para o exercício da cidadania.

REINVENTAR A DOCÊNCIA

Se aprendemos algo com a recente pandemia é que as tecnologias chegaram para ficar. Cada vez mais surge a necessidade de ultrapassar os muros da escola para alcançar estudantes que vivem em meio a ferramentas tecnológicas e as usam para fins de entretenimento. Como professores, temos o dever de repensar criticamente nossas práticas, assim, "[...] a prática docente crítica, implicante do pensar certo, envolve o movimento dinâmico, dialético, entre o fazer e o pensar sobre o fazer" (Freire, 2004, p. 39). Não nos cabe mais a função central no processo de ensino e aprendizagem, e, com a possibilidade de renovar nossas práticas por meio de metodologias mais modernas, faz parte das responsabilidades do professor buscar estratégias para atribuir mais sentido aos conteúdos previstos e à forma de trabalhar com eles.

Tampouco há lógica em ensinar os alunos de hoje da mesma forma que se fazia há 20 anos. Todos os ramos da sociedade foram e são otimizados pelas tecnologias e por novos modos de fazer todos os dias. No entanto, as instituições de ensino parecem paradas no tempo, utilizando as mesmas ferramentas para estudantes que não apresentam as mesmas características de décadas atrás.

A educação bancária já era condenada por Paulo Freire em 1974, no entanto ainda são utilizadas abordagens que não dão relevância ou destaque aos estudantes, que deveriam ser nossa prioridade (Valente, 2014). Faz-se mais necessário a cada dia criar oportunidades para que os educandos construam seu conhecimento de forma mais significativa e ativa. Neste momento, presenciamos uma geração adepta ao instantâneo, em que tudo é acessado por meio de alguns cliques. Dessa forma, precisamos pensar "fora da caixa", isto é, reinventar a maneira de ensinar para que faça sentido aos estudantes de hoje.

Se você precisa de uma faísca para renovar as suas práticas, anelo apontar um caminho com inovações que não são utópicas, possíveis de realizar em sala de aula sem precisar dominar técnicas extravagantes e inusitadas.

ENSINO MEDIADO POR TECNOLOGIAS DIGITAIS

A educação e a tecnologia caminham lado a lado na atualidade, e cada vez mais se torna evidente a importância da tecnologia no processo educativo. As tecnologias educacionais em rede são um recurso que pode ser utilizado para enriquecer a aprendizagem, tornando-a mais interativa, participativa e interessante para os alunos.

O ensino mediado por tecnologias digitais tem se tornado cada vez mais comum, dado que, com o avanço da tecnologia e a popularização da internet, as formas de ensino e aprendizagem também evoluíram. Mesmo Paulo Freire julgava a tecnologia como uma das "[...] grandes expressões da criatividade humana" (Freire, 1968, p. 98). Dessa forma, as tecnologias digitais permitem que os alunos tenham acesso a uma grande quantidade de informações de todo tipo e materiais didáticos de forma rápida e fácil, que podem ser ou não recomendados pelo professor. Além disso, as aulas podem ser adaptadas de acordo com as necessidades individuais de cada aluno, tornando o ensino mais personalizado.

Outra vantagem do ensino mediado por tecnologias digitais é a possibilidade de interação entre os alunos e os professores, mesmo a distância. As plataformas on-line e os ambientes virtuais permitem que os alunos participem de fóruns, discussões e atividades em grupo, o que favorece a troca de conhecimento e a construção colaborativa do aprendizado.

Um grande desafio, no entanto, é garantir que todos os alunos tenham acesso às tecnologias necessárias para participar das aulas on-line. Nem todos possuem computadores, smartphones ou conexões de internet de qualidade, o que pode gerar desigualdades no processo educacional. É papel das instituições de ensino e do poder público garantir a inclusão digital e o acesso (Bonilla, 2010) a essas tecnologias para todos. Por essa razão, é fundamental que o professor conheça bem a sua turma e analise as possibilidades para implementar estratégias educacionais que façam uso de tecnologias digitais em suas práticas docentes.

Outro aspecto a ser considerado pelos educadores é que, para o uso de tecnologias digitais, é preciso um planejamento cuidadoso, além de formação continuada para alcançar um letramento digital suficiente para adotar novas metodologias, e não apenas como uma:

> [...] demanda neoliberal, de mercado ou porque faz parte da vida dos estudantes, mas sim porque, enquanto educadores, neste mundo, temos um compromisso educacional ético e estético. Em outras palavras: buscamos a transformação da educação para além da boniteza de uma sala de aula com celulares e internet, mas pela ética de estar no mundo, com o mundo, sempre construindo uma pedagogia pautada pela autonomia (Costa *et al.*, 2020, p. 44).

Quer dizer, não é profícuo utilizar tecnologias digitais sem uma justificativa pedagógica; é preciso intencionalidade, a fim de utilizar a tecnologia em favor dos nossos alunos, utilizando-a para potenciar o ensino e a aprendizagem em sala de aula e oferecendo-lhes formas de agir no mundo de modo mais ativo e significativo.

AS METODOLOGIAS ATIVAS SÃO UM CAMINHO PARA MUDANÇA

Se queremos que os estudantes sejam mais proativos, responsáveis, comunicativos e criativos, precisamos adotar metodologias que abram espaço para essas mudanças. Não há justificativa em esperar do aluno resultados diferentes quando não garantimos meios para ele alcançá-los. As metodologias ativas propiciam ao estudante a adoção de outras funções no processo educativo em que ele atua como protagonista, por meio de games, sala de aula invertida, projetos, problemas reais, trabalho entre pares e outras estratégias que envolvem o uso das tecnologias digitais e alteram a estrutura tradicional da sala de aula, transformando-a em um espaço de aprendizagem colaborativa e efetivamente interessante para todos.

Entendo que, ao ser professora, preciso desenvolver a habilidade de mediar os conhecimentos de forma significativa para meu educando, não me portando como detentora de todo o saber da sala de aula, mas compartilhando meus conhecimentos de acordo com os objetivos propostos e possibilitando um espaço confortável e democrático para os saberes que os estudantes desejam dividir com o grupo, uma vez que a aprendizagem é mais significativa e engajada quando os motivamos pessoalmente (Bacich; Moran, 2018). Esse sempre será um momento único, a via de mão dupla.

Em suma, como bem defende Paulo Freire (2004, p. 47), "[...] ensinar não é transferir conhecimento", uma concepção que considero ser capaz de nos mover a caminho da reinvenção, sem precisar promover uma grande reviravolta na sala de aula, mas garantindo um espaço mais fértil para o desenvolvimento do aluno por meio das metodologias ativas. Tentar ensinar a partir da transmissão de informações é um processo obsoleto e ineficiente (Dewey, 1916). Por essa razão, embora algumas pessoas possam pensar que a tecnologia pode substituir o professor, a realidade é que o papel do educador torna-se ainda mais crucial diante do uso de ferramentas digitais em sala de aula. Nesse prisma, o educador atua como um orientador, realizando a curadoria de materiais relevantes para as aulas e mediando a aprendizagem dos estudantes. Desse modo, o professor precisa estar preparado para lidar com as tecnologias e utilizá-las de forma eficaz, promovendo uma aprendizagem significativa.

Contudo, para adotar as metodologias ativas, considero fundamental compreender que professores e alunos precisam exercer funções diferentes das tradicionais, afinal, para colher outros frutos, precisamos plantar outras sementes.

MUDANÇA DE PAPÉIS

Se almejamos alcançar resultados diferentes e aumentar a qualidade da educação em nosso país, alterar as funções dos agentes do processo educativo parece ser uma direção necessária. Para promover a mudança desejada, é fundamental que, quando professor adotar novas metodologias, ele explique claramente aos alunos o que se espera deles e por que essa mudança é necessária. Afinal, todos apreciam entender as razões por trás das transformações ao seu redor, pois isso torna mais fácil aceitá-las e abraçá-las.

Se antes o estudante exercia um papel passivo em sua aprendizagem, com essa metodologia, ele ganhará espaço e segurança para atuar mais ativamente em sua aprendizagem. Ele passará a assumir responsabilidades que poderão definir o seu desenvolvimento em sala de aula, pois se tornará encarregado de algumas partes da aula, como acessar materiais indicados pelo professor antes de ir para a escola para apresentar ao grupo. Dessa forma, ele poderá chegar à escola com alguma noção dos conteúdos que serão trabalhados naquele dia e, assim, ter mais segurança para tirar dúvidas e participar ativamente das discussões, por já conhecer o tema em pauta, ou então fazer pesquisa prévia para compor trabalhos em grupo ou na resolução de problemas propostos.

Além disso, o estudante ganha autonomia para decidir em que momento realizará essas funções fora de sala de aula, precisando cultivar a habilidade de administrar o seu tempo e suas prioridades para conseguir apresentar suas pesquisas e seus estudos em sala de aula, pois, se não realiza as atividades combinadas, não conseguirá participar plenamente das discussões e alcançar uma aprendizagem satisfatória (Bergmann; Sams, 2016). Por essa razão, é tão importante que o estudante compreenda o que é esperado dele. Todos discutem que os alunos devem estar preparados para exercer a cidadania fora da escola, mas será mesmo que fornecemos todos os meios? (Ríos, 2022).

Diante disso, o professor ganha um papel diferente nessa metodologia, pois, se antes estava no centro do processo educativo, agora ele deve colocar o estudante nesse lugar e assumir funções mais orientativas e tutoras, abandonando o papel de transmitir informações para apoiar o estudante a construir conhecimento.

No entanto, essa metodologia não funciona sem planejamento e reflexão. É necessário ponderar os documentos que regulam o currículo para preparar as aulas com antecedência e garantir a versatilidade do cronograma, que deve ser ajustado de acordo com as necessidades dos estudantes. Parte dessa tarefa pode ser compartilhada com os integrantes da turma, para que eles possam opinar na parte flexível do currículo, colocando-os, mais uma vez, em uma função protagonista.

Durante as aulas, o educador deve orientar os estudantes nas tarefas que eles desenvolverão fora da sala de aula, pois, em quase todas as estratégias, dentro das metodologias ativas, o aluno é encarregado de realizar algum afazer antes das aulas. Assim, quando estiverem reunidos, os estudantes poderão ter mais segurança para tirar suas dúvidas e contribuir a partir de suas vivências. Para isso, defendo a adoção de mais espaços de discussão e debate, jogos e *quizzes* como ferramentas para dar mais voz aos alunos, para que eles percebam que sua opinião importa e fiquem mais cômodos em falar para um número maior de pessoas.

CONCLUSÃO

Como se pode observar, com as metodologias ativas, o professor não exerce as mesmas funções de antes, pois as necessidades dos alunos mudam, assim como as gerações e a sociedade. Nessa perspectiva, o professor passa a exercer um papel mediador e a assumir uma atitude mais dialógica, que visa a estimular o protagonismo do aluno nos espaços educativos, a fim de melhor prepará-lo para o mundo. O aluno não precisa mais ser passivo na hora de estudar, escutar e realizar exercícios repetidamente, pois esse tipo de metodologia guia o estudante a um caminho de mais autoconfiança e maturidade para assumir responsabilidades e a autonomia no seu próprio desenvolvimento.

Outro aspecto importante é que a tecnologia pode ser uma ferramenta valiosa na educação, ajudando a enriquecer e potencializar a aprendizagem, tornando-a mais interativa e interessante para os alunos. Entretanto, cabe destacar que é importante que a tecnologia seja utilizada de forma consciente e eficaz, buscando aprimorar as práticas pedagógicas. Isto é, os educadores devem empregar a tecnologia de maneira cuidadosa e com propósito, buscando aprimorar as práticas pedagógicas e atingir os objetivos educacionais de maneira mais eficiente. É elementar equilibrar o uso da tecnologia com outras metodologias e outros recursos, garantindo que ela realmente contribua para a experiência educacional e beneficie o aprendizado dos alunos.

Assim, foi alcançado o objetivo de destacar as metodologias ativas como um meio possível para superar a educação bancária, que limita o aluno a um papel passivo na aprendizagem, e de refletir sobre os papéis de professores e alunos na abordagem tradicional sob o prisma de metodologias ativas, que destacam ainda mais as tecnologias digitais no ensino e na aprendizagem e no exercício da cidadania estudantil para além do trabalho educativo.

É imperativo repensar nossas práticas pedagógicas e reinventá-las sempre que necessário para promover uma aprendizagem significativa e coerente com a realidade dos nossos alunos. Às vezes, o desejo de buscar renovação pedagógica reside dentro de nós como uma chama, aguardando apenas algo para acendê-la e iluminar o ambiente. Espero que este modesto ensaio tenha o poder de despertar em você essa força interior e o inspire a dar o primeiro passo em direção à transformação.

REFERÊNCIAS

BACICH, Lilian; MORAN, José. **Metodologias ativas para uma educação inovadora**: uma abordagem teórico-prática. Porto Alegre: Penso Editora, 2018.

BERGMANN, Jonathan; SAMS, Aaron. **Sala de aula invertida**: uma metodologia ativa de aprendizagem. Vol. 114. Rio de Janeiro: LTC, 2016.

BONILLA, Maria Helena Silveira. Políticas públicas para inclusão digital nas escolas. **Motrivivência**, Florianópolis, n. 34, p. 40-60, 2010.

COSTA, Alan Ricardo; BEVILÁQUA, André Firpo; KIELING, Helena dos Santos; FIALHO, Vanessa Ribas. **Paulo Freire hoje na Cibercultura**. Vol. 3. 1. ed. Porto Alegre: CirKula Editora & Livraria, 2020. (Coleção Paulo Freire hoje).

DEWEY, John. Democracy and education: An introduction to the philosophy of education. New York: The Macmillan Company, 1916.

FREIRE, Paulo. **A importância do ato de ler**: em três artigos que se complementam. São Paulo: Cortez, 1968.

FREIRE, Paulo. **Pedagogia da autonomia**: saberes necessários à autonomia. São Paulo: Paz e Terra, 2004.

FREIRE, Paulo. **Pedagogia do oprimido**. São Paulo: Paz e Terra, 1974.

RAMA, Ángel. **La ciudad letrada**. Montevideo: Fundación Internacional Ángel Rama, 1984.

RÍOS, Daniel. **Desafíos y oportunidades de innovación de la evaluación para el aprendizaje**. Seminário Reinventar a Docência nas Redes de Conhecimentos, 4ª Versão, Universidade Federal de Santa Maria [Live], 3 nov. 2022.

VALENTE, José Armando. Blended learning e as mudanças no ensino superior: a proposta da sala de aula invertida. **Educar em revista**, p. 79-97, 2014.

REINVENTAR A DOCÊNCIA: DESAFIOS TECNOLÓGICOS EM TEMPOS DE PANDEMIA

Dione Noschang Schweigert

INTRODUÇÃO

Pensar a educação no contexto das tecnologias educacionais é refletir sobre a docência, pois elas possibilitam a conexão entre a sala de aula e o mundo de forma instantânea, principalmente por meio da internet. Nesse cenário, observa-se a importância do professor proativo em busca de conhecimento para a sua utilização em sala de aula.

Não é possível separar a formação inicial e continuada do professor da atuação profissional que conduz o processo de ensino-aprendizagem na educação básica. Assim, este ensaio tem como objetivo apresentar um pouco das videoconferências e leituras realizadas nas aulas da disciplina de "Seminário: Reinventar a Docência nas Redes de Conhecimento". Para esse propósito, alguns questionamentos se fizeram necessários: No cenário da educação brasileira, qual a importância das tecnologias educacionais na docência? A formação dos professores, na era digital, vem ao encontro de desenvolver competências para que o uso desses recursos transforme a docência? Como se constituem as relações interpessoais mediadas pela tecnologia no ensino básico?

No sentido de auxiliar o leitor a compreender a organização deste ensaio, segue a sua estruturação. O primeiro subtítulo trata das tecnologias educacionais: acesso e utilização, um desafio a ser superado. O segundo aborda as tecnologias e a formação do professor na pandemia. O terceiro discute as tecnologias e as relações interpessoais na relação professor/estudante na pandemia.

A necessidade de se reinventar vem fazendo parte da sociedade contemporânea, em razão da exigência de se adaptar às novas situações e aos desafios dos dias atuais. Portanto, entende-se que reinventar a docência é desestruturar os caminhos que compõem a trajetória profissional, como planos consolidados e alinhados, permitindo mudanças e dando lugar à abertura às novas perspectivas, a partir dos quais saberes se ilustram e as práticas se reinventam, olhando para a realidade e propondo um novo plano às práticas docentes. Para isso, é fundamental que a formação do professor seja na perspectiva transformadora do mundo, e não somente em questões relacionadas aos aspectos intelectuais.

Reinventar a docência é urgente, pois se vive a era da informação, das tecnologias e das mudanças nas relações sociais. Neste cenário, a dinamicidade a qual se apresenta essa sociedade do conhecimento e da tecnologia requer novas formas de pensar e agir do professor. Dessa forma, quer-se um mundo melhor, precisa-se educar para a responsabilidade social, formando sujeitos conscientes e autônomos para contribuir com a comunidade em que estão inseridos.

As tecnologias, com suas potencialidades, podem contribuir para o acesso imediato a informações desejadas. As ferramentas disponíveis possibilitam a pesquisa, as produções colaborativas e, durante o confinamento pandêmico, tiveram papel fundamental para manter vínculos, dando continuidade ao ano letivo.

DOCÊNCIA MEDIADA PELOS RECURSOS TECNOLÓGICOS NO CONTEXTO DA EDUCAÇÃO BRASILEIRA

Um dos temas mais abordados nos últimos tempos, na educação, tem sido o crescente avanço tecnológico, pois, como o conhecimento está em constante transformação, a docência precisa adaptar-se às realidades e buscar sempre evoluir de acordo com as necessidades exigidas a cada contexto histórico.

Nesse sentido, ao pensar a reinvenção da docência, na cultura digital, faz-se necessário compreender que o mais importante é a produção colaborativa entre professores e estudantes. Dessa forma, modifica a posição predeterminada, na qual o professor é o transmissor de conhecimento, e o estudante receptor, prática ainda muito presente no contexto escolar e que se faz necessário superar. O processo de ensino mediado pelos recursos tecnológicos possibilita maior interatividade, sendo o estudante protagonista da produção de conhecimento que será de grande importância para ambas as partes.

Para reforçar, a Base Nacional Comum Curricular (Brasil, 2017), documento que determina as diretrizes do que deve ser ensinado nas escolas de educação básica, traz a cultura digital como um dos seus pilares e a forma como ela deve ser inserida no processo ensino aprendizagem. Na BNCC existem duas competências gerais relacionadas às tecnologias:

> Competência 4: Utilizar diferentes linguagens – verbal (oral ou visual-motora, como Libras, e escrita), corporal, visual, sonora e digital –, bem como conhecimentos das linguagens artística, matemática e científica, para se expressar e partilhar informações, experiências, ideias e sentimentos em diferentes contextos e produzir sentidos que levem ao entendimento mútuo.
>
> Competência 5: compreender, utilizar e criar tecnologias digitais de informação e comunicação de forma crítica, significativa, reflexiva e ética nas diversas práticas sociais (incluindo as escolares) para se comunicar, acessar e disseminar informações, produzir conhecimentos, resolver problemas e exercer protagonismo e autoria na vida pessoal e coletiva (Brasil, 2017, p. 9).

A base também cita as tecnologias entre os direitos de aprendizagem e desenvolvimento da educação infantil e as competências e habilidades específicas para o ensino fundamental e ensino médio. Entretanto, a implementação efetiva desses recursos é um desafio para o poder público e as escolas. Para que isso aconteça, faz-se necessário mudanças na educação, as quais perpassam pelos gestores, professores e estudantes. É importante que os gestores educacionais estejam abertos à utilização dos recursos tecnológicos e que tenham claras todas as dimensões do processo pedagógico, enquanto os professores e estudantes devem ser curiosos, motivados e receptivos às novas aprendizagens, colaborando ativamente no processo de ensino e aprendizagem.

Assim, os recursos tecnológicos são instrumentos que se valem da tecnologia para realizar o seu propósito. Dessa forma, tornam-se uma ferramenta poderosa para melhorar a prática docente. Portanto, as escolhas metodológicas que utilizam recursos tecnológicos são importantes no processo de ensino, principalmente por meio da internet, que proporciona novas maneiras de comunicação, pesquisa e interação, possibilitando uma aprendizagem significativa.

Compreende-se a importância dos recursos tecnológicos para os processos educacionais, porém um dos grandes desafios dos docentes para incorporar os recursos tecnológicos às suas práticas diz respeito ao acesso a esses meios. No Brasil, enfrenta-se muitos problemas quanto ao acesso às tecnologias educacionais. Segundo dados divulgados pelo Fundo das Nações Unidas para a Infância (Unicef), em 12 de maio de 2020, 4,8 milhões de crianças, na faixa de 9 a 17 anos, não têm acesso à internet em casa, o que corresponde a 17% de todos os brasileiros nessa faixa etária. Para superar esse entrave, são necessários mais investimentos em políticas públicas que garantam o direito de acesso aos recursos tecnológicos pelos estudantes, professores e instituições de ensino.

A educação é um direito essencial brasileiro, e sua garantia deve ser de qualidade estabelecida além da equidade, efetivando a justiça social e reconhecendo a escola como espaço de respeito às diversidades culturais, étnicas, sociais e econômicas. Ela tem um valor incontestável para o ser humano, e, diante da situação de excepcionalidade provocada pela pandemia do Coronavírus, fez-se necessário buscar estratégias para que os estudantes das escolas públicas brasileiras não fossem penalizados em função da falta de acesso aos recursos tecnológicos. É fundamental manifestar respeito às crianças, aos docentes, à sua escola, aos seus pais e à sua comunidade. Reparar, com urgência, as escolas é um ato político que precisa ser vivido com consciência e eficácia (Freire, 2000).

Dessa forma, torna-se necessário olhar para os docentes e os espaços escolares, respeitando o que é público, dando condições concretas para criar um ambiente em que o acesso aos recursos tecnológicos faça parte da comunidade escolar e que se possa estudar, trabalhar, viver, amar e ser mais feliz.

TECNOLOGIAS E A FORMAÇÃO DE PROFESSORES NO ATUAL CONTEXTO EDUCACIONAL

Ao refletir sobre a reinvenção da docência, a formação inicial e continuada de professor é fundamental para que as mudanças no processo de ensino e aprendizagem ocorram. Com a pandemia, os professores precisaram aprender novas metodologias, mediadas pelas tecnologias, para serem aplicadas a este novo contexto educacional.

Com o distanciamento social, cresceu a necessidade da utilização de recursos tecnológicos digitais. Para atender a essa nova demanda, os professores desenvolveram aprendizados importantíssimos em pouco tempo, que, se não fosse a pandemia, talvez levariam anos para ser alcançados. Por isso, em meio a esse cenário, muito se aprendeu, e essas aprendizagens foram sendo construídas em redes, entre pares, em um trabalho colaborativo entre instituições e poder público.

A experiência pandêmica tem sido um divisor de águas para muitos professores de diferentes níveis, pois, de alguma maneira, essa experiência impactou o desempenho profissional, e, com certeza, novos olhares surgirão sobre as vivências da docência nesse período histórico.

Sabe-se que, historicamente, a formação de professores sempre foi um desafio, mas, segundo Arceo e Tirado (2020, p. 2), é necessário destacar

> [...] o principal desafio que deve nortear a missão e o sentido da educação superior será alcançar a formação de cidadãos éticos, solidários, colaborativos, comprometidos com o planeta, em uma sociedade globalizada, capaz de enfrentar a incerteza.

Neste sentido, é muito importante o professor desenvolver novas habilidades, adquirir novas aptidões, porém não se pode esquecer o principal:

> [...] formar cidadãos competentes, idôneos, cultos, com sólida ética no desempenho de suas tarefas e capazes de fazer valer o direito de uma sociedade a ser livre, democrática, igualitária e com capacidade de diálogo com a diversidade de culturas e nações (Didriksson; Herrera, 2006, p. 40-41).

Os recursos tecnológicos possibilitaram ressignificar a aprendizagem e o processo de ensino. A abrangência e a rapidez com que as informações são vinculadas e as questões espaço/tempo envolvidas neste cenário exigem que o professor busque formas de transformar as informações em conhecimentos. Isso constitui a necessidade de mudanças no contexto educacional e nas ações pedagógicas. Contudo, não significa apenas a aquisição de diferentes recursos tecnológicos, mas demonstra o interesse de profissionais com posturas críticas e comprometidos com aprendizagens significativas, para professores e estudantes.

RELAÇÃO PROFESSOR/ESTUDANTE MEDIADAS PELAS TECNOLOGIAS NO PERÍODO PANDÊMICO

As relações interpessoais professor/estudante na atualidade têm sido desafiadoras, pois, em função do distanciamento social, se fez necessário substituir os encontros presenciais pelos virtuais. Neste contexto, os recursos tecnológicos foram importantes, afinal contribuíram para manter o vínculo professor/estudante; eles têm o poder de ser propulsores de uma boa relação interpessoal.

A docência, nesse período pandêmico, profissão de relações humanas, foi desafiada a fortalecer os vínculos usando recursos tecnológicos. Desafio esse que mudou a forma de comunicação entre professor/estudante: o que antes era com palavras, gestos e olhares passou a ser por mensagens de WhatsApp, foto, áudio, vídeo, entre outros recursos. Porém, a forma como o professor conduz essa comunicação é essencial para estabelecer uma boa relação, possibilitando crescimento emocional e cognitivo. Para que isso aconteça é fundamental que o professor tenha empatia e se veja no lugar do aluno, respeitando seus interesses e suas dificuldades.

O professor Antonio Carrillo (2021), em sua fala no Seminário Reinventar a Docência, no ano de 2021, do Programa de Pós-graduação em Educação (PPGE), traz muitas provocações, questionamentos e reflexões sobre a estrutura educacional atual, mas, ao mesmo tempo, traz esperança, do verbo esperançar, mostra formas de trabalhar que envolvem os estudantes, conforme testemunhos relatados, tornando a aprendizagem significativa. Paulo Freire diz: "[...] é preciso que o educando vá descobrindo a relação dinâmica, forte, viva, entre palavras e ação, entre palavras-ação-reflexão" (Freire, 1998, p. 26).

Os recursos tecnológicos, com suas inovações, impactam não somente as relações interpessoais, conforme Martín-García, Astudillo e Acuña (2021, p. 3):

> A inovação tecnológica (especialmente as tecnologias digitais) afeta não apenas os fatores relacionados ao progresso técnico-científico e à economia mundial, mas também implica uma revolução social, política e cultural silenciosa, contínua e imparável, estruturada sob os princípios da globalização, e se manifesta em múltiplas transformações que afetam, e afetarão cada vez mais, praticamente todas as esferas da vida em sociedade.

Essa transformação vem acontecendo, e muitas vezes os docentes não refletem o quanto essa revolução cultural impacta as relações interpessoais. Ao mesmo tempo que ela trouxe muitas facilidades, faz-se necessário atenção, pois as tecnologias permitem a convivência, a troca, a cooperação, mas os problemas de fundo continuam sem solução: a dificuldade de aceitar os outros em suas diferenças, de compreender uns aos outros. Nunca se teve tanto acesso a informações, mas, ao mesmo tempo, nunca se enfrentou tanta dificuldade de comunicação. A educação é um movimento que favorece a comunicação aberta, inovadora, rica e crítica entre professores e estudantes, transformando, dessa forma, a vida em um processo permanente de aprendizagem.

Outra questão importante a destacar, em relação aos recursos tecnológicos, é a plataforma de mensagem instantânea WhatsApp e a relação entre o seu uso e a carga horária do professor. A facilidade e praticidade de enviar ou receber mensagens a qualquer momento, a altas horas da noite ou no final de semana, fez com que os docentes extrapolassem a carga horária que deveriam cumprir, comprometendo o descanso e tempo com a família.

CONCLUSÃO

Em relação aos recursos tecnológicos no contexto da educação brasileira, podemos concluir que o acesso à internet é um limitador da reinvenção da docência, pois, segundo a Unicef, em maio de 2020, 4,8 milhões de crianças na faixa de 9 a 17 anos não têm acesso à internet em casa. Como contraponto, temos a BNCC (Brasil, 2017), documento que propulsiona o ensino mediado por tecnologias, pois, entre as 10 competências que devem ser desenvolvidas nos estudantes, duas estão relacionadas às tecnologias. Neste sentido, pensar a reinvenção da docência, sob a perspectiva da utilização dos recursos tecnológicos, perpassa pela luta por políticas públicas de acesso aos recursos tecnológicos, bem como pelas práticas pedagógicas voltadas às aprendizagens significativas e colaborativas na cultura digital.

As tecnologias caminham no sentido de multifuncionalidade, o que significa realizar várias atividades em um mesmo aparelho. Desta forma, a possibilidade de escolha é múltipla. Elas nos livram da rigidez de espaços e tempos. A pandemia, por consequência, acelerou esse processo de virtualização: encontros que antes só aconteciam em determinados espaços físicos agora acontecem de forma virtual, pela internet.

A realidade e as necessidades impostas pela pandemia fizeram com que a formação dos docentes fosse impulsionada pelas tecnologias. Rapidamente, os professores tiveram acesso gratuito a muitas informações, plataformas e cursos que antes da pandemia só eram disponibilizados mediante pagamento. Mas muitos desses profissionais não conseguiram adaptar-se a essas mudanças, porque isso implica mudar formas de pensar, agir e as concepções que os constituem como professores.

Nesse ínterim, acredita-se que o primeiro passo é fazer um levantamento de quais tecnologias são adequadas para a instituição de acordo com seu projeto de ensino. Logo após, os professores necessitam saber usar cada ferramenta pela perspectiva didática. Isso significa melhoria no processo de ensino e aprendizagem.

A concretização do processo de utilização dessas tecnologias na escola é demorada, afinal, inicialmente, os professores necessitam entender essas ferramentas, apropriar-se delas e buscar melhorias, se necessário. Somente após esses primeiros contatos, quando o docente se sentir entusiasmado a usar esta tecnologia, é que as instituições e os professores serão capazes de propor transformações no que vinham fazendo até o momento.

As relações interpessoais, mediadas ou não por recursos tecnológicos, devem primar por uma educação que vise à formação humana. Dessa forma, a reinvenção da docência é alavancada pelas relações fundamentadas na ética e no respeito às diferenças. Para isso, precisa-se de profissionais capazes de fazer a união do emocional, intelectual e tecnológico, que demonstrem nas palavras e ações que estão mudando, progredindo, evoluindo.

Nesta viagem que se empreendeu na disciplina de Seminário: Reinventar a Docência nas Redes de Conhecimento, buscou-se, nos encontros realizados com professores de diferentes países, compreender as possibilidades na educação. As experiências compartilhadas nos encontros criaram espaços para pensar maneiras de cada um se reinventar. Pensar em reinventar a docência é pensar nas constantes mudanças da vida, nas inquietações, nos obstáculos, nos desejos, nas conquistas; é aprender a conviver com esses acontecimentos e com eles produzir pensamento, criar e recriar para que as mudanças necessárias e possíveis aconteçam.

REFERÊNCIAS

BRASIL. **Base Nacional Comum Curricular:** Educação Infantil e Ensino Fundamental. Brasília: MEC/Secretaria de Educação Básica, 2017.

ARCEO, Frida Díaz Barriga; TIRADO, Maria Concepcion Barrón. (trad.). Currículo e pandemia: Tempo de crise e oportunidade para ruptura **Revista Electrónica Educare**, v. 24, n. Suplemento, 2020. Disponível em: https://doi.org/10.15359/ree.24-S.3. Acesso em: 6 nov. 2021.

CARRILLO, Antonio. **La formación para la interculturalidad, a través del emprendimiento freiriano y el aprendizaje basado en tareas**: una experiencia de aula. MEX, 04/11/2021, Seminário: Reinventar a Docência nas Redes de Conhecimentos. 2021/2. UFSM.

DIDRIKSSON, Axel; HERRERA, Alman Marquez. **La nueva responsabilidad social y la pertinencia de las universidades**. *In:* GLOBAL UNIVERSITY NETWORK. La educación superior en el mundo 2007. Acreditación para la garantía de la calidad: ¿Qué está en juego? España: Mundi Prensa, 2006. p. xl-xlv.

FREIRE, Paulo. **Por uma pedagogia da pergunta**. 3. ed. Rio de Janeiro: Paz e Terra, 1998 [1985].

FREIRE, Paulo. **Pedagogia do Oprimido:** Saberes necessários à prática educativa. 23. ed. São Paulo: Paz e Terra, 2002.

FREIRE, Paulo. **A Educação na Cidade**. 4. ed. São Paulo: Cortez, 2000.

FREIRE, Paulo. **Educação como prática da liberdade**. Rio de Janeiro: Paz e Terra, 1987.

MARTÍN GARCÍA, Antonio Victor; ASTUDILLO, Mario Vásquez; ACUÑA, Jorge Ortiz. **Tecnologías Digitales En La Postmodernidad:** Retos Para La Escuela. Santa Maria: ReTER, 2021.

LÉVY, Pierre. **Cibercultura**. Rio de Janeiro: Ed. 34, 1999.

MORAN, José Manuel. Ensino e aprendizagem inovadores com tecnologias audiovisuais e telemáticas. *In:* MORAN, José Manuel; MASETTO, Marcos Tarciso; BEHRENS, Marilda Aparecida. **Novas tecnologias e mediação pedagógica**. 3. ed. Campinas: Papirus, 2001. p. 11-65.

MORAN, José Manuel. **A educação que desejamos:** Novos desafios e como chegar lá. 4. ed. Campinas: Papirus, 2007.

MORIN, Edgar. **A Cabeça bem-feita.** Rio de Janeiro: Bertrand Brasil, 2000.

TEIXEIRA, Elenaldo Celso. **O papel das políticas públicas no desenvolvimento local e transformação da realidade,** 2002. Disponível em: http://www.dhnet. org.br/dados/cursos/aatr2/a_pdf/03_aatr_pp_papel.pdf. Acesso em: 11 mar. 2020.

UNICEF. **Unicef alerta:** garantir acesso livre para famílias e crianças vulneráveis é essencial na resposta à Covid-19. 2020. Disponível em: https://www.unicef.org/ brazil/comunicados-de-imprensa/unicef-alerta-essencial-garantir-acesso-li-vre-a-internet-para-familias-e-criancas-vulneraveis. Acesso em: 20 set. 2020.

AS BRECHAS DIGITAIS MINIMIZADAS PELA ÊNFASE NA LEITURA E COMPREENSÃO LEITORA COMO PRÁTICA REINVENTIVA

Daiane Ventorini Pohlmann Michelotti

INTRODUÇÃO

É fato que nunca estaremos inteiramente preparados para as crises, e enfrentar os desafios impostos pela pandemia do coronavírus não foi diferente: muitas incertezas, questionamentos, poucas respostas que pudessem direcionar o caminho a ser seguido, várias tentativas de erros e acertos e empenho por parte da comunidade escolar para que, de alguma maneira, o ano letivo pudesse ter continuidade.

Infelizmente, o cenário que a pandemia demandou, quando todos fomos obrigados a ficar em casa para que o vírus não se disseminasse, reforçou as disparidades sociais que sempre fizeram parte de nossa realidade e que, de alguma maneira, agora estavam sendo intensificadas.

A proposta alternativa de manter vínculo, e/ou oferecer intervenções pedagógicas por meio das tecnologias, trouxe junto dela, a problemática da garantia do princípio da equidade quando grande parte da população não tinha acesso às tecnologias, ou, se tinha, era restrito e precário. A desigualdade de acesso, conhecimento e uso das tecnologias incidiu diretamente no contexto escolar.

Consequentemente, surgem diversas inquietações quanto à prática docente e ao papel que nós, professores, devemos desempenhar como mediadores indispensáveis no processo de ensino-aprendizagem. Além disso, a resposta para o questionamento de como garantir a equidade em meio à diversidade e à urgência dos contextos instaura-se como bastante difícil de ser formulada.

De um lado, tínhamos os recursos disponíveis e direcionados para suprir a defasagem provocada pelo distanciamento entre professor e aluno e os esforços em oferecer formação para que esses recursos fossem utilizados e, de outro lado, a disparidade social como empecilho real que demanda esforços que vão muito além daquilo que somos capazes de solucionar em curto prazo.

Dessa maneira, reinventar a docência configura-se como uma ação potencial capaz de gerar alternativas eficazes para o fortalecimento de nossas capacidades humanas na proposta de medidas paliativas, direcionadas a amenizar as lacunas estabelecidas pelas desigualdades sociais.

Nossa proposta de reinvenção está pautada na tese: o planejamento com ênfase na leitura e compreensão leitora, nas diversas áreas do saber e nos níveis de ensino, potencializa a garantia de equidade em meio à diversidade dos contextos e de suas vulnerabilidades.

Para sustentar essa tese, contextualizaremos as lacunas que o uso das tecnologias demandaram, destacando a necessidade de formação do professor sob a ótica colaborativa, e descreveremos a importância da prática da leitura e compreensão, partindo da premissa de que, mesmo sem o domínio de todas as habilidades dessa prática, é possível realizá-la. Seja com a ajuda de algum familiar, seja simplesmente por meio de contato e treino, a realização de atividades de leitura e compreensão leitora incidirá positivamente no processo de ensino-aprendizagem.

A DESIGUALDADE DIGITAL COMO EMPECILHO REAL

É de extrema importância discutir quais as demandas que os docentes têm encontrado na sua prática pedagógica, as dificuldades que os alunos enfrentaram para que pudessem ter acesso ao ensino remoto e híbrido, assim como a influência dessa organização na aprendizagem.

Entendemos esses múltiplos desafios como complexos, pois impactaram na elaboração e no fazer docente, em que as escolas precisaram, às pressas, readequar-se para manter o vínculo dos alunos com a comunidade escolar e a aprendizagem.

> En Brasil, el 20 de marzo de 2020, el gobierno federal decretó el estado de calamidad pública (Castro, M. H., 2020) y, el 1 de abril, publicó la Medida Provisional 934, que establece las regulaciones para el año académico, tanto en Educación Básica como en Educación Superior. (DOU, 2020). Se lanzaron bases regulatorias para que el sistema educativo, en medio del momento pandémico, suspenda las actividades presenciales y proponer alternativas para la continuidad de la labor educativa (Ferreira; Fortunato; Araújo, 2021, p. 42).

Com o advento da pandemia e a impossibilidade do ensino presencial, após várias tentativas de erros e acertos, estabeleceu-se como alternativa o ensino remoto, configurando-se como uma medida emergencial, na qual os professores disponibilizavam materiais de forma on-line, com encontros em plataformas digitais, para que as aulas pudessem ter continuidade e o vínculo com os estudantes fosse mantido.

Para isso, utilizou-se a tecnologia como ferramenta fundamental nesse processo em que os alunos poderiam ter acesso ao material preparado pelos professores, seja gravação de videoaulas, seja encontros síncronos, seja troca e interação entre professores e alunos.

Infelizmente, além de toda a angústia relacionada à situação pandêmica, vinha à tona uma grande problemática com a qual já convivíamos antes da pandemia e que ganhou força, ou, de alguma maneira, estava sendo descortinada: o acesso e/ou a falta de acesso e qualidade aos meios tecnológicos impossibilitariam que o princípio da equidade pudesse ser garantido. Segundo Saviani (2020, p. 38):

> Mesmo para funcionar como substituto, excepcional, transitório, emergencial, temporário etc., em que pesem as discordâncias que temos com o ensino não presencial e que iremos abordar, determinadas condições primárias precisariam ser preenchidas para colocar em prática o "ensino" remoto, tais como o acesso ao ambiente virtual propiciado por equipamentos adequados (e não apenas celulares); acesso à internet de qualidade; que todos estejam devidamente familiarizados com as tecnologias [...].

A realidade com a qual nos deparamos apontava as fragilidades que faziam parte do contexto da maioria dos envolvidos no processo e que não dispunham das condições necessárias para que o ensino remoto pudesse ser efetivado, revelando-se como empecilho real.

Nesse sentido, observamos que a proposta de manter vínculo e/ou oferecer intervenções pedagógicas por meio das tecnologias trouxe junto a problemática de como garantir o princípio da equidade quando grande parte da população não tinha acesso às tecnologias, e, se tinha, era restrito e precário. A desigualdade de acesso, conhecimento e uso das tecnologias incidiram diretamente no contexto escolar.

Historicamente, houve um esforço muito grande em incorporar ao contexto escolar os recursos tecnológicos. Porém, foi somente na urgência da demanda da pandemia que esse processo se acelerou e o uso da tecnologia passou a ser imperativo.

Cada instituição, ancorada por sua gestão, buscou inserir os recursos tecnológicos na oferta das aulas. Esta oferta foi, pouco a pouco, sendo aperfeiçoada pela formação oferecida e demandada aos professores e demais envolvidos. Além disso, houve um esforço em minimizar as lacunas tecnológicas por parte dos governos, investindo na compra de aparelhos celulares e computadores e na ampliação das linhas de internet.

Porém, essa oferta encontrou diversos fatores que a impediram de atingir e chegar a todos os estudantes. Segundo Díaz-Barriga *et al.* (2020, p. 125)[43], "La desigualdad en el acceso a las tecnologías es signo de la desigualdad social; en medio de una crisis de salud como la que vivimos, esta provoca que las brechas se vuelvan abismo".

Crianças que vivem na zona rural, por exemplo, não dispõem de sinal de internet, e, quando o possuem, é muito precário. Na cidade, uma grande parcela possui somente a disponibilidade dos dados móveis de seu aparelho celular, que é limitado. Outros tantos dependem dos aparelhos celulares de seus pais ou familiares que trabalham o dia inteiro e impossibilitam que esses participem das aulas de maneira síncrona.

Infelizmente, somente uma pequena parcela da população disponibiliza e utiliza computadores e demais ferramentas tecnológicas que, em tese, proporcionariam os recursos necessários e mais adequados à prática educativa.

A compra de computadores, as campanhas de doação de celulares e o aumento das linhas de internet não foram suficientes para a demanda de pessoas que precisariam utilizá-los. Enfim, não foi possível garantir o princípio da equidade de acesso ao conhecimento de maneira efetiva.

A FORMAÇÃO COLABORATIVA COMO NECESSIDADE EMERGENTE

Pensando na garantia da redução dessas desigualdades provindas de diversos fatores sociais e econômicos, entendemos a formação dos professores, principais agentes de mudança, como potencializadora das práticas pedagógicas pensadas sob a perspectiva da equidade.

---

[43] "A desigualdade no acesso às tecnologias é sinal da desigualdade social; em meio de uma crise de saúde como a que vivemos, esta provoca que as lacunas se tornem abismo" (Tradução nossa).

Para enfrentar os desafios que se instauraram e recriar processos que faziam parte da cotidianidade, fez-se necessário um trabalho árduo de reinvenção, que só foi possível graças ao engajamento e ao fortalecimento do trabalho coletivo.

Dessa maneira, pensa-se na reinvenção da docência sustentada no potencial criador do professor. Para reforçar essa premissa, trazemos as palavras de Nóvoa (2022, p. 27):

> A pandemia tornou evidente que o potencial de resposta está mais nos professores do que nas políticas ou nas instituições. Professores bem-preparados, com autonomia, a trabalharem em conjunto, dentro e fora do espaço escolar, em ligação com as famílias, são sempre a melhor garantia de soluções oportunas e adequadas.

Esse contexto nos incita a pensar em uma formação continuada pautada na troca de experiências e vivências, diferente dos modelos que vêm sendo efetivados na maioria das vezes, pois são bastante teóricos, pouco práticos e reflexivos, além de inconsistentes e descontínuos, apresentando-se como algo pronto sobre o professor, e não desenvolvido com o professor.

Parece contraditório, mas, talvez, nunca na história da educação tenha sido tão facilitado e necessário o trabalho desenvolvido por meio da interação com os colegas professores e o fortalecimento do coletivo, seja com a troca de experiências e sugestões de planejamentos que estavam sendo significativos, seja com desabafos na busca de uma possível solução para garantir que o processo educativo se desse de maneira significativa.

Quando me refiro à facilidade, destaco aqui, principalmente, a criação de grupos de WhatsApp, partilhas com profissionais de outros lugares, cuja distância foi minimizada pela possibilidade de encontros virtuais e investimento sistemático na ruptura de paradigmas contraproducentes à premissa de que todos nós temos condições para o aprender e de que este não se dá solitariamente.

Segundo Braslavsky (2006, p. 92), em seu texto "Diez factores para una educación de calidad para todos en el Siglo XXI", "[...] o trabalho em equipe é um fator primordial para o aprimoramento da qualidade do sistema educativo"[44].

---

[44] "Dez fatores para uma educação de qualidade para todos no século XXI" (Tradução nossa).

Quando pensamos em alternativas – e, neste ensaio, defendo o trabalho direcionado à ênfase em atividades com leitura e compreensão leitora –, o pressuposto do trabalho em equipe é reforçado e torna-se imprescindível.

A troca de experiências com sugestões de títulos de livros que os professores conheçam e que estejam de acordo com a faixa etária e interesse dos alunos, a escolha de temáticas direcionadas a problemas percebidos e a variedade de material que possa cumprir com os objetivos de aprendizagem e desenvolvimento de competências e habilidades configuram-se como alguns dos benefícios desse trabalho.

A ÊNFASE NA PRÁTICA DA LEITURA E COMPREENSÃO LEITORA COMO ALTERNATIVA EFICIENTE NO PROPÓSITO DE FAVORECER A EQUIDADE

É consenso entre os teóricos a premissa da importância do ato de ler, sua representação e seu significado social. Segundo Ribeiro (2018, p. 115):

> A prática da leitura é considerada indispensável à formação do sujeito, representa a possibilidade de constituição de um sujeito capaz de se posicionar criticamente diante de si, das suas circunstâncias e da própria sociedade.

Partindo desse pressuposto e considerando aquele aluno que não tem acesso às tecnologias digitais e, consequentemente, terá dificuldade em realizar suas tarefas sem a explicação do professor, a ajuda de vídeos ilustrativos ou outros suportes, pensamos que a ênfase no trabalho com leitura e compreensão leitora possa configurar-se em uma alternativa eficaz.

Um trabalho direcionado a sensibilizar os alunos por meio dos textos, histórias cuidadosamente selecionadas, textos pensados e produzidos para que os alunos consigam entender as propostas, considerando o contexto em que eles estejam inseridos e a universalidade de algumas temáticas que serão sempre bem-vindas para qualificar as práticas leitoras.

Não nos referimos somente às atividades com livros literários, mas também com textos de variados gêneros, instrucionais ou não, que, de alguma maneira, cumpram com o propósito principal de assegurar o direito à educação equitativa e de qualidade e mantenham o vínculo escolar e a continuidade dos estudos por meio do uso da linguagem verbal materializada nos diversos gêneros discursivos.

Pensar sobre o trabalho com os diversos gêneros discursivos e as temáticas sugeridas e refletir por meio dos caminhos direcionados pelo estudo e pela compreensão parece-nos, neste momento de dúvidas e incertezas, mais importante do que cumprir com uma listagem de conteúdo de determinado ano escolar.

Torna-se imprescindível pensar na significação que essa prática poderá ter para esse aluno em seu contexto de atuação e que, de alguma maneira, minimize os impactos negativos que decorrem do necessário contato entre professor e aluno.

Além disso, espera-se que a linguagem possa ser entendida como ação na sociedade multifacetada e em constante transformação, cujas demandas, em especial no momento pandêmico, não pormenoriza a necessidade de uma educação de qualidade.

CONCLUSÃO

O ano de 2020 marcou e marcará para sempre a história de vida de cada indivíduo que experienciou os desafios causados pela pandemia decorrente da Covid-19, desafios esses que foram inúmeros e certamente diferentes para cada cenário social em que se instaurou.

As mudanças provocadas na conjuntura social impactaram diretamente a vida das pessoas, refletiram na economia, nas relações, na organização dos ambientes, bem como nos espaços escolares, que precisaram buscar alternativas para enfrentar o momento.

O caos projetado pelas incertezas obrigou-nos a tomar algumas atitudes, dentre as quais salientamos o cancelamento das aulas presenciais logo após o início do ano letivo. Com isso, de um dia para o outro, fez-se necessário atribuir um novo sentido para o fazer pedagógico e o estabelecimento de outras relações entre professor e aluno.

Em outras palavras, fez-se necessária a reinvenção da prática educativa para, de alguma maneira, possibilitar o vínculo com os estudantes e a manutenção do ano letivo.

Muitas foram as tentativas na busca de alternativas e soluções, e o uso das tecnologias instaurou-se, de imediato, como resposta e encontrou diversos empecilhos.

Entendo que a ênfase na leitura e compreensão leitora, como proposta pedagógica oferecida e adaptada sem os meios tecnológicos, configura-se como um caminho reinventivo que perpassa as barreiras da iniquidade e possibilita que o processo educativo seja efetivado independentemente dos fatores que não são passíveis de soluções imediatas e/ou que estão fora do alcance da comunidade escolar.

Embora um percentual bastante expressivo de nossos alunos não tenha acesso às tecnologias, todos, com empenho da comunidade escolar, conseguiam receber material impresso, entregue nas escolas ou até mesmo nas casas. Nesse contexto, é possível e necessário considerar que não necessariamente uma aula, com vários recursos tecnológicos, terá um resultado positivo em detrimento de outra que se apoie apenas em leitura e estudo.

A proposta de leitura de livros literários, textos de variados gêneros e o direcionamento à leitura e compreensão podem contribuir para que nós, professores, possamos garantir o direito de acesso e equidade, designado pelas legislações vigentes e dicotomizado pelas condições reais.

REFERÊNCIAS

AGUILAR, Nivia T. Álvarez; MIRELES, Lizbeth Habib. **Retos y desafíos de las universidades ante la pandemia de Covid-19**. [*S. l.*]: Universidad Autónoma de Nuevo León/Labýrinthos Editores, 2021.

ANTUNES, Ricardo. O vilipêndio da Covid-19 e o imperativo de reinventar o mundo. **O Social em Questão**, ano XXIV, n. 49, p. 111-122, jan./abr. 2021.

BISOL, Aline. Estudantes de baixa renda são os mais prejudicados na quarentena. **Desafios da Educação**, 3 abr. 2020. Disponível em: https://desafiosdaeducacao.grupoa.com.br/estudantes-baixa-renda-quarentena/. Acesso em: 22 mar. 2022.

BRASIL. Ministério da Educação. **Pisa 2000:** relatório nacional. Brasília, 2001.

BRASLAVSKY, Cecília. Diez factores para una educación de calidad para todos en el Siglo XXI. **REICE. Revista Iberoamericana sobre calidad, eficacia y cambio en educación**, Madrid, v. 4, n. 2, p. 84-101, 2006.

CHRISTENSEN, Clayton M.; HORN, Michael B.; STAKER, Heather. **Ensino híbrido:** uma inovação disruptiva? Uma introdução à teoria dos híbridos. 2013. Disponível em: https://www.christenseninstitute.org/publications/ensino-hibrido/. Acesso em: 15 jul. 2022.

DÍAZ-BARRIGA, Ángel *et al.* **Educación y pandemia.** Una visión Académica, 2020. Disponível em: https://www.iisue.unam.mx/nosotros/covid/educacion-y-pandemia. Acesso em: 16 mar. 2022.

DORIGONI, Gilza Maria Leite; DA SILVA, João Carlos. **Mídia e Educação:** ɔ uso das novas tecnologias no espaço escolar [*S. l.*]: [*s. n.*], 2013. Disponível em: http://www.diaadiaeducacao.pr.gov.br/portals/pde/arquivos/1170-2.pdf. Acesso em: 20 fev. 2022.

FERREIRA, Liliana Soares; FORTUNATO, Osmar; ARAÚJO, Ivan Fortunato. La pandemia del covid-19 y las políticas del Ministerio de Educación de Brasil. *In:* AGUILAR, Nivia T. Álvarez.; MIRELES, Lizbeth Habib (org.). **Retos y desafíos de las universidades ante la pandemia de COVID-19.** 1 ed. México: Labýrinthos, 2021. p. 41-61. Disponível em: http://eprints.uanl.mx/22934/7/22934.pdf. Acesso em: 16 mar. 2022.

NÓVOA, António. **Escolas e professores proteger, transformar, valorizar.** Salvador: SEC/IAT, 2022.

PAVIÉ, Alex. Formación de profesores y carrera docente en Chile: programas formativos en regiones, 2018. **Revista LIDER**, v. 20, n. 32, p 164-176, 2018. Disponível em: https://www.researchgate.net/publication/326271747. Acesso em: 10 jan. 2022.

RIBEIRO, Amélia Escotto do Amaral; RIBEIRO, Alexandre do Amaral. Leitura e formação de professores no Brasil: um tema sempre entre "Nós". **Revista Inter-Ação**, Goiânia, v. 43, n. 1, p. 9-128, jan./abr. 2018. Disponível em: https://doi.org/10.5216/ia.v43i1.50792. Acesso em: 1 fev. 2022.

SANTOS, Boaventura de Sousa. **A Cruel Pedagogia do Vírus.** Coimbra: Edições Almedina, S.A., 2020.

SAVIANI, Demerval; GALVÃO, Ana Carolina. Educação na pandemia: a falácia do "ensino" remoto. **Universidade & Sociedade**, Brasília, ano XXXI, n. 67, p. 36-49, jan. 2021.

SAVIANI, Dermeval. Crise estrutural, conjuntura nacional, coronavírus e educação – o desmonte da educação nacional. **Revista Exitus**, Santarém/PA, v. 10, p. 1-25, e020063, 2020.

AFINAL, CADÊ MEU *FEEDBACK*?

O REINVENTAR DA DOCÊNCIA A PARTIR DAS RELAÇÕES CONSTRUÍDAS COM ECOSSISTEMAS COMUNICATIVOS

Raquel Scremin

CONSIDERAÇÕES INICIAIS

O estágio supervisionado se consolida como uma rica oportunidade de relacionarmos a teoria e a prática, a partir de vivências com o cotidiano escolar, com os sujeitos e as relações de aprendizados que se estabelecem. Tão rico quando esse relacionamento acontece, pois, conforme Libâneo (1999, p. 2) traz:

> [...] ao compartilharmos, no dia-a-dia do ensinar e do aprender, ideias, percepções, sentimentos e modos de ação, quando ressignificados e reelaborados em cada sujeito, vamos internalizando conhecimentos, rumo a um agir crítico-reflexivo, autônomo, criativo e eficaz, solidário.

Pimenta e Lima (2005, 2006, p. 14) afirmam que o "[...] estágio não é atividade prática, mas atividade teórica, instrumentalizadora da práxis docente, entendida como atividade de transformação da realidade". É, portanto, uma atividade teórico-prática, alicerçada pela fundamentação, pelo diálogo e pela observação participante na realidade educacional.

O estágio supervisionado possibilita que o estagiário possa refletir sobre as vivências pedagógicas com a extensão, e essa reflexão se complementa com base em autores que formam um aporte teórico para a prática, ou seja, por meio do ensino e da pesquisa proporcionada inicialmente durante a graduação. É importante salientar que acontece em períodos que envolvem a formação inicial na academia e o período de observação participante na escola, bem como é fundamental também para a escola e a professora regente da turma em que se faz o estágio. Ambos os processos interferem na aprendizagem do futuro educador que se dá a partir do momento em que se cursa as disciplinas e se escolhe os autores que vão dialogar.

Durante o período de estágio, poucas palavras foram trocadas entre a regente e a estagiária, e isso fez com que a estagiária ficasse em dúvida sobre suas ações e com desafios diante da turma. O retorno só veio ao final do estágio em uma conversa descontraída. Ao pensar nesse processo, surgiu a tese deste ensaio: a importância de um *feedback* processual para o reinventar da docência a partir das relações construídas com ecossistemas comunicativos.

Nesse sentido, este ensaio tem como objetivo geral reconhecer a importância de reinventar a docência a partir das relações construídas com ecossistemas comunicativos em diversos espaços educativos. Para isso, fazemos um breve apanhado da educomunicação a partir da gestão da comunicação nos espaços educativos, apresentamos as discussões sobre as temáticas em tópicos que complementam esse movimento de reinventar a docência e, por fim, algumas considerações.

AFINAL, CADÊ MEU *FEEDBACK*?

Entendemos o *feedback* primeiramente segundo dicionário e na versão em português "[...] como um retorno da informação ou do processo; obtenção de uma resposta". O docente pode, então, conforme Moreira *et al.* (2021, p. 6), "[...] acompanhar, motivar, dialogar, ser líder e mediador, fomentando e facilitando uma interação humana positiva. Esperamos, ainda, que seja moderador nas relações interpessoais e intrapessoais".

Esse *feedback* também possui princípios (Figura 1) para que possa contribuir com o processo.

Figura 1 – Princípios organizadores do *feedback*

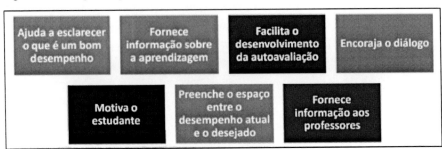

Fonte: Casanova (2021) *apud* Mouraz (2023)

Como seres humanos inacabados – conforme as palavras de Freire (1996, p. 55), "[...] o inacabamento do ser ou sua inconclusão é próprio da experiência vital. Onde há vida, há inacabamento" –, nossa performance docente envolve aprendizagem ao longo da vida. A problemática deste texto partiu de um *feedback* compartilhado por uma docente em condição de regência de estágio. Na situação em questão, ela comenta com a estagiária que, se não fosse esta aplicar uma prática, ela jamais tentaria realizar devido à idade das crianças e por pensar que só poderia ser construída a atividade com os estudantes dos anos finais.

Durante o período de estágio supervisionado, o acompanhamento é feito pela regente da turma e pela professora supervisora do estágio. Ambas as relações foram construídas para que ocorra a vivência da docência e a troca entre as profissionais da educação e o ambiente escolar. Quando pensamos em relações, já admitimos a existência de um diálogo. Porém, nesse exemplo em questão, o diálogo com a regente da turma foi mínimo durante o processo, enquanto com a supervisora era frequente, muitas vezes, para entender o motivo pelo qual esse retorno não acontecia.

Na dinâmica da disciplina, conseguimos compreender diferentes cenários da educação em diferentes países onde os professores convidados contribuíram com visões de diferentes perspectivas e realidades, e ambas as trocas contribuíram para a escrita deste ensaio, assim como os autores com os quais aqui dividimos nossa compreensão sobre essa temática.

Com o episódio de *feedback* ocorrido no processo de estágio, podemos perceber que criar redes colaborativas auxilia na avaliação da prática educativa. Porém, como essas redes colaborativas são formadas? E o que se constrói nesse processo. Essa perspectiva encontra fundamentação na aliança entre teoria e prática, cujo envolvimento faz com que "[...] seja impensável que alguém se possa dedicar à formação dos outros [...], sem antes ter refletido seriamente sobre seu próprio processo de formação" (Nóvoa, 2010, p. 183).

A docência é entendida aqui como um processo, e pensar nela a partir disso e do que você espera como resultados entra na etapa de planejamento. O planejamento e os registros constituem um processo claro e de cumplicidade, em que usufruímos das tecnologias a nosso favor sem deixar o caderno de lado e as conversas informais entre uma prática e outra.

Todos temos nuances a contribuir no planejamento, e isso não deve ser ignorado. Outro ponto importante e pouco falado na academia é sobre ser flexível, o que não significa fazer tudo na hora e de qualquer jeito. Buscamos um equilíbrio nessa construção, e há vários fatores para organização desse planejamento, que vão além da sequência didática e de hora pra tudo. A docência precisa ser leve, e nem tudo precisa estar sempre em uma sequência didática.

> [...] pensar a prática não é somente pensar a ação pedagógica na sala de aula nem mesmo a colaboração didática com os colegas. É pensar a profissão, a carreira, as relações de trabalho e de poder nas organizações escolares, a autonomia e a responsabilidade conferida aos professores, individual ou coletivamente (Perrenoud, 1993, p. 200).

Com isso, trazemos outro entendimento de que, para essa docência ser efetiva, o *feedback* precisa estar presente tanto no processo quanto no encerramento de suas práticas. Aí entram outros elementos que Mouraz (2021) enfatiza para que aconteça uma abertura: o afeto, o acolhimento e a formação de redes colaborativas. É preciso estar aberto para receber essas informações e adaptá-las melhor ao seu contexto.

O afeto pode vir de várias formas, e a atenção é uma delas; o olhar para se conectar e escutar com empatia. Isso auxilia na compreensão dos processos educativos e pode servir como indicador na condução dos processos de ensino-aprendizagem. Destacando como as emoções influenciam o meio social e afetam o cognitivo, Wallon (1986, p. 146) aponta que:

> [...] a coesão de reações, atitudes e sentimentos, que as emoções são capazes de realizar em um grupo, explica o papel que elas devem ter desempenhado nos primeiros tempos das sociedades humanas: ainda hoje são as emoções que criam um público, que animam uma multidão, por uma espécie de consentimento geral que escapa ao controle de cada um. Elas suscitam arrebatamentos coletivos capazes de escandalizar, por vezes, a razão individual.

Retomando o questionamento "como essas redes colaborativas são formadas?", temos dois exemplos que acontecem na pesquisa científica: os grupos de pesquisa e os eventos relacionados à área de estudo. Nos grupos de pesquisas, ocorrem encontros semanais nos quais esse diálogo é fomentado, e alguns grupos têm a prática da pré-defesa, por exemplo, quando seus pesquisadores apresentam seus projetos no seu grupo para serem qualificados. Já nos eventos, existem várias formas de se construir essas redes, por exemplo, apresentando trabalho, nas rodas de conversa etc., e, como já citado aqui, na experiência docente da prática dos estágios, quando temos formação inicial e continuada acontecendo juntas.

Essas redes colaborativas são importantes para a qualificação dessa docência e até mesmo a ampliação de sua formação que é para a vida. Pensando no que se constrói nesse processo, temos o que, na educomunicação, Soares (2014) intitula como "ecossistemas comunicativos". Definimos, assim, a educomunicação como

> [...] o conjunto das ações inerentes ao planejamento, a implementação e avaliação de processos, o programa e os produtos destinados a criar e a fortalecer ecossistemas comunicativos em espaços educativos presenciais ou virtuais, assim como a melhorar o coeficiente comunicativo das ações educativas, incluindo as relacionadas ao uso dos recursos da informação no processo de aprendizagem (Soares, 2014, p. 24).

Com a formação dessas redes colaborativas, também é possível pensar a autotransformação proposta por Nóvoa (2010) e apoiada pelo pensamento complexo que envolve a docência e é esquematizado por Contreras (2021). O autor engloba nesse paradigma a estrutura e a forma de pensar do docente envolvendo: conteúdo, metodologia, avaliação, conhecimento profissional, vivências, crenças pessoais e emoções (Contreras, 2021). Moreira *et al.* (2021, p. 7) consideram que pensar um ensino presencial para ambientes virtuais importa ter presente a questão

> [...] como pode pensar-se a comunicação num contexto educativo digital e exigir que todos os intervenientes (professores e escolas) façam uma reflexão/hermenêutica da circunstância comunicativa que conseguem assegurar.

ALGUMAS CONSIDERAÇÕES

Pensar a docência envolve desprender-se do controle sobre tudo. Mesmo com a rotina escolar estabelecida, cada dia é diferente do outro, e precisamos lidar com o planejado e o imprevisível. Percebemos que a professora regente frequentemente tem que fazer escolhas e que o *feeling* tem que ser dela na hora do diálogo com os sujeitos. Isso não impede que, como docentes, venham conosco as vivências, os teóricos, as inspirações das colegas ao nosso redor, as bagagens das crianças, porque elas vêm com muitas, e tudo isso não pode ser ignorado na hora da docência.

O trabalho todo se baseia em mostrar caminhos de como fazer as coisas, e isso acontece conosco, como adultos: sabemos fazer algo, mas pelo caminho mais difícil, e vem alguém e nos mostra outro caminho, e assim seguimos aprendendo. E com elas também não é diferente: essas trocas são fundamentais. Falando em trocas, outro cenário que permeia a educação é o trabalho colaborativo, e o dia de planejamento torna-se necessário: economiza tempo, serve de momento para descontração e relaxar, como suporte para as pressões diárias da sala de aula, e o trabalho rende.

É por isso que aprender a trabalhar em grupo em todas as esferas da vida é fundamental e começa na escola. O acolhimento da escola é fundamental, e, por isso, na hora de trabalhar, percebemos a importância de escolher o ambiente onde será exercida a docência. É importante que estejamos na mesma sintonia e que todos se coloquem no lugar de aprender a aprender. Nóvoa (1992, p. 28) nos diz que

> [...] as escolas não podem mudar sem o empenhamento dos professores; e estes não podem mudar sem uma transformação das instituições em que trabalham. O desenvolvimento profissional docente tem de estar articulado com as escolas e os seus projetos.

A contribuição com a escola vai além de planejar uma atividade e observar; ela está no contexto, nas ações diárias, e o registro tem mais a ver com vivência, emoções e sentimentos do que com o fato em si. E esse registro pode vir de diversas formas para além da descrição isolada do fato. É essencial a reflexão durante e após a prática docente.

> [...] o exercício de pensar o tempo, de pensar a técnica, de pensar o conhecimento enquanto se conhece, de pensar o quê das coisas, o para quê, o como, o em favor de quê, de quem, o contra quê, o contra quem são exigências fundamentais de uma educação democrática à altura dos desafios do nosso tempo (Freire, 2007, p. 102).

Diante dessas reflexões, podemos dizer aos futuros docentes que o perfil de professor pesquisador é inevitável. Precisamos de atualização constante como seres humanos, e não apenas como docentes. A rotina nos faz esquecer que as coisas são leves e não são regradas o tempo todo. Planejamento é importante sim, mas nem tudo que acontece na vida é planejado. É preciso entender que vivemos sob os efeitos das energias e que nem tudo merece explicações. É preciso pensar em uma constante reflexão sobre a prática, e o *feedback* processual pode auxiliar, além de favorecer as relações construídas nesses ecossistemas comunicativos.

REFERÊNCIAS

CONTRERAS, Saúl. La formación de profesores en Chile: instrumentos de la política pública, reflexiones y aportes para la innovación. **Seminário Reinventar a Docência nas Redes de Conhecimentos, 4ª Versão**, Universidade Federal de Santa Maria [Live]. 2021. Disponível em: https://farol.ufsm.br/transmissao/seminario-reinventar-a-docencias-nas-redes-de-conheciment o-4. Acesso em: 16 jan. 2023.

FREIRE, Paulo. **Pedagogia da autonomia:** saberes necessários à prática educativa. São Paulo: Paz e Terra, 1996.

FREIRE, Paulo. **Educação e mudança.** 30. ed. Rio de Janeiro: Paz e Terra, 2007.

LIBÂNEO, José Carlos. **Pedagogia e pedagogos, para quê?.** São Paulo: Cortez, 1999.

MOREIRA, J. António *et al.* Processos de Comunicação Digital no Sistema Educativo Português em Tempos de Pandemia. **Revista Práxis Educacional,** v. 17, n. 4 5, p. 1-19, 2021. Disponível em: https://repositorioaberto.uab.pt/handle/10400.2/11015. Acesso em: 19 jan. 2023.

MOURAZ, Ana. Revalorizar o feedback como estratégia para reinventar a docência. **Seminário Reinventar a Docência nas Redes de Conhecimentos, 4ª Versão**, Universidade Federal de Santa Maria [Live]. 2023. Disponível em: https://drive.google.com/file/d/1U_kJF8CzG5vrXcpZ6PXJ39MADGY9lMyI/view. Acesso em: 16 jan. 2024.

NÓVOA, António (org.). **Vida de professores.** Porto: Porto Editora, 1992.

NÓVOA, António. **O método (auto)biográfico e a formação.** Natal: EDUFRN; São Paulo: Paulus, 2010.

PERRENOUD, Philippe. **Práticas pedagógicas, profissão docente e formação:** perspectivas sociológicas. Lisboa: Dom Quixote, 1993.

PIMENTA, Selma Garrido; LIMA, Maria Socorro Lucena. Estágio e docência: diferentes concepções. **Revista Poíesis**, [*S. l.*], v. 3, n. 3, p. 5-24, 2005/2006.

SOARES, Ismar. Educomunicação e a formação de professores no século XXI. **Revista FGV On-line,** [*S. l.*], v. 4, n. 1, p. 19-34, 2014. Disponível em: https://bibliotecadigital.fgv.br/ojs/index.php/revfgvonline/article/view/41468 Acesso em: 30 abr. 2023.

VYGOTSKY, Levy. **Pensamento e Linguagem**. 2. ed. São Paulo: Martins Fontes, 1989.

WALLON, Henri. **As origens do pensamento na criança.** São Paulo: Manole, 1986.

A FORMAÇÃO DE PROFESSORES E O ESTÁGIO SUPERVISIONADO NO ENSINO REMOTO EMERGENCIAL

Mariana Jardim de Moraes

INTRODUÇÃO

Durante a pandemia da Covid-19, diferentes áreas da educação tiveram seu funcionamento modificado, desde a educação infantil até a educação Superior, afetadas pelas características não convencionais do ensino remoto emergencial, a partir do decreto da substituição das aulas presenciais pelas aulas por meios digitais (Brasil, 2020). Desse modo, a formação de professores precisou reorganizar e readequar os vários aspectos que permeiam os processos formativos. Entre estes, estão os estágios supervisionados.

Houve debates sobre as consequências dos estágios no ensino remoto, o que agregaria e o que não seria suprido pela vivência da observação e do desenvolvimento de um trabalho pedagógico por meio das tecnologias (no lugar da experiência no ensino regular em sala de aula). Apesar de o estágio remoto não ter sido unanimidade pelos formadores, perante a duração da pandemia, que se estendeu mais do que a população esperava, o estágio no ensino remoto foi implementado em instituições de ensino superior para que os alunos pudessem concluir a graduação.

Assim, faz-se necessário refletir sobre os reflexos do ensino remoto emergencial (ERE)[45] na constituição docente dos egressos das licenciaturas. Além disso, surgiu (ainda mais) a necessidade de pensar em como formar professores preparados para trabalhar com os diferentes contextos emergentes, que se modificam junto da sociedade, conseguindo exercer o trabalho pedagógico perante as diferentes demandas, que, em sua maioria, não são previstas.

Os professores, por trabalharem com a formação e educação de sujeitos inseridos em uma sociedade, encontram recorrentemente novas

---

[45] "O ensino é considerado remoto porque os professores e alunos estão impedidos por decreto de frequentarem instituições educacionais para evitar a disseminação do vírus. É emergencial porque do dia para noite o planejamento pedagógico para o ano letivo de 2020 teve que ser engavetado" (Behar, 2020, s/p).

demandas em seus trabalhos, como a do ensino remoto emergencial, que mesmo os professores mais experientes precisaram de um tempo para avaliar e testar quais eram as possibilidades e o que se tornou inviável nessa modalidade. Mas, com isso, emerge a necessidade de pensar em como formar educadores reflexivos que pensam e ponderam sobre o melhor modo de lidar com as situações/dificuldades encontradas durante o seu trabalho docente e pedagógico. Isso porque a universidade não conseguiria contemplar nem prever todos os possíveis contextos e demandas específicas que os professores encontrariam ao longo de suas carreiras. Nesse sentido, os estágios no ensino remoto emergencial foram uma ocasião que proporcionou aos professores formadores uma análise sobre a própria formação que estão desenvolvendo e pensar sobre os desafios atuais dos professores e como formá-los para eles.

Nessa direção, é importante fazer uma reflexão sobre o(s) perfil(is) de egressos que se deseja formar. Buscando não só embasá-los acerca dos conhecimentos específicos que perpassam os cursos, mas também promover o pensamento reflexivo para que esses estudantes se tornem profissionais aptos e motivados a enfrentar os desafios que emergem de demandas sociais, culturais, políticas, locais e globais. Para tanto, faz-se necessário que os processos de ensino e de aprendizagem considerem e aproximem-se dessas demandas, que são mutáveis, situadas e diversas nos tempos e espaços educativos para potencializar as trajetórias formativas desses estudantes.

As considerações presentes neste ensaio sobre o estágio supervisionado no ensino remoto emergencial partem tanto de estudos teóricos e reflexões sobre o tema, quanto de uma experiência pessoal, assumindo a regência de uma turma de anos iniciais do ensino fundamental, durante a etapa da formação inicial no curso de Pedagogia na Universidade Federal de Santa Maria.

OS ESTÁGIOS SUPERVISIONADOS NOS CURSOS DE LICENCIATURA

Segundo as Diretrizes Curriculares Nacionais para a Formação Inicial de Professores para a Educação Básica, um dos princípios norteadores dos currículos dos cursos de licenciatura é a

> [...] centralidade da prática por meio de estágios que enfo-
> quem o planejamento, a regência e a avaliação de aula, sob
> a mentoria de professores ou coordenadores experientes da
> escola campo do estágio, de acordo com o Projeto Pedagó-
> gico do Curso (PPC) (Brasil, 2019, p. 3).

No entanto, o estágio supervisionado não é apenas a parte prática do curso de graduação, mas o período em que o discente tem a oportunidade de conhecer e interagir com o campo em que trabalhará futuramente. Nesse período, o discente dos cursos de licenciatura tem a orientação do professor formador da universidade para desenvolver e refletir sobre a prática realizada na escola. Além disso, é um momento de trocar saberes com o professor regente da turma escolhida para o estágio, criando uma ponte entre escola e universidade.

Desse modo, entende-se que o estágio supervisionado (entre outros processos formativos) constrói uma ponte entre teoria e prática, utilizan-do-se do subsídio teórico para pensar e repensar o trabalho que o discente desenvolve perante o contexto em que se insere. Isso porque o trabalho pedagógico deve estar sempre vinculado à prática reflexiva, pois, se não for, não é significativo para os docentes e discentes envolvidos. E trata-se de uma concepção válida tanto para a educação básica quanto para a superior. Buriolla (1999) corrobora com essa perspectiva ao afirmar que, no estágio, a identidade profissional é gerada, construída e referida, tendo como foco a vivência atrelada à reflexão. Assim, pode-se afirmar que é uma etapa fundamental na constituição docente de cada futuro professor, visto que, para alguns, é a única etapa de encontro e confronto com a realidade do campo de trabalho e, para outros, uma oportunidade de conhecer de modo mais aprofundado o fazer e a práxis docente.

O estágio supervisionado é uma importante e rica etapa na formação de professores. No entanto, é preciso compreender que, durante esse período, o futuro professor conhecerá a realidade de determinada(s) instituição(ões). Ou seja, as realidades das comunidades escolares são diversas e o conheci-mento sobre essas diferentes realidades não consegue ser construído apenas em uma etapa da graduação. Além disso, as demandas sociais e culturais de uma sociedade não são estáticas e estão sempre em processos de evolução. Por isso, a realidade e as demandas que o futuro professor encontrar durante seu estágio supervisionado não serão, necessariamente, as que encontrará quando se inserir no mercado de trabalho.

Durante a pandemia da Covid-19, instituições de ensino superior optaram por realizar o estágio supervisionado na modalidade do ensino remoto emergencial, visto que, por razões pessoais ou profissionais, os discentes possuíam a necessidade de concluir o curso. Assim, fez-se necessário repensar ementas das disciplinas de estágio, pensando no trabalho que o aluno conseguiria exercer em meio a essa modalidade e quais seriam os critérios para avaliar seu desempenho.

AS IMPLICAÇÕES DA PANDEMIA DA COVID-19 NA FORMAÇÃO E NO TRABALHO DO PROFESSOR

A pandemia da Covid-19 impactou fortemente o trabalho docente e pedagógico, além de todo o funcionamento da comunidade escolar, pois foi necessário implementar o ensino remoto emergencial como medida de segurança para conter a propagação do vírus. Os desafios para a classe docente brasileira foram inúmeros, visto que esses profissionais não tinham experiência prévia com esse modo de trabalho, além da imensidão de demandas sociais e educacionais que o Brasil apresenta. Nesse sentido, pode-se afirmar que houve uma reestruturação do trabalho que precisava ser desenvolvido, assim como uma reorganização da ordem de prioridades dos profissionais da educação, pois o antigo modo de trabalhar não ia ao encontro do novo contexto e não abarcava as dificuldades que muitas comunidades estavam enfrentando.

No evento virtual "Rodas de Conversa Diálogos sobre o trabalho pedagógico: (im)possibilidades em tempos de distanciamento social", organizado pelos grupos Grupo de Pesquisa Formação de Professores e Práticas Educativas: Educação Básica e Superior (GPFOPE) e Grupo de Pesquisa Práticas e Formação para Docência: Educação Básica e Superior, foi possível conhecer realidades, incertezas e desafios que professores estavam vivenciando após a implementação do ensino remoto emergencial. Houve falas sobre a falta de "preparo" para trabalhar nessa metodologia e em meio a uma pandemia. Algumas professoras também descreveram suas dificuldades para utilizar ferramentas tecnológicas em seu trabalho, tendo em vista que as tecnologias foram um dos principais meios para manter vínculos com os alunos e desenvolver as aulas.

Mesmo antes da pandemia, as tecnologias vinham sendo cada vez mais presentes nas instituições educacionais, tanto no âmbito da gestão, quanto no âmbito pedagógico. Porém, isso não quer dizer que os educadores (majoritariamente) possuem fluência digital. Assim, emerge a necessidade de incluir o estudo das tecnologias educacionais na formação inicial.

Além dos professores mais experientes, os futuros professores tiveram a necessidade de inovar nas práticas pedagógicas para desenvolver os estágios supervisionados. Não havia estudos e disciplinas voltados para o ensino remoto e o ensino híbrido nos cursos de licenciatura antes da pandemia, fazendo com que os estagiários se desafiassem com o novo contexto ainda na formação inicial, sem nenhum preparo (teórico ou prático) prévio para desenvolver esse trabalho.

Com as demandas manifestadas pelos professores da educação básica e pelos professores em formação, cursos de formação continuada, eventos com a temática do ensino remoto e disciplinas voltadas para essa questão foram criados e ofertados. Com isso, pode-se considerar que o professor está sempre em movimento, e seu trabalho nunca é igual, pois os sujeitos, as comunidades e a sociedade estão sempre se modificando. Assim, a identidade docente se mantém em evolução, acompanhando as mudanças do(s) contexto(s). O significado de ser professor é mudar, evoluir, sendo esse o modo como essa classe vê o mundo (Lopes, 2019).

É preciso compreender que a formação inicial nunca conseguirá abordar diretamente todas as possíveis demandas que os futuros professores poderão encontrar em suas trajetórias. Por isso, essa etapa deve ser considerada uma base para o professor desenvolver seu trabalho e, aos poucos, ir qualificando-se na formação continuada, nas atividades autoformativas[46], interformativas[47] e/ou heteroformativas[48] (atividades também presentes na formação inicial). Assim, faz-se necessário uma formação inicial que dê subsídios para o professor, autonomamente, desenvolver e qualificar o trabalho pedagógico conforme os desafios que vão emergindo ao longo de sua trajetória profissional.

Nesse sentido, é preciso refletir: a formação inicial desenvolvida hoje, pelas instituições de ensino superior, potencializa a formação de professores críticos e reflexivos, que conseguirão pensar e (re)adequar seus trabalhos conforme as demandas encontradas? De que modo os cursos de licenciatura conseguem/conseguiriam desenvolver processos de ensino e de aprendizagem que potencializem a formação dos futuros profissionais

---

[46] Atividades escolhidas pelos sujeitos, a fim de qualificar seu próprio crescimento pessoal e profissional (Bolzan, 2016).

[47] Processo de constituição dos docentes a partir de atividades interpessoais (Garcia, 1999).

[48] Processo da relação entre o sujeito que busca a formação e os diferentes fatores envolvidos no contexto da formação (Bolzan, 2021).

para terem capacidades de se qualificar e desenvolver práticas inovadoras a partir da formação inicial?

Os estágios supervisionados desenvolvidos no ensino remoto emergencial podem ser um dos objetos a serem analisados para responder essas perguntas, conforme o trabalho desenvolvido em cada instituição de ensino superior. As práticas desenvolvidas pelos estagiários demonstram a capacidade de pensarem, refletirem e adequarem o trabalho pedagógico a partir do conhecimento adquirido ao longo do curso. É preciso ter em mente, no entanto, que são discentes com uma curta experiência com a docência, em sua maioria. Contudo, são futuros professores que atuarão em instituições educacionais e que precisam compreender o papel da docência na sociedade, para, assim, desenvolvê-la. Desse modo, faz-se necessário (re)pensar a formação de professores no que diz respeito ao preparo dos futuros professores para lidar com situações e demandas diversas, estudando, refletindo e desenvolvendo práticas significativas para os discentes e seus contextos.

EXPERIÊNCIA NO ESTÁGIO SUPERVISIONADO NO ENSINO REMOTO EMERGENCIAL

A etapa do estágio supervisionado, geralmente, já se configura como um momento de inseguranças e incertezas para os professores em formação. Isso porque não lidamos com "coisas", mas com sujeitos reais. Desenvolver essa etapa no ensino remoto emergencial, durante uma pandemia, tornou-se um desafio ainda maior. As próprias professoras regentes das turmas estavam aprendendo a trabalhar nessa modalidade. As professoras orientadoras recém estavam começando a pesquisar sobre o cenário.

Foi preciso testar as possibilidades que esse modo de trabalho proporcionava, além de compreender as impossibilidades. Algumas experiências foram perdidas, mas muitas outras foram conquistadas. Fez-se necessário pensar estratégias que nunca foram pensadas antes e que também podem ser utilizadas e adaptadas para o ensino híbrido e presencial. Foi preciso refletir sobre qual é o papel do professor em um contexto pandêmico (não usual).

Houve a necessidade de revisitar as práticas e os conteúdos aprendidos ao longo da trajetória para reinventá-los, transformando o que já estava consolidado como algo possível e significativo para os alunos e o contexto em que se encontravam. Formou-se, também, uma aliança entre instituição escolar e instituição de ensino superior, que colaboraram uma com a outra, tendo uma continuidade do trabalho desenvolvido no estágio pela escola, após o término desse período.

CONCLUSÃO

Os estágios supervisionados no ensino remoto foram uma prática não planejada e prevista, pois foi uma das muitas consequências que a pandemia da Covid-19 trouxe para as vidas da população. Pode-se dizer que esse processo teve consequências negativas, mas também contribuiu com aspectos a se refletir sobre a docência e a formação de professores. Por um lado, uma parte dos alunos que realizaram os estágios nessa modalidade não possuía experiências práticas na docência (no modo presencial) antes de se formar, fazendo com que chegassem com mais fragilidades no papel do professor. Além disso, as práticas desenvolvidas não envolveram todos os alunos, pois a desigualdade social fez com que muitos evadissem ou frequentassem pouco as aulas, que, em grande parte, eram mediadas por meio de tecnologias (que, na sociedade capitalista, não é oportunizada a todos os cidadãos).

Por outro lado, o estágio no ensino remoto obrigou os estagiários a irem além das práticas pedagógicas que eles já conheciam, desafiando-os com um novo modo de trabalhar, sendo preciso refletir sobre todas as experiências prévias e os estudos teóricos já adquiridos, inserindo-os no ensino remoto. Além disso, aproximou a universidade das escolas, pois os professores da educação básica também estavam tentando adequar-se aos novos desafios.

Os discentes que cursaram o estágio no ensino remoto não vivenciaram, nesse período, o cotidiano de uma sala de aula no modo tradicional. No entanto, viram-se obrigados a sair da comodidade e a inovar em suas práticas, visto que não havia referências prévias de um trabalho nesse âmbito. Assim, foi dificultada a prática da reprodução, vazia de crítica, em que o estagiário apenas reproduz o que o professor regente da sala já desenvolvia ou mesmo as práticas que o discente tinha como referência de outros lugares. Fez-se necessário exercitar o pensamento crítico, reflexivo e a criatividade para elaborar estratégias pedagógicas que alcançassem o maior número de alunos possível, mas não apenas fisicamente, e, sim, proporcionando uma aprendizagem que, apesar de não substituir o ensino presencial, fosse possível e significativa para aquele momento.

A docência está sempre se reinventando; essa é uma de suas principais características. Por consequência, a formação de professores também precisa manter-se em constante evolução, para acompanhar os contextos emergentes da educação básica e superior, demonstrando, assim, a existência de uma inquietação e um inacabamento no trabalho e na prática do professor formador, do professor em formação e do professor da educação básica.

REFERÊNCIAS

BEHAR, Patricia Alejandra. O ensino remoto emergencial e a educação a distância. **UFRGS – Coronavírus,** 16 jul. 2020. Disponível em: https://www.ufrgs.br/coronavirus/base/artigo-o-ensino-remoto-emergencial-e-a-educacao-a-distancia/. Acesso em: 8 out. 2024.

BOLZAN, Doris Pires Vargas *et al.* **Aprendizagem da Docência:** processos formativos de estudantes e formadores da educação superior. Relatório Final do Projeto de Pesquisa n.º 032835, GAP/CE/UFSM, 2016.

BOLZAN, Doris Pires Vargas. **Docência e processos formativos:** estudantes e formadores em contextos emergentes. Relatório Final do Projeto de Pesquisa n.º 042025, GAP/CE/UFSM, 2021.

BRASIL, MEC. **Resolução cne/cp n.º 2, de 20 de dezembro de 2019.** Define as Diretrizes Curriculares Nacionais para a Formação Inicial de Professores para a Educação Básica e institui a Base Nacional Comum para a Formação Inicial de Professores da Educação Básica (BNC-Formação). Diário Oficial da União, Brasília, DF, 2019.

BRASIL, MEC. **Portaria n.º 343, de 17 de março de 2020.** Dispõe sobre a substituição das aulas presenciais por aulas em meios digitais enquanto durar a situação de pandemia do novo coronavírus, covid-19. Diário Oficial da União, 18 mar. 2020.

BURIOLLA, Marta A. Feiten. **Estágio Supervisionado.** São Paulo: Cortez, 1999.

GARCIA, Carlos Marcelo. **Formación del profesorado para el cambio educativo.** Barcelona: Ediciones Universitarias de Barcelona, 1999.

LOPES, Amélia. Formação de professores e profissão docente: velhos e novos desafios. *In:* FRAGA, Nuno. **O Professor do século XXI em perspectiva comparada: transformações e desafios para a construção de sociedades sustentáveis:** atas da II conferência internacional de educação comparada. Portugal: Universidade da Madeira, 2019.

TECNOLOGIA E EDUCAÇÃO: DESAFIOS E FORMAÇÃO CONTINUADA

Carine Pistoia Guimarães

INTRODUÇÃO

O ano de 2020 foi marcado pelo inusitado fechamento das escolas em decorrência da pandemia da Covid-19. Foi preciso construir e implementar novas estratégias e metodologias para transformar o ensino de forma diferente de tudo o que até então tínhamos vivido pelo ensino remoto, por plataformas, aulas on-line, grupos de WhatsApp, dentre outras tecnologias.

Muitos desafios iniciaram com essa mudança emergencial no sistema educacional, e os professores precisaram urgentemente se reinventar para conseguir acompanhar as necessidades exigidas pelo atual cenário. Inúmeras dificuldades foram encontradas nesse período de ensino remoto, pois a maioria dos professores não dominava as tecnologias e nunca tinha tido contato algum com essa modalidade de ensino a distância. Porém, fomos obrigados a mergulhar nesse mar de incertezas e apenas utilizar as tecnologias como ensino, e não mais o de ferramenta costume: o ensino presencial.

Foi preciso essa reorganização das escolas, das famílias e dos professores, e acredito que essa mudança, mesmo que assustadora e emergencial, nos fez inovar e capacitar-nos do dia para a noite, pois só assim conseguiríamos chegar até nossos alunos e alcançar a aproximação que nos foi negada a partir do fechamento das escolas.

As ações de contingência adotadas em diferentes níveis de ensino fizeram com que acessássemos as casas dos alunos por meio do ensino remoto. Por mais que essa modalidade de ensino tenha resultado na dificuldade de aprendizagem, fomos valentes e otimistas ao tentar dar continuidade ao nosso trabalho, mesmo que fisicamente a distância, pensando e nos empenhando em garantir e disponibilizar o ensino a esses alunos, a fim de manter as atividades escolares. E como fazer diferente quando nem nós, professores, sabíamos realmente como construir aprendizagens nesse contexto? Não vejo nenhum outro elemento mais essencial nesse momento a não ser a formação dos professores, o aprofundamento no assunto e a renovação da prática docente.

As minhas apreensões se agravam porque falar em formação continuada, ensino híbrido e educação, nesse momento, ainda exige muita pesquisa e é para mim uma incógnita que precisa ser estudada intensamente. Peço, por isso, que as análises aqui expostas sejam lidas como aproximações das discussões dos autores estudados na disciplina, pois estou vivendo um processo de indagações e descobertas.

Diante desse cenário de incertezas e inovações do campo educacional, torna-se ainda mais necessário oportunizar aos docentes formação pedagógica para implementação das tecnologias digitais nesse contexto. Esclareço, por fim, que procurei dispor de informações que auxiliem e respondam a questões que muitos de nós estamos nos fazendo nesse momento, buscando trazer autores estudados na disciplina e análises de muitas pesquisas realizadas nesse período sobre o assunto em questão. É um tema muito debatido na atualidade, que faz com que nosso pensamento e nossa reflexão se voltem para a formação permanente e cada vez mais para a implementação das tecnologias no nosso fazer pedagógico, buscando a excelência na nossa prática e em alguns autores, como Prensky (2010), que aborda a tecnologia no ensino; Maturana (2000), que elenca curiosidades e aventuras do aluno a novas buscas; e Freire (2016), que trata sobre a esperança.

FORMAÇÃO CONTINUADA DE PROFESSORES NA PANDEMIA

Após o impacto da pandemia e a dificuldade enfrentada para retomada das aulas presenciais, ficou muito clara a necessidade de as instituições de ensino adaptarem-se para a nova realidade e viabilizarem a integração dos ambientes de ensino com tecnologias que permitiram uma experiência otimizada tanto para aulas presenciais quanto remotas. Nessa adaptação, entram aqueles que são fundamentais nesse processo: os docentes. Para essa nova fase vivida, foi preciso preparar os professores a enfrentarem esse processo desafiador, capacitando e qualificando para que pudessem reinventar-se na sua maneira de ministrar suas aulas. Com a adoção de diversas plataformas, como Zoom e Meet, para continuidade do ensino a distância, o objetivo no momento foi que as instituições aplicassem todos os recursos disponíveis para viabilizar a integração dos ambientes de ensino presencial com as novas tecnologias e permitissem uma transição suave para o ensino híbrido, tanto para professores quanto para alunos que não deveriam perder qualidade, ao acompanharem as aulas presenciais de forma on-line.

Porém, foi preciso conhecermos o que vinha a ser ensino híbrido, pois essa modalidade de ensino era desconhecida por muitos. Aqui destaco a importância das gestões das escolas, quando precisaram organizar e proporcionar formação pedagógica clara, imediata e de resultados essenciais para que novas metodologias de ensino fossem agregadas. Essa metodologia intercala aulas on-line e – presenciais, diferente do contexto que tínhamos até então. Sabemos que é presente em várias escolas a resistência de alguns docentes com relação ao novo, e a tecnologia é um exemplo claro disso.

Nas formações de professores, fomos apresentados a essa visão emergencial de educação dentro de uma formação profunda e urgente, sendo que, por semanas, mergulhamos no mundo tecnológico para que pudéssemos dar conta de exercer nossa prática no cenário on-line, conhecimentos esses que foram primordiais as formações, o empenho dos professores e a disponibilização de tantos profissionais em compartilharem conosco saberes que muitos já conheciam e faziam uso na sua prática docente. Foram muitas formações, diversas trocas e, com certeza, um emaranhado de ideias e descobertas que, para sempre, vão acrescentar no nosso saber/fazer profissional.

Não podemos falar em inovação sem relembrar o quanto desafiador foi esse momento de nos redescobrir e reinventar num contexto completamente inimaginável a todos nós. Posso me atrever a dizer, frente à minha realidade, de escola e de acompanhamento dos meus alunos e das famílias com quem convivi nesse período, que somos seres adaptáveis e readaptáveis, que precisam de constantes desafios para evoluir, como profissionais e como pessoas. Essa foi uma das minhas descobertas ao longo da pandemia da Covid-19.

A partir de todas essas vivências, precisamos ver a modalidade a distância apresentada como uma alternativa de formação profissional, pois já estamos retornando presencialmente às escolas, integralmente, e estamos vivendo mais uma vez algo completamente diferente, pois nossos alunos que estão chegando às escolas já não são mais os mesmos, nem suas famílias, nem nossos colegas, assim como nós, e por mais insensível que o ser humano possa ser, não há nem uma pessoa sequer que não tenha aprendido algo e tenha sido impactado pela Covid-19.

A pandemia trouxe o inusitado e mudanças que impactaram de maneira gigantesca o cenário educacional. Diante dessa realidade, o uso das tecnologias digitais tornou-se um tema muito mais discutido nas diferentes esferas educacionais, e aí ressurgiu na educação sua importante influência nesse momento de transformações ocorridas nas formas de se relacionar, aprender e vivenciar experiências, assim como construir valores e crenças.

Em relação ao ensino híbrido, é importante refletir sobre o que foi ofertado nas escolas, que, apesar de implementarem as tecnologias digitais em sua rotina, em tempos de educação presencial, dentro da realidade virtual, apresentaram dificuldades em estruturar as aulas inserindo essas ferramentas na modalidade virtual. Isso é decorrente do novo, pois somos resistentes a tudo aquilo que nos desequilibra, nos desacomoda, mas também demanda muito da infraestrutura das escolas e de uma formação de professores coesa e qualitativa, bem como de reformuladas estruturas curriculares.

No texto de Prensky (2010), que aborda a tecnologia no ensino, o autor faz exatamente essa reflexão sobre essas possibilidades tecnológicas no sistema de ensino numa visão inovadora e aponta essas possibilidades na prática.

Prensky (2010, p. 202-203) diz que:

> A tecnologia atual, no entanto, oferece aos alunos todos os tipos de ferramentas novas e altamente eficientes para que possam aprender sozinhos – desde a internet com todo tipo de informação para procurar e ferramentas de busca para descobrir o que é verdadeiro e relevante, até ferramentas de análise que permitem dar sentido à informação, a ferramentas de criação que trazem resultados de busca em uma variedade de mídias, ferramentas sociais que permitem a formação de redes sociais de relacionamento e até de trabalho de modo a colaborar com pessoas do mundo inteiro. E enquanto o professor poderia e deveria ser um guia, a maior parte dessas ferramentas é usada pelos alunos com melhor desenvoltura, e não pelos professores.

Nesse contexto, reafirmo a importância da formação do professor para que ele utilize as TICs na construção do seu planejamento das aulas.

Para isso, é preciso garantir e ofertar formação de qualidade a esses professores. Porém, sabemos o quão difícil foi pensar e analisar, de um dia para outro, essas estratégias envolvendo o uso das tecnologias digitais de forma integrada às necessidades curriculares de cada instituição, como ocorre na abordagem do ensino híbrido, pois nos vimos, do dia para a noite, em um cenário completamente atípico e desvinculado da nossa realidade e vivendo nesse momento tão incerto e desafiador, que escolhi fazer uso desse tema para esta escrita. Diversas estratégias e tentativas foram utilizadas para formar os professores visando à utilização das novas tecnologias dentro dessa realidade de ensino remoto, ensino híbrido... E até hoje muitas são as dúvidas do que é ensino híbrido.

Hoje, frente a muita pesquisa e estudos, penso que já posso atrever-me a conceituar, segundo meus conhecimentos até aqui adquiridos: ensino híbrido é sinônimo de inovação, presente-futuro, cujo objetivo é garantir o ensino e a aprendizagem aos alunos de forma qualitativa e eficaz, mesclando períodos on-line com os presenciais. Porém, há certa incerteza se esse é o conceito mais correto para definir essa prática que envolve mais de uma metodologia em um mesmo sistema de ensino. Dentro dessa perspectiva, trago a necessidade da transformação e de novas criações.

Para que essas transformações ocorram, é preciso que se criem possibilidades de trocas de experiências e conhecimentos entre os professores e que seja oferecida nas instituições formação docente capaz de romper as barreiras do novo e lançar as tecnologias como necessárias e imprescindíveis na atual realidade educacional, incentivando os professores e oferecendo apoio e suporte para a realização e implantação dessas tecnologias. No ensino remoto, com as escolas fechadas, as instituições ofereceram essas formações, mas não estou convencida de que, de fato, isso aconteceu qualitativamente, pois não vejo resultados positivos em grande escala. Resposta a isso são os índices de aprendizagem apresentados pelos órgãos competentes, que, com certeza, é outro tema a ser debatido intensamente com os professores, mas que não me atrevo a discutir, pois demanda vários aspectos a serem analisados, e nosso foco aqui é discutir a formação dos professores frente às tecnologias num contexto de se reinventar para produzir e disseminar conhecimento num tempo de pandemia e pós-pandemia.

Mais do que nunca, encontramos inúmeras dificuldades no aspecto de avaliar os alunos nesse período, assim como acompanhar e verificar a aprendizagem deles, pois não sabíamos quem realmente fazia as atividades postadas nas plataformas de aprendizagem, se realmente era o aluno ou algum familiar, o que dificultou muito essa constatação e o acompanhamento das aprendizagens. Nem todos tinham acesso às tecnologias e participavam efetivamente das aulas on-line, o que resultou nessa dificuldade de constatar e avaliar esse aluno, não conseguindo realizar uma fiel avaliação desse processo, que, segundo as formações, deveria ser contínua e diversificada. Assim como a pandemia, a avaliação também foi e está sendo um reinventar, tanto para os professores como para os alunos e suas famílias.

Como abordado por Maturana (2000), a aprendizagem precisa, antes de chegar aos resultados, levar os indivíduos a um mundo de descobertas capazes de elencar curiosidades e aventurar o aluno a novas buscas. Com base nessa perspectiva, Maturana reafirma o papel da educação e da escola, quando diz:

> [...] a tarefa da educação escolar é permitir e facilitar o crescimento das crianças como seres humanos que respeitam a si próprios e os outros com consciência social e ecológica, de modo que possam atuar com responsabilidade e liberdade na comunidade a que pertencem (Maturana, 2000, p. 13).

Precisamos de clareza quanto a esse papel da escola, papel da educação e nosso papel como docente, só assim conseguiremos inovar e ir gradativamente proporcionando cada vez mais possibilidades aos nossos alunos numa visão qualitativa. Por isso, penso ter sido e ser o nosso grande desafio oportunizar aprendizagem significativa nesse contexto. Não fomos formados para ensinar nesse modelo de ensino, e o essencial nesse momento é o desejo e empenho que cada professor vai ter para se qualificar e aprimorar conhecimento em busca de proporcionar essa tão necessária aprendizagem significativa no modelo nunca vivido, cenário imposto pela pandemia da Covid-19.

CONCLUSÃO

Nesses dois últimos anos, muitas dúvidas e incertezas fizeram e ainda fazem parte da vida de todos nós. Não diferente é o cenário educacional atual, a formação continuada dos professores e a aprendizagem dos alunos. Além de pensar e analisar o que aprendemos com tudo isso, trago alguns questionamentos que me fazem refletir diariamente: "como será depois?", "quando isso irá acabar?" e, principalmente, "como viver tudo isso?". Na reflexão sobre o "como viver tudo isso", uma palavra que não posso deixar de trazer nesse contexto de formação e diálogo é resiliência. Entendo resiliência num contexto de flexibilidade e processo, sendo esse um ato dinâmico que resulta na interação do meio e do sujeito.

Quero mencionar Paulo Freire (2016), quando aborda em sua obra o quão necessário se faz manter a esperança e que, de maneira alguma, podemos perder a crença no ser humano e nossa fé deve ser inabalável. E junto dessa certeza de que nada é eterno e estanque e vivemos numa constante mudança, que sejamos capazes de encontrar o verdadeiro sentido da vida, fortes e resilientes, buscando o crescimento por meio da mudança e do inusitado, constituindo-nos capazes de oferecer esperança àqueles que permeiam nosso meio, que sejamos luz para os alunos e suas famílias, referência de força e transformação e, sem dúvida nenhuma, com a certeza de que educamos pelo exemplo e somos exemplo.

Vejo de forma positiva todas as reflexões sobre nossa vida que fizemos ao longo desses dois anos; muitos de nós não parávamos para pensar sobre nossa real existência e, mesmo que obrigados, tivemos que pensar sobre isso. Fomos forçados a saborear uma experiência de aprendizagem de acordo com nossas necessidades, estimulados para repensar práticas possíveis na educação, a reinventar a docência com a escrita de impressões vivenciadas em cada momento de formação.

De tudo isso deixo como uma reflexão que penso ser importante nesse momento: é preciso renovar, ressignificar, ressurgir encontrando o verdadeiro sentido dessa experiência chamada resiliência. Com todas essas experiências, é essencial inovar as práticas pedagógicas diariamente, por meio das aulas presenciais, do ensino remoto, do ensino híbrido ou de qualquer outra nova forma de ensinar que futuramente nos seja apresentada, visto que o futuro é uma grande incógnita, e a cada dia que passa temos mais certeza de que o nosso futuro é incerto.

Tozetto (2010, p. 67) explana que "[...] a prática pedagógica como sendo aprendida por meio da inseparável relação entre teoria e prática e não apenas com a teoria". Com essa ideia do autor, fica evidente que os professores se mantenham no ritmo da formação continuada, associando os saberes e as realidades vivenciadas na sua prática e buscando constantemente evolução, aprimoramento e reinvenção da docência por meio do científico e do aprofundamento das teorias pesquisadas e muito bem fundamentadas por diversos autores que compartilham dos seus estudos, teoria e prática interligadas, buscando fazer a docência com eficiência e qualidade. Esse deve ser nosso maior objetivo hoje e sempre.

REFERÊNCIAS

BARRETO, Andreia Cristina Freitas. ROCHA, Daniele Santos. Covid-19 e educação: resistências, desafios e (im)possibilidades. **Revista Encantar – Educação, Cultura e Sociedade**, Bom Jesus da Lapa, v. 2, p. 1-11, jan./dez. 2021.

CHRISTENSEN, Clayton; HORN, Michael; STAKER, Heather. **Ensino Híbrido**: uma Inovação Disruptiva? Uma introdução à teoria dos híbridos. [*S. l.*]: Clayton Christensen Institute for Disruptive Innovation, 2013.

FRANCISCO, Marcos Vinicius; COIMBRA, Renata Maria, Resiliência em-si na perspectiva da teoria histórico-cultural: rompendo com visões neoliberais. *In:* COIMBRA, Renata Maria; MORAIS, Normanda Araujo de (org.). **A resiliência em questão**: perspectivas teóricas, pesquisa e intervenção. Porto Alegre: Artmed, 2015. p. 57-82.

FREIRE, Paulo. **Pedagogia da esperança:** um reencontro com a pedagogia do oprimido. São Paulo/Rio de Janeiro: Editora Paz e Terra, 2016.

LOPES, Amélia. Breve apontamento sobre os dilemas atuais da formação de professores. *In:* Cavalcante, Maria Auxiliadora da Silva *et al.* (ed.). **Formação docente em contextos de mudanças**. Maceió: Edufal, 2012. p. 13-22.

MATURANA, Humberto. **Emoções e linguagem na educação e na política**. Tradução: José Fernando Campos Fortes. Belo Horizonte: Ed. UFMG, 2000.

MORAES, Raquel Almeida; PEREIRA, Eva Waisros. A política de educação a distância no Brasil e os desafios na formação de professores na educação superior. 2009. Disponível em: https://histedbrnovo.fe.unicamp.br/pfhistedbr/seminario/seminario8/_files/mBv36y8F.doc. Acesso em: 5 jan. 2022.

NÓVOA, António. Formação de professores e profissão docente. *In:* NÓVOA, António. **Os professores e sua formação**. 2. ed. Lisboa: Dom Quixote, 1995. p. 13-33.

OLIVEIRA, Valeska Fortes de. La docencia en tiempos de pandemia: el profesor es una persona. *In:* MORALES, Alicia Rivera *et al.* (org.). **Vivir la docencia en tiempos de pandemia**: experiencias en videocharlas de los actores de educación media superior y superior. Ciudad de México: Editorial ArQuinza, 2021. p. 83-88.

PRENSKY, Marc. O papel da tecnologia no ensino e na sala de aula. **Conjectura**, Caxias do Sul, v. 15, n. 2, p. 201-204. 2010.

TOZETTO, Susana Soares. Trabalho docente e suas relações com o saber. *In:* TOZETTO, Susana Soares. **Trabalho docente**: saberes e práticas. Curitiba: CRV, 2010. p. 21-51.

DA PROIBIÇÃO ÀS PRÁTICAS INOVADORAS: REINVENTANDO A DOCÊNCIA A PARTIR DO DIGITAL

Mara Regina Rosa Radaelli

INTRODUÇÃO

Com o passar dos anos, a sociedade incorporou o uso das tecnologias digitais, como uma necessidade básica para o seu dia a dia. "A tecnologia digital teve e continua a ter progresso muito acelerado" (Martín-García; Astudillo; Acuña, 2021, p. 7).

Referente ao uso de celulares em 2008, foi promulgada a Lei n.º 12.884, que proíbe o uso de telefones celulares em salas de aula, no estado do Rio Grande do Sul, sendo uma das justificativas para essa proibição a interferência dos celulares no bom andamento da aula.

É possível perceber avanços no uso das tecnologias digitais para fins pessoais, contudo no que se refere ao uso dessas no aprimoramento das práticas pedagógicas, não se verifica com tanta ênfase. Isso não deve ser necessariamente pela proibição imposta por lei, mas, sim, pelas possíveis dificuldades de inclusão desses recursos, como também pelo não entendimento destes, como um aliado na aprendizagem dos alunos.

Já que esse celular/*smartphone* está nas mãos dos alunos, não seria melhor utilizá-lo como recurso no ensino, com práticas pedagógicas bem planejadas e objetivos claros, do que apenas vê-lo como vilão?

O celular possui tecnologias integradas e avançadas que funcionam a partir de um sistema operacional semelhante a um computador. Se considerarmos esse aspecto, planejamento e desenvolvimento de práticas pedagógicas inovadoras e bem fundamentadas com o uso dos celulares/smartphone, é uma oportunidade de contribuir, baseado nessas práticas, para a elaboração de uma nova redação da lei, sobre a utilização do celular nas salas de aula.

Importa considerar que o celular faz parte do nosso cotidiano, e estamos aprendendo a usá-lo de acordo com as regras de cada espaço. A questão que se impõe é: há sentido nessa exclusão nos processos escolares? Não se trata de concordar com essa proibição imposta há 15 anos, mas, sim, de refletirmos sobre as possibilidades que essa ferramenta tecnológica pode representar nos contextos de ensinar e aprender.

Considero que os celulares/*smartphones* podem ser ferramentas capazes de gerar práticas inovadoras e aprendizados e, a partir delas, fomentar a promoção de políticas públicas direcionadas a garantir o uso de tecnologia móvel com acesso à internet para os estudantes, principalmente do ensino médio, de forma a propiciar recursos para uma imersão tecnológica digital educacional, bem como a aprendizagem acerca do uso responsável tendo em vista o Marco Civil da Internet.

Assim, nesse contexto, os professores poderiam pensar em novas metodologias pedagógicas, como profissionais do século XXI imersos na sociedade contemporânea e na cibercultura, reinventando a docência com práticas inovadoras e inclusivas apoiadas nas tecnologias digitais, principalmente no celular/*smartphone*.

NOVOS CONHECIMENTOS E HABILIDADES PRESSUPÕEM PRÁTICAS PEDAGÓGICAS INOVADORAS: REINVENTANDO OS PARADIGMAS DA DOCÊNCIA

O profissional docente exerce suas funções com base em conhecimentos didáticos e relacionados à área do conhecimento que se dedica, a partir dos percursos de formação inicial e continuada.

No caso de sua certificação inicial, as instituições de formação inicial de professores, por meio de um diploma, certificam que o titular deste tornou-se apto a exercer a função de professor. Portanto, está apto a "ensinar", mas não o exime de se manter motivado a aprender. Isso sugere que o professor precisa estar comprometido com sua formação continuada, bem como acompanhar a evolução dos recursos tecnológicos disponíveis para os ambientes educacionais, considerando que "(Re) pensar os recursos pedagógicos é tarefa constante de todo profissional da educação, seja porque muda o aluno, seja porque muda o conteúdo ou o contexto escolar" (Bergmann, 2020, p. 1), bem como investigar os conhecimentos e habilidades que seus alunos já possuem em relação às tecnologias digitais. Isso possibilita inovar em relação às suas práticas pedagógicas, possibilitando, assim, uma reinvenção da docência com o protagonismo do aluno diante da contemporaneidade. Nesse entretempo, a cibercultura emerge e se sustenta em uma sociedade que se aprimora pela aquisição de conhecimentos e habilidades, impulsionada pela motivação dos indivíduos que a constituem.

A cibercultura que permeia os contextos da sociedade por décadas, de alguma forma, impôs e continua estabelecendo padrões de comportamento social, profissional, econômico, político e educacional. Observa-se que cada um desses segmentos da sociedade é diferente e apresenta suas especificidades e seus requisitos para o uso das tecnologias digitais. O que também fica evidente, diante da cibercultura, são as relações de uso de dispositivos para acesso ao virtual, das tecnologias digitais, da internet, em especial, o uso do celular/*smartphone*.

Conforme a Pesquisa Nacional por Amostra de Domicílios Contínua – PNAD de 2022, realizada no Brasil, divulgada em 2023, constatou-se que 92% da população brasileira com 10 anos ou mais eram usuários de telefone celular, o que corresponde a cerca de 170 milhões de brasileiros. Esse percentual permaneceu estável em relação ao ano de 2021. Além disso, o percentual de pessoas que possuem um telefone celular (88%) também se manteve estável (CGI.br, 2023).

Quanto aos dispositivos utilizados para acesso à internet, a pesquisa PNAD/CGI.br 2022 (Figura 1) revelou que o celular/*smartphone* foi o dispositivo mais utilizado para acesso no período entre os anos de 2015 e 2022.

Figura 1 – Dispositivos utilizados por usuários para acessar internet 2015 -2022

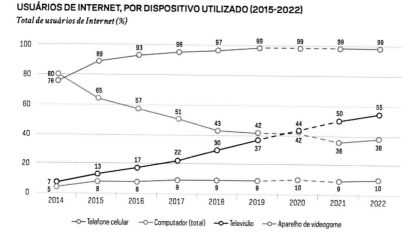

Fonte: Pesquisa Nacional por Amostra de Domicílios Contínua 2022/2023. CGI.br. (Pesquisa TIC Domicílios 2022, p. 68)

As tecnologias digitais incorporadas nos celulares têm viabilizado uma ampla gama de ações no contexto contemporâneo, como o uso de cartões de aproximação e o PIX para efetuar pagamentos diversos, além de aplicativos que permitem pagar o parquímetro do estacionamento diretamente pelo celular e o acesso ao comprovante digital da vacina contra a Covid-19, entre muitos outros exemplos. Essas tecnologias têm facilitado e transformado as interações sociais em diversos ambientes.

Conforme destacado por Echeverría (2002, p. 201),

> Portanto, não só as tecnologias mudam, mas também os modelos de organização e operação. Um processo educacional no espaço eletrônico pode ter os objetivos tradicionais da educação, mas os meios e a estrutura desse processo mudam radicalmente.

Essa citação ressalta que, com a evolução das tecnologias digitais, não apenas os recursos mudam, mas também os paradigmas educacionais e organizacionais, refletindo uma mudança significativa na forma como a sociedade interage e se organiza.

A educação básica pode ser indicada como responsável em se constituir em uma base propulsora da sociedade, não somente pelos processos de ensino-aprendizagem que nela se realizam, mas, principalmente, pelos aspectos de interação entre sujeitos de diferentes idades, diferentes níveis de escolarização, gêneros diversos, condições socioeconômicas diferenciadas, entre tantos outros aspectos que poderiam ser enumerados e culturalmente evidenciados.

Atualmente, a escola recebe crianças e adolescentes com experiências, vivências, conhecimentos e habilidades na utilização de tecnologias digitais, como celulares, *tablets*, bem como professores, gestores e equipes pedagógicas, que estão informados e têm capacidade de interatividade com o seu celular, esse telefone inteligente, que permite navegar nas redes sociais e aceder às informações globais por meio do acesso à internet.

CELULAR – MINICOMPUTADOR, TELEFONE INTELIGENTE: POSSIBILIDADE OU NÃO PARA REINVENTAR A DOCÊNCIA FRENTE À CIBERCULTURA

Os telefones celulares oferecem mais benefícios do que apenas usá-los para se comunicar. Às vezes, ao pensar em celulares conectados à internet, relacionamos aos jovens que estão quase sempre com o celular na mão, que estão apenas jogando, ouvindo música, assistindo a vídeos no YouTube, séries, entre outros usos possíveis desses aparelhos. A tecnologia digital é uma inovação presente no nosso dia a dia.

> A inovação tecnologia (especialmente tecnologias digitais) afeta não apenas fatores relacionados a com o progresso técnico-científico e a economia mundial, representa também uma revolução social, político e cultural, silencioso, contínuo e imparável, estruturado sob os princípios da globalização e rede global, e se manifesta em múltiplas transformações que afetam, e afetarão cada vez mais, praticamente todas as esferas da vida em sociedade (Martín-García *et al.*, 2021, p. 3).

A análise dos dados da PNADC sobre o uso de tecnologias e da internet por diferentes dispositivos e tipos de conexão em domicílios brasileiros, revela padrões interessantes de acesso à tecnologia digital em 2022. Conforme a pesquisa PNADC/CGI.br divulgada em 2023, aproximadamente, 31,1 milhões de domicílios no Brasil utilizavam exclusivamente o telefone celular para acesso à internet. Esse número destaca a crescente importância dos celulares como principal dispositivo de conexão on-line em todo o país. Em contraste, apenas 0,5 milhão de domicílios dependiam exclusivamente de computadores para acesso à internet, indicando uma preferência significativa pelo uso móvel e flexível dos celulares.

Figura 2 – Pessoas que utilizam celular para acesso a internet

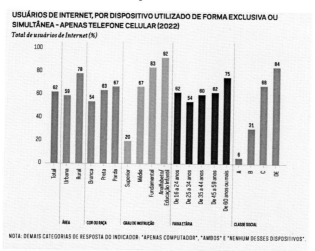

Fonte: Pesquisa Nacional por Amostra de Domicílios Contínua 2022/2023. CGI.br. (Pesquisa TIC Domicílios 2022, p. 27)

Analisando ainda os dados por características demográficas, é possível observar padrões interessantes de uso da internet por meio do celular. Por exemplo, a Figura 2 mostra que a penetração da internet é alta entre os jovens e jovens adultos e que aumentou na faixa etária de 60 anos ou mais. Além disso, há variações significativas de acesso à internet por cor ou raça, grau de instrução e classe social. Essas análises detalhadas permitem compreender melhor como fatores socioeconômicos e demográficos influenciam os padrões de uso da internet no Brasil, dependendo do dispositivo de acesso, fornecendo dados valiosos para políticas públicas e estratégias de inclusão digital na educação.

Em 2022, os dados mais recentes da pesquisa PNADC (Figura 3) revelam que os brasileiros utilizaram, principalmente, seus celulares com acesso à internet para enviar mensagens instantâneas, seguido pelo uso para assistir a vídeos. Além disso, a pesquisa destaca o uso para ouvir músicas, acessar redes sociais, buscar informações, compartilhar vídeos, fotos e textos, baixar aplicativos, acessar páginas e sites, enviar e receber e-mails, usar mapas e, por último, para jogos. A Figura 3 também representa os tipos de conexão utilizados, ou seja, apenas rede móvel, apenas Wi-Fi ou ambos.

Figura 3 – Atividades que usuários de internet realizam no celular – PNADC 2022

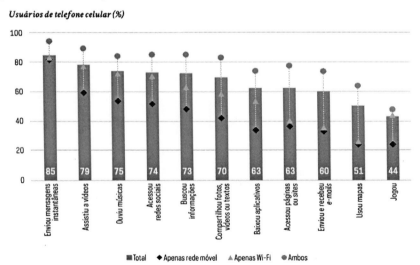

Fonte: Pesquisa Nacional por Amostra de Domicílios Contínua 2022/2023. CGI.br. (Pesquisa TIC Domicílios 2022, p. 73)

Os dados das pesquisas PNADC de 2022 refletem uma significativa penetração e uso generalizado de celulares com acesso à internet nos domicílios brasileiros. O destaque para atividades como videochamadas, assistir a vídeos e enviar mensagens instantâneas evidencia não apenas a presença desses dispositivos nas residências, mas também aponta para oportunidades crescentes no campo educacional.

Professores podem beneficiar-se dessas tendências ao incorporar estratégias inovadoras que aproveitem o potencial dos vídeos e da comunicação on-line para engajar os alunos e enriquecer suas práticas pedagógicas. Além disso, a diversidade de atividades realizadas pelos usuários nos celulares sugere um ambiente propício para explorar novas abordagens de aprendizado que estejam alinhadas com o contexto digital contemporâneo.

A PANDEMIA E AS URGÊNCIAS EDUCACIONAIS

Quando houve uma mudança radical na forma de pensar a educação no Brasil e no mundo diante da pandemia da Covid-19, os professores precisaram utilizar a internet, os computadores e os telefones celulares, esse minicomputador, para mediar a comunicação educativa entre toda a comunidade escolar.

Os processos e relações escolares, de repente, começaram a se desenvolver de forma síncrona e assíncrona por meio de tecnologias, na maioria das vezes, por um celular. O celular hoje é mais do que um dispositivo telefone e se tornou a tecnologia com maior presença dentro e fora da escola (Martín-García *et al.*, 2021).

Devido à urgência dessa comunicação educativa, com o objetivo de manter de alguma forma o envolvimento dos alunos e sua aprendizagem, professores, pais, direção e equipe pedagógica se preocuparam em minimizar o risco de atraso na aprendizagem dos alunos, que a situação implicou, usando as ferramentas das tecnologias digitais, para realizar os processos de ensino e aprendizagem fora da sala de aula.

Os planejamentos dos professores não tinham como objetivo o uso efetivo das tecnologias digitais e o uso da internet na mediação e no desenvolvimento de seus planos de aula, mas foram impulsionados a fazê-lo pelas situações e normas impostas à sociedade pela situação pandêmica. Cercados de preocupações decorrentes do agravamento da pandemia e do aumento de óbitos, ficava difícil pensar em novidades e planejamentos inovadores durante o Ensino Emergencial Remoto (ERE).

No entanto, toda a experiência educacional vivida nesse período com o uso de recursos tecnológicos digitais pôde motivar os professores a pensarem em práticas pedagógicas inovadoras baseadas em recursos tecnológicos digitais, principalmente o celular – tecnologia que os alunos e o próprio professor possuem e utilizam diariamente para uso pessoal. Concordo que "[...] a escola precisa acompanhar a evolução tecnológica com o objetivo de estar mais próxima do aluno [...] com a perspectiva de inovação e conectividade em sociedade" (Dantas; Voltolini; Bertoloto, 2020, p. 251).

Assim, os professores seriam levados a adquirir habilidades para utilizar os recursos disponíveis em um celular/*smartphone*, que contribuam para "[...] fomentar o conhecimento e fortalecer atividades pedagógicas" (Dantas; Voltolini; Bertoloto, 2020, p. 251).

CONCLUSÃO

Parece essencial repensarmos abordagens educacionais diante do uso generalizado de celulares e do acesso à internet. A proibição do uso de celulares em salas de aula, estabelecida em 2008, reflete preocupações legítimas sobre potenciais distrações e interrupções no ambiente educacional. No entanto, é necessário considerarmos a evolução das tecnologias digitais e explorarmos como essas ferramentas podem ser integradas de maneira construtiva no processo de ensino-aprendizagem.

Os professores têm a oportunidade de aproveitar a familiaridade dos alunos com os dispositivos móveis para criar práticas educacionais inovadoras que promovam a interatividade e o engajamento.

Ao observar as interações pessoais dos alunos com os celulares, os educadores podem identificar oportunidades para implementar o conceito de aprendizagem móvel (*mobile learning*) em suas metodologias.

Conforme destacado por Araujo (2020), a aprendizagem móvel representa uma abordagem pedagógica moderna que utiliza a cultura da mobilidade para impulsionar avanços na educação. Isso implica não apenas reconhecer o potencial dos dispositivos móveis como minicomputadores, mas também explorar como essas ferramentas podem enriquecer o processo educativo, proporcionando flexibilidade e acessibilidade aos alunos.

Além disso, à luz das regulamentações contemporâneas, como o Marco Civil da Internet de 2014, é pertinente questionar se a proibição estrita do uso de celulares nas salas de aula ainda é necessária. O ambiente educacional não apenas transmite conhecimento acadêmico, mas também desempenha um papel fundamental no desenvolvimento das habilidades sociais e digitais dos alunos.

Professores podem promover atividades para uma cultura de respeito e responsabilidade no uso de tecnologias digitais, como o celular. Ao integrar adequadamente as tecnologias digitais em suas práticas pedagógicas, o professor pode preparar seus alunos para os desafios e as oportunidades da sociedade moderna.

Enfim, desde o início deste ensaio, argumento que o celular/*smartphone* é a tecnologia mais inserida e utilizada na sociedade contemporânea, para os mais diversos contextos. Depois de anos de proibição do uso de celulares em sala de aula, é nossa tarefa, como professores, reinventar docências, ensinando e aprendendo com essa e com as novas gerações de usuários de celulares e internet. As leis de proibição não serão necessárias se soubermos usar respeitosamente, observando os limites de viver em sociedade, e, principalmente, o celular pode ser um aliado para a aprendizagem, assim como potencializador da prática dos professores.

Então, torna-se relevante reconhecermos a presença massiva dos celulares e da internet na sociedade atual e pensarmos como transformar os desafios associados ao seu uso em oportunidades para reinventarmos a docência com práticas pedagógicas significativas.

REFERÊNCIAS

ARAUJO, Thamiris Oliveira. Tecnologias móveis na educação: reflexões e práticas. **LínguaTec**, [*S. l.*], v. 5, n. 1, p. 59-80, 2020. Disponível em: https://www.researchgate.net/publication/348058317_Aplicativos_moveis_como_recursos_pedagogicos_Design_e_aprendizagem_Mobile_applications_as_pedagogical_resources_Design_and_learning. Acesso em: 31 jul. 2024.

BERGMANN, Juliana Cristina Faggion. Aplicativos móveis como recursos pedagógicos: Design e aprendizagem. **H2D – Revista de Humanidades Digitais**, v. 2, n. 1, 2020, Disponível em: https://doi.org/10.21814/h2d.2509. Acesso em: 28 jun. 2021

CGI.br – Comitê Gestor da Internet no Brasil. TIC Domicílios: Pesquisa sobre o uso das tecnologias de informação e comunicação nos domicílios brasileiros em 2022. Núcleo de Informação e Coordenação do Ponto BR. 1. ed. São Paulo: Comitê Gestor da Internet no Brasil, 2023. Disponível em: https://cetic.br/media/docs/publicacoes/2/20230825143720/tic_domicilios_2022_livro_eletronico.pdf. Acesso em: 20 abr. 2024

ECHEVERRÍA, Ezponda Javier. ¿Internet en la escuela o la escuela en Internet? **Revista de educación**, n. 1, p. 199-206, 2001. Acesso em: 17 nov. 2021.

MARTÍN-GARCÍA, Antonio Victor; ASTUDILLO, Mario Vásquez; ACUÑA, Jorge Ortiz. Tecnologías Digitales En La Postmodernidad: Desafíos Para La Escuela. **ReTER** – Revista Tecnologias Educacionais em Rede, [*S. l.*], v. 2, 2021.Disponível em: https://periodicos.ufsm.br/reter/article/view/64023. Acesso em: 5 jan. 2022.

DANTAS, Paula Viviana Queiróz; VOLTOLINI, Ana Graciela da Fonseca; BERTO-LOTO, José Serafim. A BNCC para o Ensino Médio na área de Linguagens e suas Tecnologias: Tecnologias Digitais e a Influência da Mídia. **Revista de Ensino, Educação e Ciências Humanas**, [*S. l.*], v. 21, n. 3, p. 250-256, 2020. Disponível em: https://doi.org/10.17921/2447-8733. Acesso em: 29 jun. 2021.

SOBRE OS AUTORES

Adriana Gonçalves Ferreira

Doutoranda no Programa de Pós-Graduação em Educação da Universidade Federal de Santa Maria – pesquisa cinema, educação e imaginário social, mestre em Patrimônio Cultural pela UFSM, bacharel em Comunicação Social. Realizadora e Educadora Audiovisual, Integrante do LAB – Unipampa, integrante do Grupo de Estudos e Pesquisas em Educação e Imaginário Social- UFSM, consolidado na CNPq. Ponteira do Ponto de Cultura Pampa Sem Fronteiras, espaço de fomento, promoção e difusão audiovisual na fronteira, presidente do Sociedad Cineclub.

Orcid: 0000-0002-3975-6425

Ana Carla Hollweg Powaczuk

Doutora e mestre em Educação. Professora adjunta do Departamento de Metodologia do Ensino, vinculada aos Programas de Pós-Graduação em Educação e de Políticas Públicas e Gestão Educacional do Centro de Educação da Universidade Federal de Santa Maria. Líder do Grupo de Pesquisa Práticas e Formação para Docência: educação básica e superior (GPDOC).

Orcid: 0000-0001-7445-8602

Ana Paula da Rosa

Mestra em Tecnologia Educacional em Rede pela Universidade Federal de Santa Maria – UFSM (2024) com ênfase em Desenvolvimento de Tecnologias Educacionais; pós-graduanda em Linguística Aplicada e Ensino de Línguas pela Universidade Federal de Mato Grosso do Sul (UFMS), graduanda em licenciatura em Letras – Português pela Universidade Aberta do Brasil (UFSM) e graduada em licenciatura em Letras Espanhol pela UFSM (2022). Atua como professora de Espanhol do Estado do Rio Grande do Sul (RS) no município de Toropi.

Orcid: 0000-0002-9242-5334

Camila Fleck dos Santos Bau

Mestre em Educação (PPGE/UFSM). Pós-graduada em Orientação Escolar e Supervisão (FAVENI) e pós-graduada em Psicopedagogia Institucional e Clínica (UFN). Licenciada em Pedagogia (UFSM) e licenciada em Educação

Especial (UFSM). Atualmente, atua como assessora pedagógica da Educação Especial na 8ª Coordenadoria Regional de Educação do Rio Grande do Sul.

Orcid: 0009-0006-9290-1296

Carine Pistoia Guimarães

Mestre em Políticas Públicas e Gestão Educacional (UFSM), especialista em Docência Universitária (UTN), Especialista em Organização pedagógica da escola: Supervisão escolar, Especialista em Mídias da Educação, Especialista em Educação de Jovens e Adultos, Especialista em Educação a Distância: Gestão e tutoria, Especialista em Orientação Educacional, Especialista em Educação Infantil: Práticas Pedagógicas e Licenciada em Pedagogia educação infantil e anos iniciais (URCAMP). Atualmente, é professora da Rede Estadual do RS e da educação infantil na Prefeitura Municipal de Santa Maria, Pesquisadora do INTERFACE – Grupo de Estudos em Educação, Tecnologias e Sociedade (UFSM).

Orcid: 0000-0002-8145-9336

Daiane Ventorini Pohlmann Michelotti

Doutoranda em Educação (UFSM), mestre em Ensino de Línguas (UNIPAMPA), graduada em Letras (URCAMP); especialista em Fundamentos Linguístico-literário-pedagógicos do Processo de Leitura e Escrita, Metodologia De Língua Portuguesa e Estrangeira, Supervisão Escolar. Integrante do Grupo de Pesquisa Práticas e Formação para Docência: Educação Básica e Superior (GPDOC). Atualmente, professora da rede municipal de ensino do município de São Gabriel.

Orcid: 0009-0002-6810-3295

Débora Pinheiro Pereira

Mestra em Educação (PPGE/UFSM), especialista em Gestão Educacional (PPPG/UFSM) e licenciada em Pedagogia (UFSM). Integrante do Grupo de Pesquisa Práticas e Formação para Docência: Educação Básica e Superior (GPDOC). Professora da rede municipal de Santa Maria/RS.

Orcid: 0000-0003-2813-6711

Dione Noschang Schweigert

Mestre em Políticas Públicas e Gestão Educacional (UFSM), especialista em TICs (UFSM) e Coordenação Pedagógica (UNIASSELVI), graduada em Matemática licenciatura (UNIJUÍ) e Pedagogia (UNINTER). Integrante do Grupo de Pesquisa INTERFACES. Atualmente, atua como Coordenadora Pedagógica da Rede Municipal de Três Passos/RS e professora de matemática da Rede Estadual/RS.

Orcid: 0009-0002-0858-2968

Doris Pires Vargas Bolzan

Doutora e mestre em Educação pela UFRGS. Professora titular da UFSM, junto ao Departamento de Metodologia do Ensino e aos Programas de Pós-Graduação em Educação e de Políticas Públicas e Gestão Educacional da UFSM. Coordenadora do Núcleo de Educação Para a Integração (NEPI/AUGM), membro da Rede Sulbrasileira de Educação Superior (Ries), membro da Latin American Studies Association (Lasa). Líder do Grupo de Pesquisa Formação de Professores e Práticas Educativas: educação básica e superior (GPFOPE) e vice-líder do Grupo de Pesquisa Práticas e Formação para Docência: educação básica e superior (GPDOC). Bolsista de produtividade em pesquisa/CNPq.

Orcid: 0000-0002-1704-008X

Eduarda Oliveira

Mestranda em Tecnologias Educacionais em Rede pela Universidade Federal de Santa Maria (UFSM), pós-graduanda em Linguística Aplicada e Ensino de Línguas pela Universidade Federal de Mato Grosso do Sul (UFMS), Graduada em Letras – Espanhol (UFSM) e Graduanda em Letras – Português (UFSM). Atua como professora de língua espanhola no Programa Idiomas Sem Fronteiras da UFSM. Integrante do projeto de pesquisa Cartografia do ensino mediado por tecnologias digitais: modalidades, metodologias, estratégias e instrumentos

Orcid: 0000-0003-4062-7994

Estefani Baptistella

Doutoranda em Educação pelo Programa de Pós-Graduação em Educação (PPGE) da Universidade Federal de Santa Maria (UFSM). Mestra em Educação (PPGE/UFSM). Especialista em Gestão Educacional pelo Programa de Pós-Graduação em Políticas Públicas e Gestão Educacional (PPPG/UFSM) e licenciada em Pedagogia (UFSM). Integrante do Grupo de Pesquisa ELOS. Pesquisadora na área das Políticas

Públicas em Educação Integral e Tempo Integral e professora da rede municipal de Itaara/RS.

Orcid: 0000-0002-2928-5252

Giana Weber de Oliveira

Doutoranda pelo Programa de Pós-Graduação em Educação (UFSM), mestre em Engenharia de Produção e especialista em Educação Ambiental pela UFSM e psicopedagoga educacional pela ULBRA. Possui graduação em Pedagogia pela UFSM e Letras-Português/Inglês pela UFN. Membro do Grupo de Estudos e Pesquisas em Educação e Imaginário Social (GEPEIS/UFSM).

Orcid: 0000-0003-3020-6272

Isadora Raddatz Tonetto

Mestre em Educação pela Universidade Federal de Santa Maria. Mestranda em Direito pela Universidade Federal de Santa Maria. Possui graduação em Direito pela Faculdade Palotina de Santa Maria. Integrante do Núcleo de Estudos sobre Memória e Educação, e, do Grupo de Pesquisa em Direitos da Sociobiodiversidade da UFSM.

Orcid: 0000-0002-8265-1450

Izabel Espindola Barbosa

Doutoranda em Educação (PPGE UFSM). Mestra em Educação (PPGEdu FURG). Integrante do Grupo de Estudos e Pesquisas em Educação e Imaginário Social (GEPEIS/UFSM) e do Grupo de Pesquisa Interseccionalidades, Direitos Humanos e Fronteira (UNIPAMPA). Filiada à Associação Brasileira de Pesquisadores Negros (ABPN) e à Associación de Investigadores Afrolatinoamericanos y del Caribe (AINALC). Pesquisa questões de relações étnico-raciais, interseccionalidades e educação. Auxiliar de biblioteca do Instituto Federal Farroupilha, campus São Borja/RS.

Orcid: 0000-0002-6519-3144

Jordana Rex Braun

Doutoranda em Educação pelo Programa de Pós-Graduação em Educação (PPGE) da Universidade Federal de Santa Maria (UFSM). Mestra em Educação (PPGE/UFSM), especialista em Gestão Educacional (PPPG/UFSM), licenciada em Pedagogia (UFSM) e licenciada em Letras – Português pela Universidade do Vale do Taquari (UNIVATES). Professora da rede municipal de Teutônia/RS. Integrante do Grupo de Pesquisa Formação de professores e práticas educativas: educação básica e superior (GPFOPE). Pesquisadora na área da alfabetização e docência – educação básica e superior.

Orcid: 0000-0001-5805-2274

Juliana Vaz Paiva

Doutoranda no Programa de Pós-Graduação em Educação (PPGE/UFSM), Linha de Pesquisa 2: Políticas Públicas Educacionais, Práticas Educativas e suas interfaces, com período sanduíche e cotutela na Universidade de Valência (Espanha). Mestra em Educação pela UFSM (2021). Especialização em Gestão Educacional pelo Programa de Pós-Graduação em Políticas Públicas e Gestão Educacional (PPPG) da Universidade Federal de Santa Maria (UFSM) (2019). Graduada em Pedagogia pela Universidade da Região da Campanha (2017). Pesquisadora integrante do Grupo de Pesquisa ELOS, que abarca investigações das Políticas Curriculares, bem como do GT Capitalismo Digital, Política Educativa y Pedagogía Crítica (CLACSO).

Orcid: 0000-0001-5277-3150

Karoline Regina Pedroso da Silva

Mestranda em Educação, pela Universidade Federal de Santa Maria. Graduada em Pedagogia pela Universidade Federal de Santa Maria, se encontra em múltiplas ações enquanto docente. Desde 2016, é membro do Grupo de Estudos e Pesquisas em Educação e Imaginário Social (GEPEIS) onde pesquisa e atua nos projetos de extensão em Cinema e Educação. Também faz parte do coletivo Práxis de Educação Popular, como educadora de inglês.

Orcid: 0000-0002-2369-9825

Larissa Rosso Dutra

Mestranda em Educação na linha de pesquisa Docência, Saberes e Desenvolvimento Profissional, com ênfase nas interfaces entre Imaginários, cinemas e formação docente pela Universidade Federal de Santa Maria (PPGE/UFSM). Integrante do Grupo de Estudos e Pesquisas em Educação e Imaginário Social (GEPEIS/ UFSM). Membro do projeto de pesquisa Audiovisual e Formação Docente: construindo relações entre endereçamento e reendereçamento da Universidade Federal do Rio de Janeiro (NUTES/UFRJ). Psicóloga pela Faculdade Integrada de Santa Maria (FISMA), com graduação parcial pela Universidade Luterana do Brasil (ULBRA).

Orcid: 0000-0002-9608-8945

Lenice Medianeira Cechin

Mestre em Educação, pela Universidade Federal de Santa Maria, Especialização em Educação física na escola pela Universidade Pitágoras Unopar, polo em Santa Maria, Especialização – Lato Sensu: pós-graduação em Gestão Escolar, pela Universidade Focus, Cascavel/PR, Gestora Escolar da Rede Municipal de Ensino de Santa Maria, Pedagoga e Integrante do Grupo de Pesquisa em Educação na Cultura Digital e Redes de Formação – GPKOSMOS.

Orcid: 0000-0002-0612-0236

Lílian Branco

Doutoranda em Educação pela UFSM na linha de pesquisa Políticas públicas educacionais, práticas educativas e suas interfaces. Mestre em Educação pela Universidade La Salle, Especialista em Gestão da Educação pela UFRGS, Orientação Educacional pela Facinter entre outras especializações. Formada em Pedagogia Multimeios e Informática Educativa pela PUCRS e Administração de Empresas pela Uninter. Atua como professora da rede estadual do Rio Grande do Sul.

Orcid: 0000-0002-6629-6006

Luana Cassol Bortolin

Mestre em Educação Profissional e Tecnológica (IFFAR). Especialista em Psicopedagogia, Alfabetização e Letramento, Neuroeducação e Metodologia do Ensino da Arte. Licenciada em Pedagogia e Artes Visuais (UFSM). Professora de Arte e dos Anos Iniciais. Atualmente, Coordenadora de Arte e dos Anos Iniciais na Secretaria Municipal de Educação de Uruguaiana

Orcid: 0000-0003-1129-4625

Luciéli da Conceição Leal

Mestre em Políticas Públicas e Gestão Educacional (UFSM), especialista em Docência na Educação Infantil (UFSM) e em Gestão Escolar

(UNICID), graduada em Pedagogia (UFSM), integrante do Grupo de Pesquisa Práticas e Formação para Docência: educação básica e superior (GPDOC) e do Grupo de Pesquisa em Práticas Restaurativas da Promotoria Regional de Educação de Santa Maria (GPREDUC). Docente gestora da EMEF São João Batista, da rede municipal de ensino de Santa Maria/RS.

Orcid: 0009-0002-9646-8320

Luiza Paul Gehrke

Mestre em Educação (PPGE/UFSM), especialista em Direitos Humanos (FSL) e licenciada em Pedagogia (UFSM). Integrante do Grupo de Pesquisa Práticas e Formação para Docência: Educação Básica e Superior (GPDOC). Professora da rede municipal de Paraíso do Sul/RS.

Orcid: 0000-0001-9234-1491

Mara Regina Rosa Radaelli

Doutoranda em Educação do Programa de Pós-Graduação em Educação (PPGE). Mestre em Tecnologias Educacionais em Rede pelo PPGTER da Universidade Federal de Santa Maria (UFSM). Especialista em Tecnologias da Informação e da Comunicação aplicada à Educação. (UFSM) Especialista em Informática Educativa e em Mídias na Educação pela Universidade Federal do Espírito Santo (UFES). Psicopedagoga. Licenciada em Pedagogia pela UFSM. Desenvolveu atividades de forma cooperativa e na formação de professores no Núcleo de Tecnologia Educacional (NTE) da 9a Coordenadoria Regional de Educação (9a CRE), Pesquisadora do GP em Educação na Cultura Digital e Redes de Formação GPKOSMOS (UFSM).

Orcid: 0000-0002-5519-2922

Mariana Jardim de Moraes

Pedagoga e mestra em Educação (UFSM). Especialista em Alfabetização e Letramento e Educação Inclusiva (UPF). Integrante do Grupo de Pesquisa Formação de Professores e Práticas Educativas: Educação Básica e Superior (GPFOPE). Professora da Rede Estadual de Santa Catarina.

Orcid: 0000-0001-5367-0903

Mario Vásquez Astudillo

Doutor em Educação pela Universidade de Salamanca, Espanha. Professor de Espanhol e Literatura pela Pontifícia Universidade Católica do Chile. Atualmente, é professor visitante estrangeiro do Programa de Pós-Graduação Centro de Educação (PPGE) da Universidade Federal de Santa Maria (UFSM); professor do Departamento Metodologia do Ensino e do Programa Pós-Graduação em Tecnologias Educacionais em Rede (PPGTER). Pesquisador do Grupo de Pesquisa em Educação na Cultura Digital e Redes de Formação (GPKOSMOS/UFSM). Suas linhas de pesquisa são a formação de professores, a integração de tecnologias nos processos de ensino e aprendizagem na educação básica e superior e a internacionalização da educação superior.

Orcid: 0000-0003-3665-1123

Raquel Scremin

Doutoranda em Educação no Programa de Pós-Graduação em Educação pela Universidade Federal de Santa Maria (UFSM). Mestre em Tecnologias Educacionais em Rede, graduada em Comunicação Social com habilitação em Produção Editorial e em Pedagogia pela UFSM. Técnica em Comunicação pelo Instituto Estadual de Educação Visconde de Cairu. Integrante do Grupo de Pesquisa (GP) REDES e GP Docência, Infância e Formação (DocINFoca), também do CE da UFSM. Atua nas áreas de Comunicação e Educação (Educomunicação) desde 2011. Colabora em diversos projetos e programas de extensão pela UFSM. Produtora editorial, educomunicadora, consultora em pedagogia de projetos, formação de professores e TDICs.

Orcid: 0000-0001-9511-4032

Rejane Zanini

Doutoranda no Programa de Pós-Graduação em Educação (UFSM), integrante do Grupo de Estudos e Pesquisas em Educação e Imaginário Social (GEPEIS/UFSM) e do Grupo Laboratório Acadêmico de Produção de Vídeo Estudantil (LabPVE/UFPEL). Mestre em Literatura pela UFSM (2010), especialista em Tradução Literária pela UFSC (2009), em Gestão do Trabalho Pedagógico – Supervisão e Orientação – pela Facinter (2011) e em Mídias em Educação pela UFSM (2012). Graduada em Letras Licenciatura em Espanhol pela Universidade Federal de Santa Maria (2002) e Licenciatura em Língua Portuguesa pela FAMES, Santa Maria (2008). Técnica em Assuntos Educacionais no IFFar, Campus Júlio de Castilhos.

Orcid: 0000-0002-7426-4522

Roberto Silva da Silva

Doutorando e mestre em Educação, licenciado em Letras – Português pela UFSM, bacharel em Comunicação Social – Relações Públicas pela UFRGS, pesquisador do Programa de Pós-Graduação em Educação da UFSM; Membro do Grupo de Estudos e Pesquisas em Imaginário Social da UFSM; professor da Rede Pública Estadual do Rio Grande do Sul. Desenvolve pesquisas no campo do Cinema e Educação em escolas públicas e da docência e saberes afro-orientados.

Orcid: 0009-0009-7568-6151

Samuel Robaert

Doutorando pelo Programa de Pós-Graduação em Educação (PPGE) da Universidade Federal de Santa Maria (UFSM). Mestre em Educação pela mesma universidade e licenciado em Ciências Plenas, com habilitação em Química, pela Universidade Regional do Noroeste do Estado do Rio Grande do Sul (Unijuí). É professor no Instituto Federal Farroupilha, no Rio Grande do Sul, e seus interesses de pesquisa incluem linguagem, filosofia e história articulados à educação química, na perspectiva da Hermenêutica Filosófica de Hans-Georg Gadamer.

Orcid: 0000-0002-2786-8112

Suzel Lima da Silva

Doutoranda no Programa de Pós-Graduação em Educação (UFSM), linha de pesquisa L3: Educação Especial, Saúde e Diferença. Mestre em Educação Profissional e Tecnológica (PPGEPT/ UFSM). Especialização no Programa de Residência Multiprofissional em Gestão e Atenção Hospitalar no Sistema Público de Saúde com ênfase em Hemato-oncologia da Universidade Federal de Santa Maria (UFSM). Terapeuta Ocupacional graduada pela UFSM. Participante do Grupo de Pesquisa Educação, Saúde e Inclusão (GEPEDUSI) na mesma instituição.

Orcid: 0000-0003-1279-2781

Tatiane Contreira Nicolow

Pós-graduada em Neurociência Educacional Cognitiva e Comportamental (UnyPública), Especialista em Psicopedagogia Clínica e Institucional (SOBRESP), licenciada em Pedagogia (UFSM). Integrante do Grupo de Estudos e Pesquisa sobre Formação Inicial, Continuada e Alfabetização

(GEPFICA), fundadora do Instituto Múltiplas Inteligências. Atualmente, atua como Psicopedagoga Clínica e Institucional no município de Dilermando de Aguiar/ RS.

Orcid: 0009-0009-5306-2356

Valeska Fortes de Oliveira

Doutora e mestre em Educação, pedagoga, professora titular do Departamento de Fundamentos da Educação, professora da linha Docência, Saberes e Desenvolvimento Profissional do PPGE do Centro de Educação da Universidade Federal de Santa Maria e líder do Grupo de Estudos e Pesquisas em Educação e Imaginário Social (GEPEIS).

Orcid: 0000-0002-8295-1007